Einfach gärtnern!

KOSMOS

Inhalt

Die Autoren

Ursula Braun-Bernhart, 1958 in Gengenbach geboren, war langjährige Redakteurin bei MEIN SCHÖNER GARTEN und dort für die Bereiche Nutzgarten, Floristik, Gesundheit und Kräuter verantwortlich. Ursula Braun-Bernhart ist heute Stellvertretende Chefredakteurin bei LISA Blumen & Pflanzen.
Für dieses Buch verfasste sie das Kapitel „Kübelpflanzen". Im KOSMOS-Verlag sind zahlreiche Bücher von ihr erschienen, darunter „Gärten für Einsteiger", „Kleine Gärten", „Balkon & Terrasse" und „Kräuter & Gewürze", außerdem ist sie Co-Autorin mehrerer Gartenbücher.

Thomas Proll, 1967 geboren, ist ausgebildeter Baumschulgärtner und studierte von 1990 bis 1995 Gartenbauwissenschaften an der Universität Hannover. Seit 1996 ist er bei der weltbekannten Firma W. Kordes' Söhne als Züchtungsleiter für die Entwicklung neuer Gartenrosen-Sorten verantwortlich. In Fachkreisen und bei Rosenliebhabern ist er gern gehörter Redner und immer für eine Diskussion „rund um die Rose" zu haben. Der Gartenbau-Ingenieur schrieb in diesem Buch das Rosen-Kapitel „So werden Rosenträume Wirklichkeit". Er ist außerdem Co-Autor mehrerer KOSMOS-Rosenbücher.

Gabriele Richter, Jahrgang 1965, schloss 1992 ihr Studium zur Gartenbau-Ingenieurin an der Universität Hannover ab. Vielseitige Pflanzenkenntnisse erwarb sie im Berggarten Hannover, im Niedersächsischen Landesamt für Ökologie sowie in Baumschulbetrieben in Hamburg und Schleswig-Holstein. Von 2003 bis 2006 war sie bei dem Rosenzüchter W. Kordes' Söhne tätig. Seit Ende 2006 arbeitet die Pflanzenexpertin im Großhandels-Vertrieb bei der renommierten Baumschule Bruns im Ammerland. Für dieses Buch verfasste sie die Kapitel „Stauden", „Zwiebel- und Knollenpflanzen" und „Sommerblumen".

Christel Rupp studierte Landwirtschaft an der FH Nürtingen mit der Vertiefungsrichtung Obst- und Gemüseanbau und arbeitete anschließend mehrere Jahre als Agraringenieurin in der Pflanzenschutzberatung. 1995 machte sich die begeisterte Hobbygärtnerin als Freie Fachjournalistin selbstständig und schreibt seitdem für verschiedene Tageszeitungen wie die FRANKFURTER RUNDSCHAU und Zeitschriften wie MEIN SCHÖNER GARTEN und GARTENSPASS.
Für dieses Buch verfasste sie das Kapitel „Erntespaß für Groß & Klein – der Nutzgarten".

Folkert Siemens, 1970 in Weener/Ostfriesland geboren, studierte nach seiner Ausbildung zum Baumschulgärtner Landschaftsarchitektur an der FH Osnabrück. Er arbeitete anschließend als freiberuflicher Landschaftsarchitekt sowie als Journalist für Fachzeitschriften und Tageszeitungen. Seit 2000 ist er als Redakteur für MEIN SCHÖNER GARTEN tätig und betreut seit 2006 den Online-Auftritt der Zeitschrift. In diesem Buch verfasste er die Kapitel „Das Garten 1×1" sowie „Bäume und Sträucher", „Hecken", „Kletterpflanzen", „Farne", „Ziergräser" und "Rasen".

Gisela Zinkernagel hat nach der Lehrzeit in einer Baumschule und einem Praktikum in der Staudengärtnerei Kayser & Seibert in Roßdorf bei Darmstadt, an der TU Hannover Gartengestaltung und Landespflege studiert. Nach einer mehrjährigen Tätigkeit in einem Gartenarchitekturbüro in Hannover folgte ein Wechsel nach Freising, wo sie nach Bedarf an der FH Weihenstephan unterrichtete. Ihr Schwerpunkt liegt in der Planung kleiner Hausgärten und in der standortgerechten Pflanzenverwendung. In diesem Buch hat sie das Gestaltungskapitel „Die schönsten Ideen – leicht umzusetzen" betreut.

Gärtnere doch einfach!

Man kann schon die Flinte ins Korn werfen, wenn der Nachbar seine läusefreien Salatriesen vorführt, während der eigene Salat einer Schneckenkolonie zum Opfer gefallen ist. Oder wenn derselbe mit seinem super gepflegten Zierrasen auf- trumpft, während man mit zwei eigenen und zahlreichen Nachbar- kindern bezüglich seines Rasens auf keinen grünen Zweig kommt. Verzweifeln kann man auch über die exakten Temperaturangaben in

manchen Büchern zur Überwinterung von Kübelpflanzen. Die Einhaltung scheint ohne eine hochtechnische Steuerung unmöglich – vor allen Dingen, wenn man liest, dass jede Pflanze eine andere Gradzahl braucht. Keine Sorge, so schwer ist Gärtnern gar nicht, wie das manche behaupten, die anscheinend über so etwas Mystisches wie einen grünen Daumen verfügen. Ein falsch geschnittener Strauch trägt vielleicht ein oder zwei Jahre keine Blüten und Früchte,

geht aber in der Regel nicht ein. Eine Pflanze, die nicht gedeihen will, wächst oft nur am falschen Platz. Und eine Wiese kann schöner sein als ein englischer Rasen.
Lassen Sie sich nicht verrückt machen! Viele Mutmach- und Nur- keine-Angst-Tipps sowie einfache Anleitungen helfen dabei, einfach mit Erfolg zu gärtnern.

Ihr KOSMOS Gartenteam

Die schönsten Ideen – leicht umzusetzen

Erste Schritte – was ist ein einfacher Garten?

Bereits nach kurzem Überlegen hat man 100 Wünsche an seinen Garten, für die es 100 und eine Lösung gibt. Es hat sich nicht bewährt, „einfach" draufloszuarbeiten. Besser ist es, nochmals ein bisschen nachzudenken und die vielen Wünsche auf Bedürfnisse zu reduzieren.

Auf der Suche nach dem Konzept Die Kunst des Weglassens

Bei der Suche nach einem Grundstück für Haus und Garten besteht heutzutage meist keine große Wahlmöglichkeit, man muss nehmen, was man bezahlen kann, und das bedeutet in der Regel eine räumliche Beschränkung. Schon aus diesem Grund müssen Sie sich früh entscheiden, ob Sie sich zum Beispiel in ein üppiges grünes Garten-Refugium zurückziehen möchten oder in einen gepflasterten, mit Blumenkübeln dekorierten Hof, ob Sie vielleicht auf einem von einer Pergola umrahmten hausfernen Sitzplatz

Auch eine Rasenfläche kann eine gute Verbindung zwischen den einzelnen Gartenteilen sein.

ausruhen möchten oder im Schatten eines Baumes auf der Wiese, ob Sie lieber bunte Blumenbeete zum Anschauen oder Nutzpflanzen zum Ernten hätten, ob Sie in einem Naturgarten zusammen mit Vögeln, Igeln und anderen Tieren leben möchten und den Kindern größeren Freiraum einräumen oder ob Sie den minimalistischen, formal gestalteten Gartenraum bevorzugen, der ausschließlich dem ästhetischen Vergnügen dient. In jedem Fall müssen Sie überlegt auswählen, denn zu viele Themen und Details machen einen Garten kompliziert und unruhig.

Was ist zu beachten? Die Art des Grundstücks

Erst wenn Sie wissen, welche Wünsche Sie sich erfüllen wollen und können, gehen Sie an die konkrete Betrachtung des Grundstückes. Wichtig sind hier besonders sein Bezug zur Umgebung (zur Landschaft und zur Nachbarbebauung), die Lage des Hauses im Garten, Geländeausformungen, Böschungen oder Senken

Kieswege sind einfach herzustellen, sie wirken harmonisch und unkompliziert – der ideale Belag für naturnahe Gärten.

und die Wasserverhältnisse. Gibt es Ausblicke, die Sie genießen möchten, gibt es Einblicke, die Sie verwehren wollen? Wie soll die Sichtschutzpflanzung aussehen? Zaun, Hecke, Mauer oder freie Strauch- und Baumpflanzung? Beachten Sie hierbei unbedingt die nachbarschaftsrechtlichen Vorgaben, die in jedem Bundesland etwas unterschiedlich sind.

Was kommt dann?
Verteilung der Pflanzen

Zunächst werden die großen Blickachsen festgelegt, das heißt die Standorte für die wichtigen Leitbäume und Leitsträucher. Sie bilden das Gerüst des Gartens. Wenn Sie diese Gehölze auswählen, schauen Sie bitte genau in der Beschreibung nach, wie hoch und breit die Pflanzen in zehn bis 15 Jahren sein werden. Es macht leider keinen Sinn, zu glauben, die Pflanzen würden ihr Wachstum einstellen, wann wir es gut finden. Und es sieht meistens traurig aus, wenn Gehölze immer wieder zurückgeschnitten werden, nur weil sie zu breit oder hoch geworden sind und jeglichen Rahmen sprengen! Lieber übt man sich zunächst in Geduld und wartet, bis sich die scheinbar zu weit auseinander stehenden Büsche frei entwickelt haben. Das ist einfacher

und besser für die Pflanzen, als am Anfang zu viele Sträucher zu eng zu pflanzen und sich später mit dauerndem Rückschnitt zu mühen!

Nichts vergessen?
Wasseranschluss, Sandkasten & Co

Am besten ist es, wenn Sie zu Anfang auch gleich überlegen, wohin die Müll-

Hier sind die Wege der Pflanzung untergeordnet, die Gliederung erfolgt durch geschnittene, immergrüne Hecken.

tonne, eventuell die Fahrradständer und der Wasseranschluss kommen sollen. In Zeiten steigender Wasserpreise ist auch zu überlegen, ob nicht in Haus- beziehungsweise Dachrinnennähe eine Regenwasserzisterne eingegraben wird. Es ist nämlich erstaunlich, wie viel Wasser von einer Dachfläche zusammenkommt und bei sommerlicher Trockenheit billiges Gießwasser liefern kann.
Manch einer möchte vielleicht noch

Machen Sie sich nichts daraus!

Nicht in jedem Garten wächst alles, was man sich erträumt. Einige Pflanzen gehen ein, selbst wenn man sie gut pflegt. Machen Sie sich nichts daraus, das ist ganz normal. Lassen Sie Pflanzen weiterwachsen, die sich von selbst angesiedelt haben. Sie passen genau für das Kleinklima. Hilfe können Sie auch von den Nachbarn bekommen. Fragen Sie nach, was dort gut gedeiht, das trifft auch oft auf Ihren Garten zu.

Tipp

eine Wäschespinne haben, einen Frühbeetkasten zur Salat- oder Blumenanzucht und der Nachwuchs einen Sandkasten mit Wasser zum Matschen. In größeren Gärten bietet sich in einiger Entfernung vom Haus eine Gartenlaube an, die zugleich Spielecke als auch Sitzplatz sein könnte.
Ob das alles oder vielleicht auch noch etwas anderes notwendig ist, entscheiden Sie! Viel Spaß beim Sammeln von Ideen.

Planung und Umsetzung der Wünsche – was ist möglich?

Dieser eindrucksvolle Durchgang ist ein schönes Entrée für einen besonderen Gartenteil. Das hübsche Gitter wirkt auch im Winter dekorativ.

ist er auch frühmorgens und nachmittags angenehm temperiert, während der Platz mit Westsonne eher am Abend zum Aufenthalt einlädt, besonders wenn er mit einer Rückendeckung versehen ist.

Beläge für Wege und Flächen Holz oder Stein

Große Flächen sollte man besser nicht mit Kleinsteinpflaster belegen (zu gute Bedingungen für Unkrautwuchs und

Am einfachsten ist es, wenn Sie sich einen Plan ihres Hauses und Grundstückes im Maßstab 1:100 besorgen oder selber aufzeichnen, d.h. 1cm auf dem Plan entsprechen 100 cm im Garten. Dann schneiden Sie alle Elemente im gleichen Maßstab aus Papier aus und arrangieren sie auf dem Plan.

Was passt zusammen? Harmonie zwischen innen und außen

Sie werden überrascht sein, wie viel Raum die einzelnen Elemente benötigen. Die Kunst des klugen Planers besteht nun darin, alle Einzelteile so aneinander und ineinander zu fügen, dass ein harmonisches Ganzes entsteht. Beginnen Sie mit einem Schritt aus dem Haus: Der Außenbelag sollte dem inneren so ähnlich wie möglich sein und am besten stufenlos in ihn übergehen. Der Sitzplatz am Haus wäre dann problemlos als Erweiterung des Wohnraumes nutzbar. Nach Süden ausgerichtet und nach Osten erweitert

Alles auf einen Blick: So viel Platz brauchen Gehölze

- ▶ Großer Baum: 350 x 350 cm
- ▶ Großstrauch: 200 x 200 cm
- ▶ Blütenbusch: 200 x 150 cm
- ▶ Niedriger Blütenstrauch: 120 x 120 cm
- ▶ Hecke: 60 cm Breite, Länge beliebig
- ▶ Großer Obstbaum: 300 x 300 cm
- ▶ Kleiner Obstbaum (Busch): 200 x 200 cm
- ▶ Beeren-Hochstämmchen: 80 x 80
- ▶ Rose: 50 x 50 cm

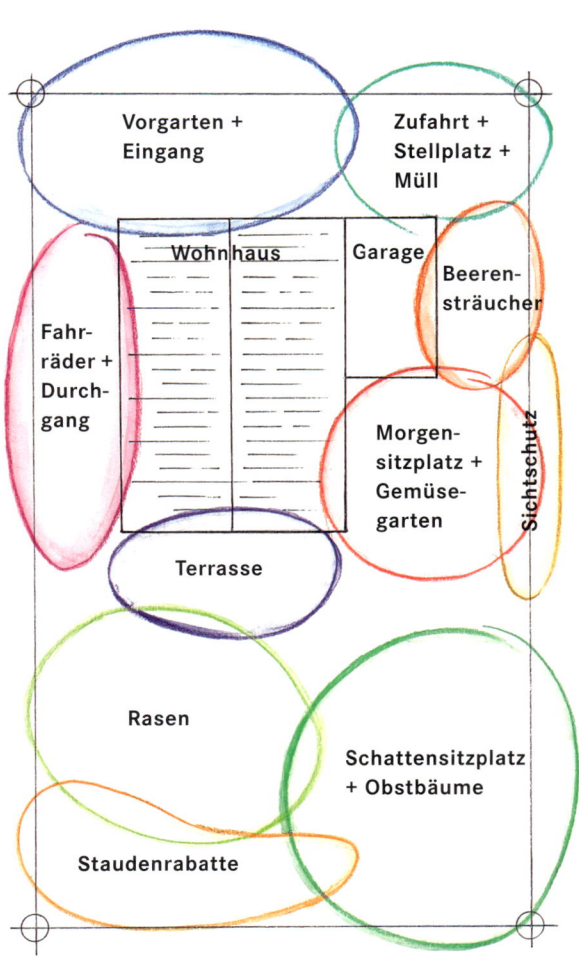

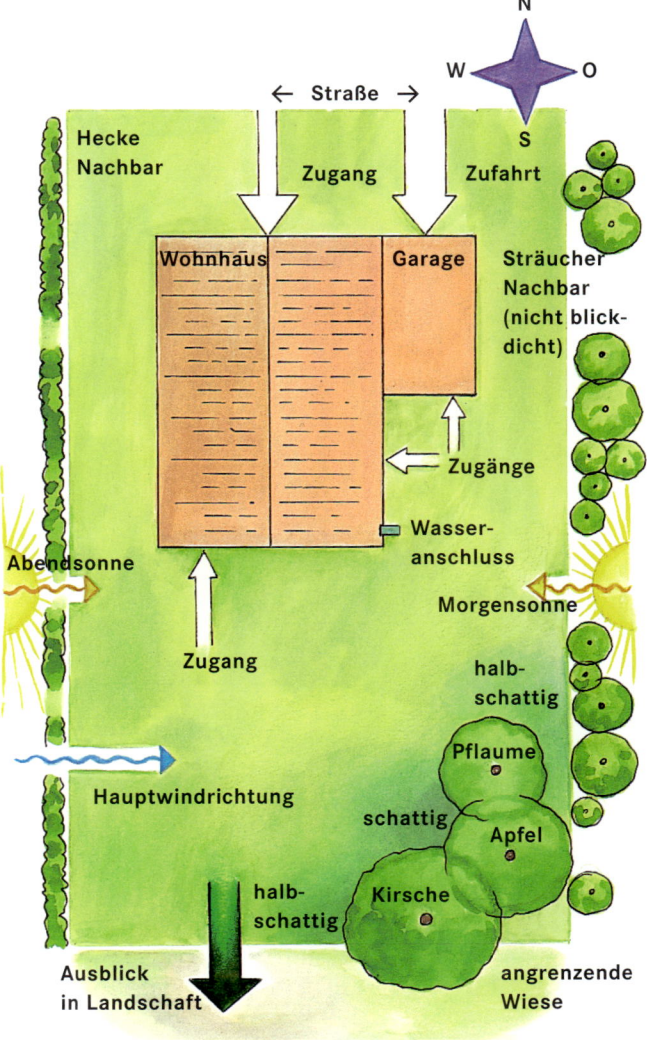

Ordnen Sie die Elemente Ihrer Wunschliste in den verschiedenen Bereichen des Gartens an.

So könnte ein durchgearbeiteter Plan aussehen, er ist die Grundlage für alle weiteren Überlegungen und Arbeiten.

wackeliges Mobiliar). Hier eignen sich besser großformatige Platten, eventuell mit Pflastersteinen oder schmaleren Steinbändern gegliedert. Aus diesen Bändern könnten sich wie selbstverständlich Wege, kleine Plätze oder Mähkanten entwickeln, die wie ein roter Faden die einzelnen Gartenelemente miteinander verbinden. Als Wegebelag ist Holz jedoch problematisch, da es im Laufe der Zeit glitschig wird.

Besser kombiniert man es mit Kies (gute Drainage). Einen Sitzplatz kann man dann als Holzpodest (Fachhandel) über der Kiesfläche schweben lassen.

Wunderbare Natur Die Pflanzen

Sie kennen sich selbst am besten: Wie viel Arbeit und Zeit wollen Sie in Ihren Garten stecken? Pflanzen sind Lebewesen und brauchen Zuwendung. Schaffen Sie sich unbedingt kleine Pflegeeinheiten, das heißt Beetgrößen, die überschaubar sind, die Sie in ein bis zwei Stunden durchgearbeitet haben können.

Wenn Sie wenig Zeit haben, sollten Sie sogenannte stabile Pflanzungen aus pflegeleichten Gehölzen und Stauden anstreben, die sich über Jahre selbst tragen!

Ein nützlicher und sehr schöner Aufbewahrungsort für das Gartenwerkzeug ist ein alter Blechspind

Rauf und runter – verschiedene Höhen beleben den Garten

Zwei wichtige Gesichtspunkte gelten für die Gestaltung eines Blumenbeetes: die spannungsvolle Kombination von hohen Pflanzen hinten und niedrigen Pflanzen vorne und die Anordnung der Frühjahrsblüher im Beethintergrund und der Herbstblüher im Vordergrund.

Allerlei Gegensätze
Höhen und Tiefen schaffen Stimmung

Blumenbeete benötigen idealerweise einen hinteren höheren Raumabschluss, zum Beispiel eine Hecke oder Sichtschutzwand. Liegt das Beet frei im Raum, sollte die Mitte höher bepflanzt sein als die Ränder. Überhaupt bringt eine leichte Bewegung des Geländes Stimmungen in den Garten, die außerordentlich beruhigend wirken. In einer Senke kann ein mit Folie abgedichtetes Sumpfbeet liegen, in dem Sumpf-Dotterblumen, verschiedene Sumpf-Schwertlilien und Blut-Weiderich wachsen. Ein schmaler Weg kann sich durch ein flaches Tal

Blatt- und Farbkontrast in eindrucksvoller Schönheit – hoher leuchtender Zier-Lauch und niedriger blauer Günsel

schlängeln und nach einer Biegung verschwinden. In der Kurve steht leicht am Hang ein markanter kleiner Strauch. Ein solcher Trick lässt Ihren Garten übrigens auch weiträumiger erscheinen.

Wenn Ihr Garten etwas größer ist, könnten Sie auf der zukünftigen Rasenfläche einen kleinen Hügel modellieren, auf dessen Kuppe Sie einen hübschen Baum pflanzen – ein ruhiges, einfaches Thema für einen entfernter liegenden Gartenteil. Eine umfassende Trockenmauer kann sowohl als Sitzgelegenheit für Menschen als auch als Heimat für besondere Pflanzen dienen. Spannungsvoll wird eine Pflanzung auch dadurch, dass Sie Pflanzen mit sehr unterschiedlicher Blattgestalt

Eine kunstvoll arrangierte Rabatte, auf der viele verschieden wirkende Pflanzenarten ein abwechslungsreiches Ganzes bilden.

Beetaufbau in drei Schritten

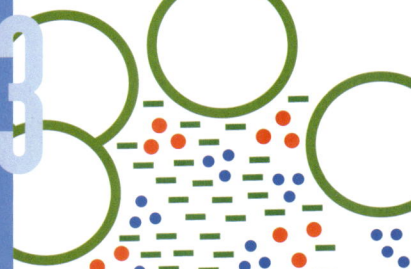

2 Nun kommt der „Hofstaat" an die Reihe, die Begleitstauden. Das sind die Pflanzen, welche Fülle bringen, ergänzende oder kontrastierende Farben oder auch andere Blattformen, wie zum Beispiel Gräser.

1 Zuerst werden die „Königinnen" platziert, die Leitstauden. Sie geben den Ton an und können mit Höhe, Blattschmuck oder Farbe besonders beeindrucken. Sie sollten möglichst lange ihre Leitfunktion behalten.

3 Bleibt nur noch das kleine „Volk", die Füllstauden. Die niedrigen Boden deckenden Pflanzen unterdrücken das Unkraut und füllen durch Polster die Zwischenräume – im Schatten, wie auch in der Sonne.

verwenden. Große Blätter neben kleinen, rundliche neben aufrechten länglichen, auch weißbunte oder gelbliche neben dunkelgrünen, rotbraune neben grauen, Ihrer Kombinationsfreude sind keine Grenzen gesetzt!

Wie baut man ein Beet auf? Anführer und Begleiter

Ob Sie ein klassisches Blumenbeet oder nur kleinere Pflanzgruppen in Ihrem Garten anlegen wollen, stets sollten Sie nach dem oben aufgezeigten Schema vorgehen. Die Auswahl der Leitstauden, Begleitstauden und Füllstauden richtet sich nach der Lage des Beetes in der Sonne oder im Schatten und nach den Bodenverhältnissen (eher sandig oder lehmig), wobei letztere besonders in kleineren Gärten leicht so zu verändern sind, dass Sie Ihre Lieblingspflanzen ohne Bedenken unterbringen können. Bei der Art der verwendeten Pflanzen sind Sie selbstverständlich völlig frei. Sollen es ausdauernde Stauden sein, kombiniert mit Zwiebelblumen oder

einjährigen Sommerblumen, oder eine Mischung aus Rosen und Begleitpflanzen?
Jedes Beet ist auf seine Weise einfach: Die mehrjährigen Stauden bleiben, einmal gut zusammengestellt, über viele Jahre an ihrem Platz und brauchen nur gelegentliches Düngen, Teilen und Neupflanzen. Die Sommerblumen werden frisch und fröhlich in

jedem Mai neu gepflanzt, und jedes Jahr können neue Kompositionen einen Sommer lang Blüten hervorzaubern. Für das zeitige Frühjahr lassen sie sich gut mit Zwiebelblumen kombinieren. Das klassische Rosenbeet ist etwas fürs Leben, kombiniert mit lockeren Sommerblumen oder niedrigen Stauden kommt ihre Blütenpracht am besten zur Geltung.

Ein großes Beet voller Blumen (dunkelrosafarbener Zier-Lauch im Vordergrund, Glockenblumen und Rittersporn in Blau-Violett) bedarf etwas mehr Pflege, damit seine Schönheit erhalten bleibt.

Es lebe der Kontrast – Gartengestaltung mit Farben

Ob bei einem Blick in das Schaufenster eines Modegeschäfts, bei einer Wanderung durch die Natur oder bei einem Spaziergang durch den eigenen Garten: Farben sind das, was uns immer zuerst auffällt und am stärksten beeindruckt.

Grün oder bunt?
Grün und bunt!

Unterschätzen Sie die Farbe Grün nicht! Sie ist zwar die am weitesten verbreitete, überall anwesende Farbe und hat eine beruhigende Wirkung, aber sie ist überhaupt nicht langweilig. Achten Sie einmal darauf, wie verschieden die Blattfärbungen sind. Sie reichen vom allerhellsten Gelbgrün bis zum dunklen Blaugrün oder fast unwirklichen Rotgrün. Noch weiter vom sichtbaren Blattgrün entfernen wir uns bei den ganz dicht behaarten silbergrauen oder auch bei den panaschierten und weißbunten Blättern. Schaffen Sie doch einfach inmitten Ihres Grüns an besonderen Plätzen leuchtende Blickpunkte durch eine Gruppe von drei bis fünf Stauden einer Farbe, einen hübschen Rosenbusch, eine Gruppe Sommerblumen einer Sorte in der Sonne oder einige Astilben oder Herbst-Anemonen im Schatten. Diese Gruppen werden wie kleine Feuerwerke wirken, die im Laufe des Jahres hier und dort in Ihrem Garten aufleuchten.

Möchten Sie es noch farbenfroher haben, ist es am einfachsten, wenn Sie sich auf einige wenige Farben

Eine fröhliche Frühsommerkombination: Die Harmonie von Pink und Lila wird durch die weißen Margeriten gesteigert.

Die orangefarbenen Lilien stehen in deutlichem Kontrast zur übrigen harmonischen Pflanzung in Pastell – ein frecher Eye-Catcher!

Tipp

Einfach & wunderschön – Farbkontraste

▶ **April bis Mai:** Japanische Azaleen und Gedenkemein

▶ **Mai bis August:** Blaue Schwertlilien und Kalifornischer Mohn

▶ **Juni bis August:** Lachsrote Rosen und violettblauer Rittersporn

▶ **Juni bis September:** Efeuwand, davor weißbunte Funkien und Silberkerzen

▶ **September bis Oktober:** Herbstfärbung – Wilder Wein mit hellblauen Herbst-Astern

Die Harmonie von gelben Dahlien, Zinnien in Orange und Rot sowie orangefarbenen Tagetes wird von den Rosen in Hellrosa und den Astern in Lila unterbrochen. im Herbst wird die Fetthenne in der Beetmitte die Blicke auf sich ziehen. Bemerkenswert sind auch die verschiedenen Wuchsformen.

beschränken, auch wenn die Wahl schwerfällt. Die schönsten Farbzusammenstellungen bestehen aus zwei oder drei Farbtönen und zwar jenen, die sich im Farbkreis gegenüberstehen oder die durch die Spitzen eines im Kreisinneren gezeichneten Dreiecks markiert sind. Gut zusammenpassende Zweier-Gruppen sind zum Beispiel: Rot und Grün, Orange und Blau, Gelb und Violett. Farbdreiklänge aus Rot, Gelb und Blau sowie aus Orange, Grün und Violett bestechen ebenso.

Wie wirken Farben?
Das kleine Farb-1×1

Selbstverständlich hält die Natur nicht nur die reinen Farben bereit, sondern hat uns mit allen erdenklichen Übergängen bedacht, was die Welt bunter macht, uns aber die Planung etwas erschwert. Aber auch hierfür gibt es ein paar gute Regeln, die uns zu einer ausgewogenen Farbzusammenstellung führen: Verwenden Sie farbintensive,

reine Farben nur in kleinen Mengen und setzen Sie gedämpfte Mischfarben in größerer Stückzahl dazu. Rot, Gelb und Orange sind sehr dominante Farben, die in der Nähe leicht so stark wirken, dass der Hintergrund nicht mehr wahrgenommen wird. Leuchtend blaue oder rote Blütenfarben, auch die orangeroten Herbstfarben passen sehr gut zusammen mit silbergrauem Blattwerk.
In Blumenrabatten ziehen ungewöhnliche Pflanzen in ungewöhnlichen Farben besondere Aufmerksamkeit auf sich – kombinieren Sie violetten Zierkohl mit weißen Margeriten oder roten Mangold mit der rosaweißen Spinnenpflanze (Cleome). Einen ergänzenden, auch provozierenden Farbtupfer können Sie mit Kübelpflanzen setzen. Wenn Ihnen das alles doch zu kompliziert erscheint und Sie es ganz einfach haben wollen, schauen Sie sich einmal bei Anbietern "integrierter Pflanzensysteme" um. Sie bieten farbige Kombinationen von Stauden samt Zwiebelblumen an, zwischen welche ein- und zweijährige

Blumen gesät werden. Sie wachsen zu einem pflegeleichten, sehr natürlich wirkenden Blumenbeet zusammen. Es gibt Mischungen für verschiedene Standorte mit romantischen Namen wie „Sommernachtstraum", eine Komposition in Blauviolett mit rotlaubigen Stauden oder „Pink Paradise" in Rosatönen und groben Blattstrukturen.

Ein kontrastreiches Detail: weißbehaarte Ziest-Blätter neben glatten, dickfleischigen Rosetten des Hauswurz

Weniger ist mehr – viele Blüten in einer Farbe

Die Blau-Töne (Storchschnabel, Muskateller-Salbei, Rittersporn) werden durch gelben Felberich aufgehellt.

Es bedarf etwas umfangreicher Pflanzenkenntnisse, um einen einfarbigen Garten anzulegen, da die Anzahl der geeigneten Pflanzen einer Farbe nicht beliebig groß ist. Aber Sie werden sehen, die Beschränkung auf nur wenige Farben schafft wunderschöne und beeindruckende Effekte in Ihrem Garten.

Ganz einfarbig? Ein bisschen Abwechslung ist besser

Welche Farbe soll über Ihrem grünen Gartenteppich liegen? Ihre Lieblingsfarbe, vielleicht Blau? Oder Rot? Wenn Sie ganz konsequent vorgehen wollen, können Sie bereits bei der Rahmenpflanzung mit rotlaubigen Sträuchern beginnen. Hasel, Perückenstrauch, Blut-Pflaume, Japanischer Fächer-Ahorn und eventuell Blut-Buche stehen dafür zur Verfügung. Rotblühende Gehölze, wie Weigelien, niedrige Spiersträucher, Rosen, Zier-Johannisbeere oder an geeigneter Stelle Rhododendren, können die Farbkomposition ergänzen, und als Krönung im Herbst könnte die Herbstfärbung

einiger Sträucher aufleuchten (Wilder Wein, Feuer-Ahorn, Felsenbirne, Pfaffenhütchen, Essigbaum). Den Frühlingsreigen des roten Konzertes eröffnen Blumenzwiebeln, vorwiegend Tulpen, deren verschiedene Sorten von März bis Mai blühen, dann folgen Sommerblumen. Wenn wir allerdings überall im Garten auf die anregende Farbe Rot treffen, hat unser Auge keine Gelegenheit zum Ausgleichen und Ausruhen. Mit einigen Tupfern weißer oder zartrosafarbener Blüten, auch grauer oder weißbunter Blätter, können Sie aber leicht Abhilfe schaffen und Ihren Garten entspannter genießen. Ähnlich unbefriedigend wird eine rein orange-gelbe Pflanzung sein, sie sollte durch Blau oder Violett ergänzt werden – und umgekehrt. Einfacher ist es, das Thema Weiß durchzuspielen, hier kommt uns das Blattgrün ausgleichend zu Hilfe. Weiß dominierte Pflanzenkompositionen wirken, besonders im Schatten, ausgesprochen leicht und heiter.

Farben können täuschen
Blau schafft Tiefe

Von der Wirkung der Farben auf unsere Empfindungen haben wir bereits

Perfekte Harmonie in Rosa-Rot: Rhododendron und Silberling, (blühend) (*Lunaria*)

Vor der rotbraunen Ziegelwand stehen verschieden hellviolett blühende Stauden. Deutlich spürt man, wie das Weiß der Rosen und die weißgelben Akelei nach vorne drängen.

So wirkt Ihr Garten größer Optische Tricks

Entlang einer Hecke oder Mauer rhythmisch aufgereihte Pflanzen geben dem Raum größere Tiefe. Auch können Sie der Biegung eines Weges auch mit blauen oder türkisfarbenen Glaskugeln folgen (möglichst aus durchgefärbtem Glas), er scheint in geheimnisvoller Ferne zu verschwinden. Die Verwendung großlaubiger Pflanzen in Hausnähe, denen mit zunehmender Entfernung immer kleinlaubigere folgen, erzeugt ebenso den Eindruck großer Tiefe, wie eine Grenzbepflanzung am Ende des Gartens, deren seitliche Büsche deutlich höher sind als die mittleren. Verschachtelte oder gestaffelte Beete, die nicht auf den ersten Blick überschaubar sind, weil sich ein Stück Hecke, ein Rankgitter oder einige hohe Gräser dazwischenschieben, machen neugierig und verschaffen dem Garten mehr interessante Details, als man seiner Größe nach vermuten würde. Einen besonderen Eindruck von Weite erleben wir, wenn die im hinteren Gartenteil liegenden Kulissen abends beleuchtet werden, am einfachsten durch Windlichter.

gehört. Wenn wir Lust haben, uns und andere ein wenig an der Nase herumzuführen, können wir einige einfache Tricks anwenden, und schon wirkt unser Garten anders als er ist, wir kombinieren einfach Farben mit Formen. Ein strahlendes Mittel- oder Hellblau,

ein helles Blaugrün oder Türkis scheinen wie aus weiter Ferne zu uns zu kommen. Am Ende eines Weges oder Rasenstückes lassen diese Farben die Entfernung viel weiter erscheinen, als sie ist. Ein kleiner Garten wirkt so größer.

Weiße Blüten zaubern Leichtigkeit

Tipp

Folgende Blumen gibt es in weiß blühenden Sorten, sie wirken leicht und heiter und sind auch noch lange in der Dämmerung sichtbar: Tulpen (März bis Mai), Narzissen (April), Schleifenblume (April), Rhododendron (Mai), Pfingstrose (Juni/Juli), Astilbe-Hybriden (Juni bis August), Phlox (August), Herbst-Chrysanthemen (September/Oktober), Herbst-Anemone (September/Oktober).
Auch Blütengehölze spielen mit: Zier-Apfel (April), Felsenbirne (Mai), Flieder (Mai), Spierstrauch (Mai), Schneeball (Mai bis Juli), Deutzie (Juni), Duftjasmin (Juni), Rosen (Juni bis September).

Der von gelben Blüten gesäumte Kiesweg scheint weit nach hinten zu einem Sitzplatz zu führen.

Gartengrenzen – Schutz vor Ein- und Aussicht

Wenn man nicht von seinen Nachbarn gesehen werden will, ist eine hohe Mauer natürlich das Beste. Oft ist sie jedoch rechtlich nicht durchsetzbar und so bleibt die Wahl zwischen einem Schwätzchen mit den Nachbarn oder einem undurchsichtigen Holzzaun.

Zaunvielfalt Lattenzäune, Flechtzäune & Co

Den Jägerzaun und den einfachen Lattenzaun brauchen wir nicht weiter vorzustellen, aber es gibt gestalterisch interessante Varianten: Verwenden Sie flache Latten in verschiedener Länge oder setzen Sie sie im unteren Bereich doppelt so dicht wie im oberen; die Spitzen der Brettchen können in Herz- oder Pfeilform ausgebildet und weiß angestrichen sein. In Bauerngärten wirken auch ungehobelte Schwartenbretter, waagerecht zusammengebaute Fichtenstangen

Eine Wand mit Insektenwohnungen kann in einem rustikalen Garten ebenso einen Sichtschutz bilden wie etwa eine Holzlege.

oder biegsame Rundstäbe (Buche, Hasel oder Weide) sehr schön. Diese und ähnliche Flechtzäune können auch aus grünem Holz hergestellt werden. Wenn die Rinde an den zusammengebundenen Kreuzungspunkten zuvor entfernt wurde, entsteht im Laufe weniger Jahre ein festes Zaun-Heckengefüge.
Dichter wird es mit den meist vorgefertigten Flechtzäunen aus Holzlamellen oder Bambus, die Sie vielfältig kombinieren können. Verwenden Sie nicht zu viele unterschiedliche dekorative Elemente, eine oder zwei einfache Formen sind genug, denn der Zaun soll ja ruhiger Hintergrund für die belebenden Pflanzen sein.

Ein einfacher Holz-Lattenzaun ist immer reizvoll, besonders wenn er locker von Pflanzen durchwachsen wird und keine starre oder abweisende Trennung darstellt.

Tipp

Einfacher geht's nicht: lebendige Wände

Schneller Sichtschutz dank einjähriger Kletterpflanzen:

▶ Glockenrebe (*Cobaea scandens*) blüht violett-blau von Juli bis Oktober

▶ Sternwinde (*Ipomoea lobata*) blüht von Juli bis Oktober in Rot und verfärbt sich später über Orange und Gelb in Weiß

▶ Feuerbohne (*Phaseolus coccineus*) blüht leuchtend rot von Juli bis September

▶ Kanadische Kapuzinerkresse (*Tropaeolum peregrinum*) bildet von Juni bis Oktober gelbe auffällig gefranste Blüten.

Kletterpflanzen überziehen diese weiße Flechtwand aus Holz. Durch das davor liegende Blumenbeet schlängeln sich Wege aus Rindenmulch.

Die Monotonie langer, dichter und hoher Holzwände wird unterbrochen, indem man zwischen den Holzelementen Abstände lässt, in die immergrüne Säulenkoniferen gepflanzt werden können. Dies bringt besonders im Winter eine interessante Abwechslung.
Eine einfache, sehr originelle Abgrenzung kann auch eine Holzlege sein. Im Frühjahr stapeln Sie Ihr Holz auf, trinken in seinem Schutz den Sommer über auf Ihrem Sitzplatz Kaffee und im Winter, wenn Sie dort keinen Sichtschutz benötigen, heizen Sie Ihr Wohnzimmer.

Stabil und elegant
Mauern aus Stein und Metall

Abgrenzungen aus Natursteinmauern sind etwas Wunderbares, wenn sie aus einem örtlich vorhandenen Stein von geübter Hand gesetzt werden.

Manchmal mangelt es am Stein, an der Hand oder auch am Geld, und man greift auf den etwas preiswerteren und einfacher zu verarbeitenden Betonstein zurück. Mit seinen vielfältigen Oberflächenstrukturen und -farben bietet er viele Gestaltungsmöglichkeiten. Sei es als Winkelstein, als runde oder rechteckige Stele, als Mauerstein oder als Betonwand, an Ort und Stelle hergestellt.
Neuerdings werden Mauern auch aus sogenannten Gabionen hergestellt. Das sind verschieden große rechteckige, mit Gesteinsschotter, Kieseln, Glasbrocken, gefüllte Drahtkästen, die zu sehr variablen Formen und Höhen zusammengestellt werden können. Ist einfach und geht schnell!
Kräftiges Baustahlgewebe, verzinkt oder rostig, zwischen Vierkanthölzer montiert, bietet eine Rankhilfe für Kletterpflanzen. Dicke Stahlstäbe oder schlanke Bandeisen, in geringem Abstand nebeneinandergestellt, setzen dem Grundstück klare Grenzen, ohne den Ausblick zu behindern. Auch bepflanzte Metallgefäße, dicht hintereinander aufgereiht, ergeben einen eindrucksvollen Sichtschutz.

Ein ruhiger Hintergrund, hier eine Hainbuchenhecke, ist ideal für eine abwechslungsreiche, harmonische Blumenpflanzung.

Hier geht's lang – Wege und Beläge

Diese einfache Treppe aus Holzstufen mit Kiesfüllung passt nicht nur in naturnahe Gärten.

Ein sauberer Klinkerweg führt durch den Gemüsegarten. Unbefestigte Seitenwege können jährlich nach Bedarf einfach geändert werden.

In einen Garten soll man hinein-, hindurch- und wieder hinauskommen oder auch verweilen können, und zwar möglichst stets trockenen Fußes. Dazu brauchen wir die verschiedensten Wege, zum Beispiel Spazierwege, Rundwege, Haupt- und Nebenwege.

Wie breit muss ein Weg sein? Je nach Nutzung 50 bis 120 cm

Die Breite ist ein wichtiges Zeichen. Hauptwege, beispielsweise eine häufig begangene Verbindung zwischen Terrasse und Sitzplatz, sollten etwa 120 cm breit sein, so dass zwei Personen nebeneinander gehen können oder auch eine Schubkarre gut Platz hat. Auf Spazier- und Rundwegen befindet man sich meist allein, oder man geht, mit Freunden die Beete betrachtend, im Gänsemarsch, 50 bis 60 cm Breite sind ausreichend.

Keine Angst vor dem Betreten

Tipp

Auch mit begehbaren Pflanzen lassen sich Wege oder Fugen gestalten. Pflegeleicht und robust sind zum Beispiel eine Begrünung mit Gras oder niedrigen Stauden, wie Polster- und Teppich-Thymian, Mauerpfeffer, Federmoos oder Polsterkresse.

Tipp

Lassen Sie sich von Moos und Unkraut nicht verrückt machen!

Wenn Sie keinen Wert auf moosige Steine legen, dann wählen Sie möglichst großformatige Steine mit geraden Kanten, die ganz dicht aneinander gelegt werden können. Einen zusätzlichen Schutz gegen dennoch keimende Unkrautsamen bietet eine Versiegelung mit Epoxyd-Harz. Die Flächen sind dann ganz einfach mit Gartenschlauch und Besen zu reinigen.

Eine gelungene Komposition aus Kunststeinpflaster und Naturmaterialien

Mit Trittplatten, rechteckig oder unregelmäßig geformt (Schrittmaß von Mitte zu Mitte 64 cm), reduziert man die Bedeutung des Weges auf ein Minimum, er ist dann halb Beet oder Rasen und halb Weg. Nicht ganz einfach ist die Bepflanzung zwischen den Platten, sie muss niedrig bleiben und dicht werden, so dass das Unkraut dort keine Chance hat.

Wie bekommt ein Weg Charakter? Durch das Material

Die Oberfläche sagt am meisten über die Wirkung eines Weges aus. Am natürlichsten wirkt Rindenmulch, etwa für einen Pfad am Rand des Gartens oder im Nutzgarten, dann natürlich Kies ohne Trennung zur Pflanzfläche oder eingefasst mit Pflastersteinen oder Platten, auch mit Eisenkanten. Schrittplatten im Kies empfehlen sich, wenn man etwas bequemer gehen möchte oder auch aus formal gestalterischen Gründen.

Holz ist für Wege wenig geeignet, da es im Boden verlegt nicht ausreichend trocknen kann und leicht rutschig wird.

Klinker und Terrakotta-Platten wirken warm und heimelig. Sie können in den verschiedensten Mustern gelegt werden und man hat mit ihnen die Möglichkeit, wichtige Stellen besonders zu markieren, zum Beispiel Kreuzungspunkte oder Sitzplätze. Wählen Sie die meist aus Italien stammenden Plattenmuster sorgfältig aus, sie können damit eine wirklich südländische Stimmung erzeugen.

Edel wirken Wege aus Natursteinplatten, polygonale Platten zusammen mit großen und kleinen gebrochenen Steinen und Schotter in größeren Steingärten, gesägte Platten in streng gegliederten, formalen oder minimalistischen Gärten. Ihr Wert liegt eher im ästhetischen als im funktionalen Aspekt. Solide Gebrauchsartikel sind dagegen Betonsteine. Sie eignen sich zum Begehen und Befahren, sind in fast jeder runden oder eckigen Form im Handel, so dass auch jede Wegeform mit ihnen herstellbar ist.

Der Sinn eines Weges Wege verbinden und trennen

Wege begrenzen Blumenbeete, gliedern Gemüsebeete, umfassen eine Rasenfläche, geben die Richtung zum Hauseingang oder zum Gartenhäuschen oder zum Komposthaufen an. Wir lassen uns von ihnen führen. Zwischen ihnen entstehen Flächen, die wir auf verschiedenste Weise nutzen. Es ist für die Harmonie des

Bunte Scherben zwischen Kiesel gepflastert geben dem schmalen Weg eine besondere Note.

Gartens wichtig, dass diese Flächen in einem ausgewogenen Verhältnis zueinander stehen. Legen Sie nicht zu viele Wege an, so dass die gesamte Gartenfläche in kleine Stückchen zerteilt wird. Bedenken Sie, dass Rasen in der Regel belastbarer ist, als man meint und ein schmaler, gemähter Grasweg diese Flächen optisch zwar gliedert, aber nicht teilt.

Wir stellen uns vor – der Vorgarten

Der Vorgarten ist Ihre Visitenkarte, die sich jedem Besucher als Erstes präsentiert. Er stellt das Bindeglied zwischen dem öffentlichen Raum und Ihrem privaten Reich dar. Seine Gestaltung wird sowohl von den Nachbargrundstücken, als auch vom Stil Ihres eigenen Hauses beeinflusst.

Was muss in einen Vorgarten? Weg, Mülltonnen, Fahrräder, Pflanzen

Eine Fläche, die zugleich einladend und repräsentativ sein soll, aber auch Platz für Mülltonnen und Fahrräder bieten muss, ist problematisch zu gestalten. Entscheiden Sie sich zunächst für einen einfachen Weg zur Haustür. Plattenbahnen parallel zur Hausfront gelegt, lassen den Vorgarten breit erscheinen, senkrecht zum Haus verlegt, geben sie ihm Tiefe. Wenn die Plattenbahnen jeweils versetzt angeordnet werden, ergeben sich rechts und links keine geraden, sondern versetzte Kanten und damit die Möglichkeit, besondere Pflanzen, hübsche Steine, kleine Tröge oder Ähnliches dort zu platzieren.

Wenn Sie Ihre Mülltonne, statt sie in einem wenig dekorativen Müllschrank unterzubringen, mit Holzbohlen, Beton- oder Granitstelen einfassen, sollten Sie das gleiche Material in ähnlicher Form in Ihrem Vorgarten an anderer Stelle noch einmal verwenden, etwa als Einfassung für ein erhöhtes Beet oder als Bodenbelag – das schafft eine Verbindung.

Etwas Gutes müssen Sie aber auch dem Haus tun: Damit es nicht so nackt an der Straße liegt, braucht es einen Hausbaum, nicht zu klein, nicht zu groß – einfach etwas Besonderes.

Dieser mit Buchskugeln eingefasste Vorgarten wird dominiert von einer Japanischen Weide (Winterschutz in rauen Lagen).

Ganz wie Sie wünschen
Raum für Ideen

Versuchen Sie dem Eingangsbereich ein eigenes Thema zu geben, beispielsweise japanisches Flair oder eine bestimmte Farbigkeit.

Ist die Vorgartenfläche besonders klein, könnten Sie statt eines kurzen Weges und zwei kleinen Restflächen, Platten auf die gesamte Fläche legen und dort, wo nicht gegangen wird, die Fugen größer lassen oder einige Platten aussparen und kleine Gehölze, Gräser, Stauden und einen Hausbaum hineinpflanzen. Ebenso ungewöhnlich, aber auch preiswert ist es, die gesamte Fläche mit Kies auszulegen, in wel-

Tipp

Sitzplatz zum Nulltarif

Ein neuer Garten will „besessen" werden – im wahrsten Sinne des Wortes. Bevor Ihnen die Anleitungen zum Bau eines Sitzplatzes mit Bodenverdichtung, Schotterunterbau, Kiesbett und Platten die Laune verderben, stellen Sie doch einfach mal Tisch und Stühle auf den Rasen. Ein perfekter Sitzplatz zum Nulltarif, immer in der Sonne oder im Schatten – wo man will – und mit Barfußkitzelgarantie.

Zu einem größeren Garten passt auch eine große Terrasse. Hier kann man sich so richtig ausruhen, im Strandkorb die Beine hochlegen und die vielen bunten Blumen genießen.

Gruppe Stühle, die in einer leuchtenden Farbe angestrichen wie zufällig unter einem Baum stehen. Hier haben sich wohl ein paar Genießer zu einem blühenden Rhododendron gesellt, nächstens ziehen sie weiter zu einem duftenden Rosenbusch. Mobile Sitzplätze bieten einen hohen persönlichen Erlebniswert – und sind so einfach herzustellen!

Der schönste Aufenthaltsort fernab vom Haus ist natürlich ein Pavillon. Er stammt aus einer Zeit, in der Bedienstete ihrer Herrschaft den Tee servierten. Auch wenn Sie Ihr bescheidenes „Teehaus" mit Holz vom Baumarkt selber bauen, wird es ein Element sein, welches Raum braucht und ein eigenes Thema Ihres Gartens darstellt. Vielleicht müssen Sie sich mit der kleinen Schwester begnügen, mit einem Sitzplatz unter der Pergola. Es gibt kaum einen schöneren Platz, um einen Sommerabend zu verbringen. Die Blumen duften, die Luft ist herrlich weich, die Vögel singen ihr Abendlied, es geht ein leichter Wind. Gegen lästige Insekten hilft der Duft von Pfefferminze, Katzenminze, Zitronen-Geranien, Zitronen-Melisse. Eberraute oder Tagetes. Stellen Sie einen Strauß dieser Kräuter auf den Tisch und Sie werden einen wundervollen Abend erleben.

Dieser klassische Sitzplatz unter einer Pergola ist auch bestens für größere Familien geeignet. Zwischen dem Grün sorgen bunte Kissen für Abwechslung.

Spaß muss sein – Kinder brauchen ihre eigene Garten-Welt

Nur wenige Jahre lang bleiben die Kinder in unserem Garten, dann drängen sie hinaus. Mit Spielmöglichkeiten und eigenen Beeten gelingt es uns Erwachsenen vielleicht in dieser Zeit am besten, Interesse und Liebe am Garten zu wecken.

Das muss möglich sein!
Bauen, klettern, schwingen, springen

Natürlich gehört ein Sandkasten zur Erstausstattung eines jeden Gartens, vielleicht erst einmal nur ein sandgefüllter großer Autoreifen, später ein um 30 bis 40 cm erhöhter Kasten mit angebauter kleiner Tisch- oder Sitzfläche, der zugleich eine Bereicherung der Gartenmöblierung sein kann. Dabei unbedingt die Möglichkeit zum Aufstellen eines Sonnensegels oder eines Sonnenschirms vorsehen! Viel Spaß und etwas mehr Dreck

macht natürlich eine Kombination mit Wasser, das in Röhren, Rinnen und Eimern weitergeleitet werden kann. Erst jetzt kann man richtige interessante Landschaften damit bauen! Große Bäume im Garten sind für Kinder ein Segen, weil sie sich zum Anbringen von Strickleitern, Klettergerüsten, Schaukeln, Hängematten und Baumhäusern anbieten. Fehlen diese, kann auch eine stabile Pergola mit entsprechenden Zusatzfunktionen ausgestattet werden. Der Boden unter der Pergola, auch auf dem normalen Sitzplatz, sollte dann aber mit Hackschnitzel, feinem Rindenmulch oder

Ein eigenes Beet: Die Zeit der Blumenzwiebeln ist vorüber, jetzt müssen die Ringelblumen für den Sommerflor gepflanzt werden.

Wenn das Wasserspritzen nicht nur Spaß macht, sondern auch wichtig und gut für den Rasen ist, werde ich sicher gelobt!

Das nackte Schaukelgestell wurde durch die kräftig windende Feuerbohne in eine romantische Laube mit Schaukelsitz verwandelt.

Die Nachbarn haben die neuste Kinderschaukel und wir nicht – na und!

Tipp

Schicken Sie Ihre Kinder zum Schaukeln auf das nachbarliche Prachtstück, aber grämen Sie sich nicht. Viel fantasievoller spielen Kinder mit alten ausrangierten Gegenständen, wie Töpfen und Blechlöffeln, oder Naturmaterialien, wie Schneckenhäusern und Tannenzapfen: Da werden Rindenstücke zu Ruderbooten und Steine zu Diamanten. Kaufen Sie nicht zu viele Spielsachen für den Garten. Das Spielverhalten der Kinder ändert sich im Laufe der Jahre öfters und die gekauften Gegenstände liegen dann irgendwo herum.

aber mit Falldämmplatten ausgelegt werden – was übrigens auch erwachsenen Füßen sehr gut tut.

Selbst ist der Nachwuchs
Bauen will gelernt sein

Mit steigendem Alter nehmen natürlich auch die Ansprüche und Fertigkeiten der Kinder zu. Aus der Nische zum Verstecken kann schnell ein Zelt, ein Spielhaus oder eine Ritterburg werden. Sollte in Ihrem Garten genug Platz für derartige Bauwerke sein, wäre es ideal, wenn die größeren Kinder in dieser Situation ohne allzu viele Eingriffe von Erwachsenen lernen könnten, wie man mit Hammer, Säge, und Schraubenzieher umgeht.

Wer sät, der erntet vielleicht auch Ein eigenes Beet

Was unseren kleinen Gärtnern noch fehlt, ist Geduld. Warum dauert es

denn so lange, bis aus dem Samenkorn endlich eine blühende Pflanze geworden ist! Inzwischen geschieht in einem jungen Leben so viel aufregend Neues, dass die langsamen Pflanzen darüber in Vergessenheit geraten. Hier sollten die Erwachsenen die Beschäftigung liebevoll begleiten und unbemerkt das Kinderbeet gelegentlich düngen, gießen oder jäten, so dass „ganz plötzlich" und wie von alleine die Pflanzen Blüten und Früchte tragen und wieder Aufmerksamkeit erregen. Geben Sie den Kindern am besten nur schnell wachsende Pflanzen, wie Stangenbohnen, Kürbisse, Radieschen, verschiedene Salatsorten, Monatserdbeeren, Ringelblumen oder Schmuckkörbchen. Und wie wäre es zwischendrin an einem sonnigen Standort mit einer Schokoladenblume *(Cosmos atrosanguineus)* oder einer Gummibärchenblume *(Cephalophora aromatica)* – sie duften einfach lecker!

Sammeln und Gestalten
Mini-Landschaften im Topf

Manche Kinder sammeln gerne, zum Beispiel Glasmurmeln, Fußballbildchen oder Steine, vielleicht aber auch Pflanzen. Kaufen Sie gemeinsam

hübsche Töpfe oder Schalen und legen Sie eine Sammlung von Hauswurzen an. Zusammen mit Steinen lassen sich mit diesen vielgestaltigen rosettenförmigen Hungerkünstlern hübsche kleine Landschaften gestalten. In Mandarinenkisten lassen sich Märchenbilder aufbauen – Schneewittchen und die sieben Zwerge – oder Fantasielandschaften, in denen auch normale Spielfiguren oder Gartenzwerge mitspielen dürfen.

Ein nahezu perfekter Sandkasten mit Arbeitstischchen und Sonnensegel, angemalt mit Dauerschutz-Holzfarbe.

Nützlich und schön – Gemüse, Obst und Kräuter

Die Zeiten, als ein Haushalt mit vier Personen 200 m² Gemüsegarten brauchte, um sich selbst ausreichend mit Gemüse versorgen zu können, sind vorbei. Wir kaufen heute viel Gemüse ein und ein Nutzgarten ist zur Liebhaberei geworden.

Ziert und schmeckt
Gemüse

Wir entdecken mehr und mehr dekorative Gemüsesorten, die, geschickt mit blühenden Pflanzen gemischt, einen originellen und farbenprächtigen Anblick bieten. Was im Sommer ganz selbstverständlich und hübsch wirkt, bedarf jedoch auch der Planung. Besonders, wenn Sie die Erkenntnisse der Mischkultur nutzen möchten, sollten Sie nicht zusammenpflanzen, was nicht zusammenpasst: z. B. Kartoffeln und Rote Beete, Kar-

Hübsche Mischkultur: Blaugrüne Gemüse und Kräuter werden durch Ringelblumen aufgefrischt und von der Katze bewacht.

toffeln und Kohlsorten oder Sellerie, Gurken und Radieschen, Lauch und Bohnen. Hingegen können Sie die verträglichen Möhren, Erdbeeren, Kapuzinerkresse, Mangold, Spinat, Pflücksalat und Ringelblume nahezu überall dazupflanzen (siehe auch Seite 114). Während es sich empfiehlt, Gemüsebeete in geordneter, rechteckiger Form anzulegen, kann ihre Größe von Jahr zu Jahr variieren. Dann ist es gut, wenn die Erschließungswege nicht dauerhaft mit Platten belegt sind, sondern mit Rindenmulch oder mit

Ein natürlich wirkender Rindenmulchweg führt durch diesen Gemüse- und Kräutergarten. Rosen, Stauden und Sommerblumen setzen Farbpunkte.

Tipp

Kein Platz – kein Problem

Es gibt auch kleinwüchsige Obstsorten für die Topfkultur. Wichtig ist, dass die Sorten auf schwach wachsende Unterlagen veredelt wurden. Hier eine Auswahl an empfehlenswerten Sorten:

▶ **Äpfel: 'Mars' (saftig, süßsäuerlich, grünrot), 'Berbat' (saftig, rot)**

▶ **Süßkirschen: 'Regina', 'Vanda', 'Vega'**

▶ **Sauerkirschen: 'Morellenfeuer' (mittelfrüh), 'Meteor' (spät)**

▶ **Aprikosen: 'Kuresia'**

▶ **Pflaumen: alle gängigen Sorten auf der Unterlage 'Wavit'**

▶ **Es gibt auch „Familienbäume" mit drei bis vier Obstsorten auf einem Stamm**

Brettern, unter denen sich – praktischer Nebeneffekt – die Schnecken verkriechen, um abgesammelt zu werden.

Vom Baum in den Mund
Obstbäume müssen nicht groß sein

Die wenigsten Gartenbesitzer werden sich einen richtigen Obstgarten oder gar eine Streuobstwiese anlegen können. Es wird daher auf Kompromisse hinauslaufen, dass zum Beispiel die Johannisbeer-Hochstämmchen über der Blumenrabatte schweben (ihre roten Fruchttrauben sind sehr dekorativ) und dass die Apfel-, Birnen-, Kirschen- oder Pflaumenbäumchen in der Sichtschutzpflanzung oder als Solitär-

pflanze im Ziergarten auftauchen. Die Obstzüchter haben sich unserer Platznot angenommen und Sorten entwickelt, die sowohl krankheitsresistenter als auch kleinwüchsiger sind als die guten alten Sorten. Sie werden sich von manchen vertrauten Sortennamen verabschieden müssen. Trauen Sie sich, eine Hecke aus säulenförmigen Ballerina-Apfelsorten zu pflanzen (z. B. 'Galahad', 'Rhapsodie' oder 'Lancelot') oder in eine lockere, natürliche Bepflanzung schwach wachsende Kirschen-, Birnen- oder Apfelbäume zu mischen, die natürlich etwas pflegende Aufmerksamkeit brauchen, damit sie nicht überwuchert werden.
Eine Sonderstellung könnten sie bekommen, wenn sie im Halbkreis um Ihren Zweitsitzplatz gruppiert wären oder als kleine Allee zum Kräutergarten führen. Auch als Kübelpflanzen wären sie dafür gut geeignet.

Vom Beet in die Suppe
Frisches Kräuteraroma

Immer noch hält sich die Vorstellung, Kräuter müssten in kunstvoll angeordneten Beeten nach barockem Vorbild angepflanzt werden. Erfahrungsgemäß ist dies eine recht aufwändige Art, Pflanzen zu kultivieren. Das muss nicht sein! Wenn Sie eigene frische Küchenkräuter anbauen wollen, so wählen Sie am besten ein sonniges Beet oder Töpfe in Küchen- oder Terrassennähe. Wenn Sie das Suchen der Kräuter für die Suppe lieber mit einem kleinen Spaziergang durch Ihren Garten verbinden wollen, dann pflanzen Sie doch Petersilie, Zitronen-Melisse und Liebstöckel ins Gemüsebeet, Schnittlauch, Sauerampfer und Meerrettich hinter die Wasserstelle und Salbei, Rosmarin und Thymian auf den sonnenbeschienenen Terrassenhang.

Auf der Bank lässt sich das Wachsen und Gedeihen von Blumen, Erbsen und Salat in aller Ruhe beobachten.

Handtuchgärten – klein, aber oho

Die Gestaltung von Reihenhausgärten ist ein endloses Thema und wird uns wohl immer beschäftigen. Eine einfache Regel gilt es vor allem zu beachten: Pflanzen, die höher als 2 m werden, müssen mindestens 2 m Abstand von der Grundstücksgrenze haben.

Dieser kleine, eher schattige Garten beherbergt eine Vielzahl von Pflanzen: Lila Clematis beranken die Mauer, davor blühen leuchtend rote Astilben, violetter Storchschnabel und weiße Lilien, eingebettet in ein grünes Meer aus Funkien und Gräsern.

Jetzt ist alles noch grün und sehr offen, in einigen Jahren werden Sie Ihre Nachbarn kaum noch sehen.

Wie es Euch gefällt
9 Themen für Handtuch- und Reihenhausgärten

Der Kulissengarten ist dazu da, den Betrachter zu täuschen. Ein schmales, langes Grundstück wird so gegliedert, dass der Eindruck entsteht, mehrere Räume liegen hintereinander. Hinter dem Hauptsitzplatz verengt sich eine Strauchpflanzung, dann führt ein breiterer Weg unter einer Pergola zu einem kleinen Platz mit Brunnen, der durch eine Eibenhecke begrenzt ist.

Ein Plattenweg führt zum Ende des Gartens, der mit einem weinberankten Flechtzaun abgegrenzt ist.

Der Parkgarten gaukelt Weite vor. Gestalten Sie die Grenzbepflanzung so, dass beidseits weich schwingende Gehölzränder entstehen, pflanzen Sie einen mittelgroßen Baum auf den Rasen dazwischen, der den freien Durchblick hemmt. Positionieren Sie zwei oder drei hübsche kleine Laternen in den Nischen hinter den Büschen und genießen Sie, besonders abends, den Blick in Ihren beleuchteten Park.

Tipp

Keine Panik – diese Bambus-Arten wuchern nicht

▶ *Fargesia denudata*: kompakt, 2 bis 3 m hoch

▶ *Fargesia murieliae*: kompakt, 2 bis 4 m hoch

▶ *Fargesia murieliae* 'Bimbo': kugelförmig, 1 bis 1,50 m hoch

▶ *Fargesia murieliae* 'Rufa': überhängend, 2 bis 3 m hoch

In modernen Reihenhausgärten dominieren keine trennenden Zäune oder Sichtschutzwände, sondern verbindende Pflanzen.

Ein Gras- und Bambusgarten hat viele Verstecke. Kombinieren Sie straff aufrechte, hohe und niedrige Gräser mit lockerem, nicht wucherndem Bambus, schaffen Sie kleine Plätze dazwischen, mit Natursteinplatten, Kies oder Rindenmulch belegt, mit niedrigem Bambus und großblättrigen Stauden (Bergenien, Funkien, Kaukasusvergissmeinnicht). Verstecken Sie dazwischen Tisch und Stühle, einen Steintrog, ein Kunstwerk oder was Sie gerne haben.

Der Wassergarten (siehe auch Seite 38) sollte nur am Rand noch Platz für Pflanzen haben. Ein geeignetes Grundstück, mit einem berankten Holzzaun umgeben lässt sich in eine große Wasserfläche verwandeln. Trittsteine, Kiesufer, eine Brücke, Seerosen, Rohrkolben, und Fische im Wasser, schaffen die Illusion einer Wasserlandschaft. Sie muss natürlich technisch gut durchdacht sein.

Der meditative Garten wirkt durch das, was weggelassen wurde. Es bleiben nur schlichte, rechteckige Formen des Rasens, der Wege, eines Sitzplatzes, eventuell einer hohen Begrenzungsmauer oder niedriger Sitzmauern, die Beete umfassen. Alles wirkt nur im rechten Verhältnis zueinander. Verwenden Sie wenige Pflanzenarten in großer Stückzahl.

Ein Plattengarten wirkt am lebendigsten, wenn er mit polygonalen Natursteinplatten belegt ist. Mal dichter gelegt, für Sitz- und Spielplätze, mal weiter, für Pflanzflächen, mit einer kiesgefüllten Senke als Springbrunnen bietet er vielfältige Nutzungsmöglichkeiten. Viele Pflanzen finden auch in den Fugen Nahrung. Rasen hat hier allerdings keinen Platz.

Der Rosengarten sollte formal so gestaltet werden, wie es der wunderschönen Blume angemessen erscheint. Besondere Beete für die niedrigen Sorten, Bögen für die Kletterrosen, vielleicht ein alter Baum, in den sich Kletter- und Ramblerrosen schlingen können, Hochbeete für duftende Sorten, damit sie näher an den Nasen sind.

Der Topfgarten ist am besten für gepflasterte Höfe geeignet oder für Kleinstgärten, in denen sich eine Rasenfläche nicht lohnt. Suchen Sie die schönsten Kübel, Körbe, Wannen oder Schalen und kombinieren Sie nach Herzenslust. Ausdauernde Gehölze und Stauden können zum Teil draußen überwintern, Sommerblumen wuchern jedes Jahr neu.

Tipp

Versprochen – diese Bäume bleiben wirklich klein!

Pflanzen Sie Bäume mit mindestens 2 m Abstand zur Gartengrenze. Die rechtlichen Vorgaben sind in jedem Bundesland verschieden, fragen Sie in Ihrer Gemeinde nach.

▶ Kugel-Ahorn (*Acer platanoides* 'Globosum'): 4 bis 6 m hoch,

▶ Kugel-Esche (*Fraxinus excelsior* 'Nana'): 4 bis 8 m hoch

▶ Zier-Apfel (schlanke *Malus*-Hybriden 'Street Parade', 'Van Eseltine'): 5 bis 6 m hoch

▶ Zier-Kirsche (*Prunus subhirtella* 'Fukubana'): 2 bis 2,50 m hoch

▶ Kugel-Akazie (*Robinia pseudoacacia* 'Umbraculifera'): 4 bis 6 m hoch

Schattengarten – so kommt Licht ins Dunkel

Es gibt verschiedene Arten von Schatten, kalten (Nordostseite von Gebäuden) und warmen (Westseite eines Gehölzstreifens), trockenen (unter einem Dachüberstand oder alten Bäumen) und feuchten (Fuß eines Nordhanges, schattiges Teichufer). An jedem fühlen sich andere Pflanzen wohl.

Kalte Nordostseite von Gebäuden Astilben und Silberkerzen

Der kühle Schatten und seine angrenzenden Bereiche eignen sich gut für alle normalen Schattenstauden und auch für Rhododendren und Moorbeetpflanzen, sofern der Boden gut vorbereitet ist und das Wässern nicht vergessen wird. Im April und Mai herrschen ihre leuchtenden Farben vor. Später können weiße Prachtspieren *(Astilbe)* und Silberkerzen *(Cimicifuga)*, die weiße Nachtviole *(Hesperis matronalis* 'Alba') und weiße Flammenblumen *(Phlox)* für Helligkeit im dunklen Grün sorgen.

Warme Westseite am Gehölzrand Christrose, Alpenveilchen, Katzenminze & Co

Der warme, schattige Gehölzrand bedarf eigentlich keiner Aufhellung. Er liegt bis nachmittags im Schatten, dann wird er von der Sonne beschienen. Er ist relativ trocken und der ideale Standort für Christrosen *(Helleborus)*, Alpenveilchen *(Cyclamen)* und Buschmalven, Taglilien *(Hemerocallis)*, Katzenminze *(Nepeta)*, Seifenkraut *(Saponaria)* und viele andere, aus denen Sie eine abwechslungsreiche Vorpflanzung des Gehölzrandes zusammenstellen können.

Es ist schwer zu entscheiden, ob die Samt-Hortensie (links) dominiert oder das leuchtende Rot der Astilben.

Gelbblättrige Nessel und gestreiftes Japangras bringen Helligkeit in diese Schattenecke.

Sonne – kein Problem

Bei ausreichender Feuchtigkeit können viele Schattenpflanzen auch in der Sonne stehen. Problematisch sind jedoch vermehrt Blattverbrennungen aufgrund zunehmender Sonneneinstrahlungsintensität.

Trockene Plätze Schneeglöckchen, Anemonen und Maiglöckchen

Schwierig zu gestalten sind Plätze unter großen Dachüberständen oder ausladenden alten Bäumen. Wenig Licht, wenig Wasser und dazu noch Wurzelkonkurrenz sind keine günstigen Wachstumsfaktoren! Hier wäre elektrisches Licht sinnvoll, und wenn Sie dann noch die Möglichkeit haben, Bewässerungsschläuche zu verlegen, ist den Pflanzen schon sehr geholfen. Mit Hilfe großer Steine oder Wurzel-

Wenn die Akelei verblüht sind, werden die zartvioletten und hellblauen Blüten der Funkien wie Lichtpunkte im Schatten leuchten und ein wenig ablenken von den hübschen Blättern der Pflanzen.

stubben, lässt sich die Fläche gliedern oder es können kleine Barrieren gebaut werden, die Sie mit humosem Erdsubstrat hinterfüllen können (unter großen Bäumen sollten es etwa 25 cm sein), damit die Pflanzenneulinge ausreichend Boden zum Anwachsen haben. Wundervoll wären hier Schneeglöck-

chen *(Galanthus)* im Frühling, weiße Wald-Anemonen *(Anemone sylvestris)*, Maiglöckchen *(Convallaria),* Salomonssiegel *(Polygonatum)* und das weißbunte Bandgras *(Phalaris arundinacea* 'Tricolor') während des Sommers und die weiße Herbst-Anemone *(Anemone japonica* var. *hupehensis)* zum Ausklang der Blütensaison.

Sie wachsen und blühen sogar unter flach wurzelnden Bäumen

▶ **Elfenblume** *(Epimedium rubrum)*: 35 cm hoch, rote Blüten im April und Mai

▶ **Wald-Erdbeere** *(Fragaria viridis)*: 20 cm hoch, Ausläufer treibend, weiße Blüten von April bis Juni

▶ **Storchschnabel** *(Geranium macrorrhizum)*: 40 cm hoch, rosarote Blüte im Juni und Juli

▶ **Nessel** *(Lamiastrum galeobdolon* 'Florentinum'): 20 cm hoch, starkwüchsig, gelbe Blüte im Mai und Juni

▶ **Waldsteinie** *(Waldsteinia ternata)*: 10 cm hoch, gelbe Blüten im März und April

Feuchter Schatten Rhododendren und Funkien

Der schönste Schatten ist der feuchte. Wenn die Erde locker und humos ist, riecht sie angenehm und die Pflanzenwurzeln fühlen sich wohl. Hier ist das El Dorado für Rhododendren (mit einer Sonderration Torf versehen), hier können Sie ein Sumpfbeet anlegen oder einen Bereich für Etagen-Primeln *(Primula),* die große Zahl der wunderschönen Funkien *(Hosta)* oder für Raritäten wie Chinesischen Herbst-Enzian *(Gentiana).*

Höhenunterschiede einfach gestalten – mit und ohne Steine

Einfach und überzeugend ist eine Geländeführung, wenn sie sich großzügig der Umgebung anpasst, wie ein wohlgeformter Hang, der am Ende des Gartens einen leichten Gegenschwung erhält, und dessen Bewegung durch eine höhere Bepflanzung im hinteren Teil aufgenommen wird.

Wenn der Platz reicht
Bodendeckerrosen

Eine große Hangfläche ist, sofern sie bepflanzt werden soll, der ideale Standort für Bodendeckerrosen, kombiniert mit einigen strukturbildenden Koniferen und großen Gräsern. Vergessen Sie nicht, einige Pfade anzulegen und sie, wie die übrige Fläche, mit Rindenmulch zu bedecken. Mutige unter Ihnen könnten die gesamte Fläche auch einfarbig bepflanzen, zum Beispiel mit dem blauviolett blühenden Storchschnabel (*Geranium* x *magnificum*) oder mit Wildem Wein, der sich im Herbst herrlich rot färbt.

Der Hangfuß ist mit Winkelformsteinen abgefangen und dicht bepflanzt. Unten sind zwei Formsteine im rechten Winkel dagegengestellt und dienen als Bank.

Die Kunst der Fuge
Mauern aus Stein oder Holz

Meist fehlt der Raum für derartige Lösungen, und es müssen Steine in ihrer vielfältigen Form zu Hilfe genommen werden, um den Bodendruck aufzunehmen. Am einfachsten ist es sicher, Höhenunterschiede unter 1 m mit Hilfe von Trockenmauern zu überwinden. Es wirkt oft gefälliger mehrere niedrige Mauern zu errichten, als eine hohe. Die Steine werden ohne Mörtel auf eine etwa 20 cm starke Schotterschicht, die eventuelle Baugrund-

Der weite offene Hang ist mit großen Polstergruppen bepflanzt, die gut zur Größe der Fläche passen.

bewegungen abmildert, gesetzt. Eine Neigung von 20 % zum Hang gewährleistet Standsicherheit und gute Verbindung mit dem Hintergrund. Schon beim Aufeinanderlegen des Steinmaterials (Sandstein, Muschelkalk, Schiefer) können Sie Pflanzen und Samen in die Fugen mit einfügen. Bepflanzen Sie die Mauer nicht zu dicht, damit Steinstruktur und Fugenbild dominierend bleiben.

Schöne Fugenpflanzen sind zum Beispiel die Pfingst-Nelke in ihren vielen Sorten *(Dianthus gratianopolitanus)*, die Walzen-Wolfsmilch *(Euphorbia myrsinitis)*, die Schleifenblume, *(Iberis sempervirens)*, das Seifenkraut *(Saponaria ocymoides)*, die Polster-Glockenblume *(Campanula portenschlagiana)*, der Mauer-Streifenfarn *(Asplenium ruta-muraria)* und der gelbe Lerchensporn *(Corydalis lutea)*. Weniger Fugen, aber viel statische Kraft haben Mauern aus Holz- oder Steinpalisaden oder aus Betonwinkelsteinen, die alle recht einfach zu er-

Tipp

Bodendeckende Rosensorten, die pflegeleicht sind

- ▶ **Rote Blüten: Alcantara®, Alpenglühen®, Sommerabend®**
- ▶ **Rosa Blüten: Gärtnerfreude®, Knirps®, Magic Meidiland®**
- ▶ **Weiße Blüten: Apfelblüte®, Ice Meidiland®, Medeo®** **(leicht rosa), Schneekönigin®, Sternenflor®**

richten sind. Sind Sie ein Freund der Wiederverwertung alter Materialien, können Sie aus gebrauchten und gereinigten frostfesten Mauersteinen und Klinkern hübsche Muster-Mix-Mauern herstellen, entweder mit oder ohne Mörtel aufgeschichtet.

Lösung für Liebhaber
Ein Steingarten

Einen Steingarten richtig anzulegen bedeutet, mit dem Transport großer

Mengen schwerer Steine zu beginnen und diese zu gruppieren, um es den Polstern der vielen Minipflanzen recht zu machen. Aber die Steingartenpflanzen leben nicht vom Stein, sondern sie benutzen ihn als warme, trockene Unterlage und dringen mit ihren Wurzeln tief in die gut dränierten, mit Humus gefüllten Spalten vor, wie sie es aus dem Gebirge gewohnt sind.

Allerdings sind viele von ihnen nicht vollständig frosthart, denn es fehlt ihnen hier in der Regel die winterliche, lang dauernde Schneedecke. Eine gut durchdachte Pflanzenauswahl und gegebenenfalls Winterschutz sind nötig.

Kein Platz für einen Steingarten? Mini-Alpinum auf Augenhöhe

Sollten Sie in Ihrem Garten überhaupt keinen Platz für einen respektablen Steingarten finden, könnten Sie sich vielleicht für einen Troggarten oder ein Tisch-Alpinum interessieren. Hier finden zarte Pflanzen den Platz, der ihnen im „großen" Garten oft streitig gemacht wird (kleine Iris-Arten, Zwerg-Funkien, kleine Schachbrettblumen, kleine Fetthennen, Steinbrech-Arten und viele andere.

Das Tisch-Alpinum bietet darüber hinaus noch den Vorteil, dass Sie Ihre Schätze in Augenhöhe genießen können.

Eine kräftige Natursteintreppe führt durch den Steingarten. Pflanzen und Steine harmonieren miteinander.

Wasser im Garten – einfach inspirierend

Wasser ist das i-Tüpfelchen jedes Gartens, egal ob nur ein Quellstein, ein natürlicher Gartenteich oder ein minimalistisches Becken mit wenig Pflanzen – Wasser belebt. Übrigens: Nur Becken bis 100 m³ Fassungsvermögen sind genehmigungsfrei.

Wassergefüllte Töpfe und Wannen können in der vollen Sonne aufgestellt werden, zur Freude Wärme liebender Pflanzen.

Ganz wenig Wasser
Vogeltränke, Mini-Teich

Die kleinste Wasserstelle im Garten ist eine Vogeltränke, am schönsten aus Naturstein gefertigt. Entweder sie liegt niveaugleich im Rasen versenkt oder etwas erhöht, stets aber so, dass die Vögel schnell ins Gebüsch fliehen können und keine Katzenverstecke in der Nähe sind. Eine große Verbesserung des Trink- und Badevergnügens für die Tiere (und auch für Sie als Zuschauer) bedeutet es, wenn das Wasser bewegt ist, das heißt, wenn sich unter dem Stein ein Wasserreservoir befindet, aus dem eine Pumpe das Wasser ständig umpumpt. Eine einfache Konstruktion, die große Freude verursacht.

Sicher finden Sie auch Freude an kleinen Mini-Teichen, mit denen Sie sogar umherziehen können: auf Terrassen und als Extrathema eines kleinen Platzes im Garten. Sie haben den Vorteil, dass sie gezielt in bestimmten Wassertiefen für die Bedürfnisse der Wasserpflanzen eingerichtet werden können und dass sie dort aufgestellt werden können, wo man sie vor Augen hat. Für kleine Gefäße, Holztröge, auch Zinkwannen von 20 bis 60 cm Wassertiefe, gibt es geeignete Seerosen (*Nymphaea* 'Fire Crest' – rosa, *Nymphaea pygmaea* 'Alba' – weiß, *Nymphaea pygmaea* 'Helvola' – gelb). Auch die aufrechten, den Wasserspiegel überragenden Pflanzen sollten nicht fehlen. Um den Miniteich zu gestalten, können Sie Pfeilkraut, Zwerg-Rohrkolben, Blumenbinse oder Tannenwedel verwenden. Schmücken Sie Ihre kleine Wasserlandschaft mit Schwimmkerzen und genießen Sie den Sommerabend.

Teiche in formalen Gärten Becken mit kontrastreicher oder reduzierter Bepflanzung

In einem architektonisch streng gegliederten Garten wird sich nur ein rechteckiges Wasserbecken, an Ort und Stelle aus Beton hergestellt, einfügen. Es gibt dafür zwei Möglichkeiten des Umgangs mit den Pflanzen: entweder Sie schaffen einen Kontrast zur formalen Strenge der Anlage und setzen eine üppige Bepflanzung aus großen Gräsern und Blattpflanzen dagegen, oder Sie passen sich der formalen Reduzierung an und gruppieren schlichte, rechteckige Behälter in das Becken, die alle mit der gleichen Pflanzenart bepflanzt sind und rein ornamental wirken.

Am schönsten ist ein Naturteich 15 m² groß, 1 m tief, reich bepflanzt

In naturnah gestalteten Teichen mit unterschiedlichen Wassertiefen

Ein alter Steintrog kann auch mal mit Wasser gefüllt werden, Einzelblüten schwimmen auf der Entengrütze.

(Sumpfzone, Uferrandzone, verschiedene Wassertiefezonen) und entsprechend angepasster Bepflanzung gibt es naturgemäß mehr zu beobachten als in einem steilwandigen Architekturbecken. Wenn Sie sich zum Bau eines solchen Teiches entschließen, planen Sie ihn erstens so, dass er wenigstens einen halben Tag Sonnenlicht erhält und zweitens in der Nähe eines ruhigen Sitzplatzes liegt. Nur so werden Sie die wunderbaren Seerosenblüten bewundern und am Leben von Libellen, Fröschen und Fischen teilhaben können. Interessant ist es auch, wenn man über das Wasser gehen kann. Planen Sie frühzeitig die Fundamente für einen Steg aus Holz oder Metall ein.

Die einfachste Art, einen Naturteich anzulegen, ist, das entsprechend ausgehobene Loch auf einer Sauberkeitsschicht aus Sand mit Folie auszulegen. Alle Grund- und Ufermodellierungen müssen vorher sorgfältig ausgeführt sein, da spätere Korrekturen nicht mehr möglich sind. Auch wenn Sie größere Steine am Ufer oder im Wasser platzieren wollen, denken Sie

schon ganz zu Anfang an die notwendigen Fundamente.

Naturteiche sollen ein Lebensraum für Pflanzen und Tiere sein, das heißt, wir müssen erreichen, dass sie in ein natürliches Gleichgewicht kommen. Eine Wasserfläche von wenigstens 15 m^2, eine Wassertiefe von stellenweise 1 m und eine reich bepflanzte Uferzone sind dafür gute Voraussetzungen.

Gelegentliche Trübungen des Wassers durch Algenwachstum werden sich nicht vermeiden lassen. Sie gehören zum Jahreskreislauf der Vegetation. Wenn Sie nicht die Geduld haben, diese Zeit „auszusitzen", können Sie dagegen im Handel erhältliche Sauerstofftabletten oder eine Umwälzpumpe mit Filter einsetzen. Dennoch ist die Pflege eines Teiches nicht ganz einfach und weitere Literatur (siehe Seite 140) ist zu empfehlen.

Tipp

Ruck zuck – vom Fertigteich zum Sandkasten und zurück

Sie sind stolzer Besitzer eines Fertigteiches, haben aber jetzt kleine Kinder in der Familie? Sie sollten am besten auf Ihren Teich verzichten, bis die Kinder schwimmen können, aber keine Bange: Sie müssen den Teich nicht ganz entfernen. Lassen Sie einfach das Wasser ab und füllen Sie das Fertigbecken mit geeigneten Steinen und Sand auf. Wenn die Kinder größer sind, kommen die Steine wieder raus und der Teich wird neu bepflanzt und mit Wasser gefüllt.

Aus einem höher gelegenen Sprudelstein plätschert Wasser langsam in den kleinen Gartenteich.

Das Garten -
1 x 1 -
Praxiswissen

Pflanzen und Werkzeug – die besten Einkaufstipps

Wenn der Pflanzplan für den Garten fertig ist, heißt es Pflanzen kaufen. Egal, ob Baum oder Zwiebelblume – beschränken Sie sich zunächst auf robuste Arten und Sorten, die auch mal einen Pflegefehler verzeihen. Sie sind in der Regel sogar billiger als anspruchsvollere Pflanzen.

Pflanzenkauf ist Vertrauenssache und man ist vom riesigen Angebot schnell überfordert. Aber keine Sorge: Kompetente Verkäufer helfen Ihnen gerne.

Bäume und Sträucher
Gerade Stämme und gute Verzweigung

Bei Bäumen erkennen Sie gute Qualität am geraden, verletzungsfreien Stamm und an einer regelmäßigen, gut verzweigten Krone. Der Preis richtet sich – anders als bei Sträuchern – nicht nach der Größe, sondern nach dem Stammumfang. Sträucher müssen mindestens drei Haupttriebe haben. Der Wurzelballen darf bei allen Gehölzen nie locker und birnenförmig sein. Nehmen Sie bei Topfpflanzen den Ballen kurz heraus: Dichte Wurzeln an der Topfwand zeigen, dass die Pflanze zu selten umgetopft wurde und mit dem Anwachsen Probleme haben wird. Bei wurzelnackten Sträuchern sollten die Wurzeln gut verzweigt und nicht beschädigt oder eingetrocknet sein.

Stauden und Sommerblumen Kräftiges Wurzelwerk und buschiger Wuchs

Wenn Sie im zeitigen Frühjahr Blütenstauden kaufen, werden Sie ihr Aussehen meist nur nach dem Etikett beurteilen können, da sie noch nicht ausgetrieben sind. Die Qualität können Sie trotzdem abschätzen: Schauen Sie einfach nach, ob der Topfballen gut, aber nicht zu dicht durchwurzelt ist. Und Hände weg von

Diese Pflanze wurde zu selten umgetopft – von der Erde ist kaum noch etwas zu sehen.

Gartengeräte sollten nach Gebrauch gesäubert werden.

vorgetriebenen Stauden: Sie machen zwar optisch mehr her, sind aber nicht abgehärtet und bekommen bei Spätfrösten Probleme. Bei Balkonpflanzen oder Sommerblumen ist neben einem gut durchwurzelten Ballen ein dichter, buschiger Wuchs das wichtigste Kriterium. Gute Blumenzwiebeln sind möglichst groß und fest.

Gartengeräte
Gute Qualität – eine Anschaffung fürs Leben

Schlechtes Werkzeug kann den Spaß schnell verderben. Qualitätswerkzeug macht sich dagegen durch die lange Lebensdauer bezahlt – vom höheren Spaßfaktor ganz zu schweigen.
Beim Spaten erkennen Sie gute Qualität unter anderem am langen Heft – die Metallschienen als Verbindung zwischen Stiel und Blatt. Dieser Bereich wird stark belastet und muss entsprechend stabil sein. Wichtig ist auch die richtige Stiellänge. Wenn der Spaten mit der Blattspitze auf dem Boden steht, sollte sich der Griff etwa auf Höhe Ihres Bauchnabels befinden. Ein teurer Edelstahlspaten macht sich vor allem beim Umgraben bezahlt: Das Blatt dringt leicht in den Boden ein, da es sehr glatt ist und keinen Rost ansetzt.

Grundausstattung (von links nach rechts): Rasenmäher, Gartenschlauch, Gießkanne, Baumsäge, Heckenschere, Grabegabel, Pflanzschaufel, Schubkarre, Rechen, Grubber, Schaufel, Spaten, Kultivator, Besen, Hacke und Laubrechen.

Die „Goldenen Fünf"!

Wenn man das Angebot an Gartengeräten im Gartencenter sieht, kommt man leicht ins Schwitzen. Vor lauter Stielen sieht man den Garten gar nicht mehr. Am Anfang reichen so viele Werkzeuge, wie Finger an der Hand: Fünf! Mit diesen „Goldenen Fünf" kann man alles machen, was man als Anfänger im Garten so tun möchte:

1. Spaten (zum Umgraben und Pflanzen)
2. Handschaufel (zum Pflanzen)
3. Hacke (Boden lockern)
4. Einfache Gartenschere (Rückschnitt)
5. Heckenschere (Formschnitt)

Gartenscheren gibt es mit zwei Schneidesystemen: Bei der Amboss-Schere wird die gerade Schneide auf ein Widerlager aus Weichmetall, den sogenannten Amboss, gepresst. Vorteil: Das Holz kann sich nicht zwischen den Schneiden verkeilen, da der Amboss auf beiden Seiten etwas übersteht. Aus demselben Grund ist allerdings eine exakte Schnittführung relativ schwierig. Die Bypass-Schere hat eine gebogene Klinge, die beim Schnitt am Gegenmesser vorbeigleitet. Man kann die Klinge deshalb direkt an der Triebbasis ansetzen und Zweige exakt abschneiden. Nachteil: Hartes, trockenes Holz klemmt leicht fest.

Damit Sie auch morgen noch kraftvoll zuschneiden können
Geräte regelmäßig pflegen

Säubern Sie Ihr Werkzeug nach Gebrauch sorgfältig und bewahren Sie es luftig und trocken auf. Vor dem Einlagern im Winter können Sie rostende Metallteile mit umweltverträglichen Schmierstoffen (z. B. Leinöl) vor Rost schützen. Die Blätter von Spaten und Hacke schärft man am besten mit einem Winkelschleifer, die Klinge der Gartenschere mit einem grobkörnigen, nassen Abziehstein.

Zwei Schneidesysteme im Vergleich: vorne eine Schere mit Amboss-System, hinten eine Bypass-Schere.

Boden – ein guter Grund zum Gärtnern

Wussten Sie, dass in einem Liter Boden bis zu 10 Milliarden Organismen leben können? Das sind mehr, als es Menschen auf der Erde gibt. Wenn Sie es schaffen, diese Lebewesen bei Laune zu halten, dann haben auch Ihre Pflanzen im Garten etwas davon.

Wie bearbeitet man den Boden? Umgraben und lockern

Durch Umgraben reichern Sie den Boden mit Sauerstoff an, denn den brauchen die Bodenorganismen und Pflanzenwurzeln zum Leben. Zudem fördert der lockere Boden die Wurzelbildung und damit das Wachstum. Erfahrene Gärtner wenden den Boden so gleichmäßig, dass die Oberfläche absolut eben ist. Das sollte Anfänger aber nicht einschüchtern: Wenn's etwas holpriger wird, ebnen Sie die Fläche anschließend einfach mit einem Rechen ein. Da die Organismen beim Umgraben durcheinander gewir-

belt werden und zum Teil absterben, sind einige Gemüsegärtner dazu übergegangen, den Boden vor dem Pflanzen nur noch mit einem Sauzahn zu lockern: Mit dem großen einzinkigen Kultivator wird die Erde in diagonalen Bahnen durchgearbeitet, so dass ein rautenförmiges Muster entsteht. Die Bodenschichten bleiben in ihrer alten Anordnung erhalten.

Hilfe für schlechte Böden Sand oder Kompost

Lehmige Böden sind oft so stark verdichtet, dass Regenwasser kaum ver-

Bodenuntersuchung – wissen, was den Pflanzen fehlt

1 Entnehmen Sie aus jedem einheitlich genutzten Gartenbereich pro 10 m² an einer Stelle in Spatenblatttiefe etwas Erde, füllen Sie diese in einen Eimer und vermischen Sie alles gründlich.

2 Geben Sie mit einer Handschaufel jeweils etwa 500 g des entnommenen Bodens in einen Gefrierbeutel. Notieren Sie die Nutzungsart (z. B. „Gemüsebeet") und schicken Sie die Proben in ein Bodenlabor.

Dort ermittelt man den Gehalt an Humus, Haupt- und Spurennährstoffen (außer Stickstoff) sowie Schadstoffen und gibt Düngetipps. Den Kalkgehalt können Sie mit pH-Testsets aus dem Gartenfachhandel selbst feststellen. Sandböden sollten Sie bei einem pH-Wert unter 5,5 kalken, Lehmböden ab pH 6,5. Um Pflanzen optimal düngen zu können, sollten Sie die Bodenuntersuchung am besten in Abständen von drei bis fünf Jahren wiederholen.

Eine Mulchschicht hält den Boden feucht und das Unkraut fern. Sie muss jährlich ergänzt werden.

Was ist Mulch? Schutz für den Boden

In der Natur sind fast alle Böden durch eine Pflanzendecke oder organische Abfälle wie Herbstlaub vor Witterungseinflüssen geschützt. Decken Sie deshalb auch im Garten den nackten Boden mit einer 5 bis 10 cm starken Schicht aus organischem Material wie Rindenmulch (gehäckselte Kiefernrinde) ab. Sie schützt die Erde vor Austrocknung, reichert sie mit Humus an und hält Unkraut fern. Allerdings muss sie aufgrund der Zersetzungsprozesse jährlich ergänzt werden. Wichtig: Da die Mikroorganismen beim Abbau der Rinde viel Stickstoff verbrauchen, sollten Sie vor dem Mulchen um die Pflanzen herum reichlich Hornspäne oder mineralischen Langzeitdünger ausbringen.

sickert und Gehölze selbst im zweiten und dritten Jahr nach dem Pflanzen nicht richtig wachsen. Ist auch Ihr Gartenboden steinhart, sollten Sie ihn vor dem Pflanzen großflächig und zwei Spatenblätter tief aufgraben und den Aushub mit etwa der gleichen Menge grobem Bausand mischen. Auch reifer Kompost (siehe Seite 50) eignet sich, um den Anteil der Luftporen zu erhöhen.

Tipp

Einfach genial – Kopfsalat als Vorkoster

Wenn Sie unsicher sind, ob sich eine bestimmte Ecke Ihres (neuen) Gartens als Gemüsebeet eignet, so pflanzen Sie erst einmal Kopfsalat. Gehen die gut gepflegten Pflanzen ohne ersichtlichen Grund immer wieder ein, ist dies ein Hinweis auf Bodenbelastung. Kopfsalat gilt nämlich hierfür als „Zeigerpflanze".

Das andere Extrem sind sandige Böden, die bald nach dem letzten Regen wieder austrocknen. Hier fehlen feinere Poren, die das Wasser lange speichern. Tragen Sie jedes Frühjahr 3 bis 5 cm Kompost auf und harken Sie ihn leicht ein. Regenwürmer und andere Bodenorganismen sorgen dafür, dass der Humus sich mit dem Oberboden mischt. Wer etwas mehr Geld ausgeben will, kann zusätzlich Tonmehl (Bentonit) einarbeiten. Die kleinen Tonpartikel speichern Wasser und Nährstoffe besonders lange. Mit einigen Pflanzen kann man Böden ebenfalls verbessern (Gründüngung). Man sät von März bis Oktober kurzlebige Arten, wie Bienenfreund oder Lupinen, aus. Sie keimen schnell, lockern mit ihren Wurzeln den Boden und reichern die Erde zum Teil sogar mit Stickstoff an. Wenn Sie die Pflanzen im Herbst abschlagen, können Sie sie als Mulchschicht liegen lassen und im Frühjahr im verrotteten Zustand in den Boden einarbeiten. Bei Aussaat im Herbst kann die Gründüngung den Winter über stehen bleiben. Im Frühjahr schlagen Sie die Stängel mit einer Hacke ab und kompostieren sie.

Boden lockern leicht gemacht: Sauzahn, Grabegabel und Spaten

Beim Umgraben werden die einzelnen Erdschollen um etwa 180 Grad gewendet.

Wasser – das Lebenselixier der Pflanzen

Das Wasser hat bei Pflanzen eine ähnliche Funktion wie das Blut beim Menschen: Es transportiert verschiedene lebensnotwendige Stoffe. Aber im Gegensatz zu Mensch und Tier haben Pflanzen kein geschlossenes Transportsystem. Deshalb muss immer genug Wasser im Boden vorhanden sein.

Tipp

Arbeit sparen durch automatische Bewässerung

Die Technik hält Einzug in den Garten – beispielsweise in Form einer computergesteuerten, automatischen Bewässerung. Die Systeme werden immer preiswerter, sind leicht zu installieren, zu programmieren und ersparen langfristig sehr viel Arbeit.

Wie lange reicht das Bodenwasser? Das hängt von Boden und Pflanze ab

Als Hobbygärtner kann man auch nach einigen trockenen Sommertagen noch gelassen bleiben. Schließlich ist man nicht auf den Pflanzenverkauf angewiesen und ein paar Tage ohne Wasser schränken nur das Wachstum ein. Dennoch sind auf sandigen Böden die ersten Trockenheitssymptome oft schon nach einer Woche sichtbar: Die Blätter sind schlaff und die neuen, weichen Triebe hängen leicht über. Lehmige Böden speichern das Wasser dagegen länger. Sie brauchen aber auch länger, um das Gießwasser aufzunehmen, wenn die Oberfläche ausgetrocknet ist. Deshalb sollten Sie auch hier bei Trockenheit mit dem Gießen nicht zu lange warten. Am meisten Wasser benötigt der Gemüsegarten, mit etwas weniger kommen die Stauden und Sommerblumen aus und am wenigsten muss man die Gehölze wässern, da sie das größte, am weitesten verzweigte Wurzelwerk haben. Aber auch innerhalb der verschiedenen Pflanzengruppen gibt es Unterschiede: Königskerze, Frauenmantel und Schmetterlingsflieder sind an trockene Böden sehr gut angepasst, während beispielsweise Astilbe, Sonnenbraut und Bauern-Hortensie relativ viel Wasser brauchen.

Mit Regnern lassen sich große Flächen bequem wässern. Nachteil: Die Geräte befeuchten auch die Blätter.

Gießwasser gut dosieren Besser selten und viel als oft und wenig

Ein großer Teil des Gießwassers kommt gar nicht bei den Pflanzenwurzeln an. Er fließt entweder oberflächig ab, verdunstet gleich wieder oder dringt einfach nicht tief genug in den Boden ein. Dabei ist es sehr wichtig, dass der Boden möglichst bis unterhalb der Wurzelzonen durchfeuchtet wird, denn die Richtung des Wurzelwachstums orientiert sich auch an der Bodenfeuchte. Wenn in trockenen Sommern durch zu wenig Gießwasser nur die oberen Boden-

In trockenen Sommern kommt kaum eine Pflanze ohne künstliche Bewässerung aus.

Tau noch feucht und nimmt das Wasser gut auf. Auch die Pflanzen vertragen das kühle Nass besser, da der Boden und die Luft über Nacht abgekühlt sind. Wenn Sie es morgens nicht schaffen, können Sie Ihre Pflanzen auch abends mit Wasser versorgen.

Es gibt nichts Besseres
Speichern Sie Regenwasser

Das Leitungswasser hat in Deutschland zwar eine hohe Qualität, es enthält aber in einigen Regionen auch sehr viel Kalk und andere Mineralien. Gerade für kalkempfindliche Pflanzen wie Rhododendren ist es deshalb nicht optimal. Wasser aus der Regentonne hingegen ist frei von jeglichen Mineralien, gut temperiert und zum Nulltarif erhältlich. Wenn Sie für Ihren Garten sehr viel Wasser benötigen – was angesichts der Klimaveränderung in Zukunft immer wahrscheinlicher wird –, kann sich sogar die Installation eines unterirdischen Regenwassertanks mit größerem Speichervolumen und Förderpumpe schon nach wenigen Jahren rechnen.

schichten feucht werden, verlagert sich ein großer Teil der Wurzeln in den Oberboden und die Pflanze wird anfälliger für Trockenheit. Wässern Sie deshalb besser nur einmal pro Woche, dafür aber gründlich. Die richtige Wassermenge lässt sich leicht feststellen: Graben Sie einmal mit einem Spaten den Boden auf und schauen Sie nach, wie tief das Gießwasser eingedrungen ist. Wenn sich der Oberboden bis in Spatenblatttiefe dunkel verfärbt hat, ist die gesamte Wurzelzone gut durchfeuchtet.

besten geht das mit einem Gießstab. Dabei handelt es sich um ein Metallrohr mit einer Brause am Ende, das einfach auf den Gartenschlauch gesteckt wird. So können Sie das Wasser in aufrechter Körperhaltung dicht über dem Boden verteilen. Die ideale Tageszeit zum Wässern ist der frühe Morgen. Die Erde ist vom

Wie wässert man richtig? Die Blätter sollten trocken bleiben

Die meisten Pflanzen können das Gießwasser nur mit den Wurzeln aufnehmen. Gelangt es auf die Blätter, schadet es oft mehr, als es nützt: Der Kälteschock hemmt das Wachstum und die Gefahr von Pilzinfektionen wird größer. Zumindest kleinere Beete sollten Sie daher so wässern, dass die Blätter nicht benetzt werden. Am

Auch ein einfacher Regenmesser hilft, die Wassermenge eines Regners richtig zu dosieren.

Regenwasser ist für alle Gartenpflanzen bekömmlicher als das kühle Nass aus der Leitung.

Düngung – Fastfood oder Vollwertkost?

Das Düngerangebot im Gartencenter ist riesig und lässt Gartenanfänger oft schier verzweifeln. Aber keine Sorge: In der Regel kommt man schon mit einem mineralischen oder organischen Universaldünger aus.

Welcher Dünger ist der Richtige? Mit Volldünger kommt man fast immer aus

Der Fachhandel bietet vom Beeren- über den Tomaten- bis zum Orchideendünger viele Spezialprodukte an. In den meisten Fällen sind diese allerdings kaum gerechtfertigt – die Hersteller nutzen die Unsicherheit der Hobbygärtner aus, um verschiedene Produkte mit oft ähnlicher Zusammensetzung zu verkaufen. Dabei sind Pflanzen gar nicht wählerisch: Sie benötigen hauptsächlich die Nährstoffe Stickstoff, Phosphor und Kalium, wenn auch in unterschiedlichen Mengen.

Beetstauden wie der Rittersporn zählen zu den nährstoffhungrigen Arten und sollten auch im Sommer noch einmal gedüngt werden.

Tipp

Machen Sie sich wegen der optimalen Düngung nicht verrückt

Es gibt 1000 und eine Regel, wie man Bäume, Hecken, Stauden, Sommerblumen und Kübelpflanzen richtig düngt. Keine Sorge, die meisten Pflanzen gehen nicht gleich ein, wenn man mal etwas falsch macht. Im Zweifelsfall gilt die Regel: Lieber etwas zu wenig als zu viele Nährstoffe geben!

Für normale Gartenpflanzen brauchen Sie lediglich einen organischen oder mineralischen Volldünger. Wählen Sie einen Langzeitdünger, der die Nährstoffe kontinuierlich über zwei bis drei Monate freisetzt. Muss ein konkreter Nährstoffmangel – meist an Blattverfärbungen erkennbar – behoben werden, ist die Fastfood-Variante besser: ein schnell wirkender mineralischer Volldünger mit allen wichtigen Nährstoffen, zum Beispiel Blaukorn. Die Nährsalze lösen sich im Bodenwasser auf und stehen den Pflanzen sofort zur Verfügung.

Ist mein Boden gut versorgt? Eine Bodenuntersuchung gibt Auskunft

Gerade bei der Neuanlage eines Gartens sollten Sie den Boden in einem Bodenlabor untersuchen lassen (siehe Seite 141). Die Erfahrungen zeigen, dass Phosphor und Kalium in fast allen Gartenböden reichlich vorhanden sind. Zeigt das Untersuchungsergebnis keinen gravierenden Nährstoffmangel, sollten Sie nur mit Hornspänen düngen. Der Dünger wird aus Hörnern und Hufen von Schlachttieren

gewonnen und enthält in erster Linie Stickstoff. Da dieser erst von den Bodenorganismen freigesetzt werden muss, wirkt der organische Dünger langsam, aber langfristig. Es handelt es sich dabei im Prinzip um eine Art Vollwertkost, die nebenbei den Boden mit Humus anreichert und das Bodenleben fördert.

Wann muss man düngen? Vor allem im Frühling

Pflanzen brauchen im Frühling und Frühsommer die meisten Nährstoffe. Da Hornspäne ihre Nährstoffe nur langsam freisetzen, düngt man damit am besten schon im Herbst. Für die Frühjahrsdüngung sind Horngrieß und Hornmehl die bessere Wahl, denn die fein gemahlenen Varianten werden schneller zersetzt. Mineralische Produkte sollte man nicht vor März ausbringen, da sonst Nährstoffe verloren

Mit einem Streuwagen lässt sich Dünger besonders gleichmäßig ausbringen.

gehen. Im Frühsommer ist bei nährstoffbedürftigen Pflanzen eine zweite Düngung möglich. Ab Ende Juli sollten Sie nur noch spezielle Herbstdünger ausbringen, da sonst die Winterhärte der Pflanzen leiden kann.

Verschiedene Dünger im Überblick: 1. Blaukorn ist ein schnell wirkender Volldünger mit allen wichtigen Nährstoffen. 2. Langzeitdünger ist ebenfalls ein Volldünger; die Kügelchen sind von Harzhüllen umgeben, die die Nährstoffe über einen längeren Zeitraum freigeben. 3. Bei Düngerkegeln handelt es sich um in Form gepressten Langzeitdünger speziell für Balkonkästen und Blumenkübel. 4. Düngerstäbchen werden vor allem für Zimmerpflanzen verwendet. 5. Hornspäne sind ein organisches Produkt und enthalten vor allem Stickstoff.

Kompost – das schwarze Gold des Gärtners

Recycling steht auch im Garten hoch im Kurs: Es gibt keinen vernünftigen Grund, Rasen- oder Strauchschnitt mit dem Hausmüll zu entsorgen. Man lässt die Abfälle einfach verrotten und verteilt die Rückstände wieder in den Beeten. Die Pflanzen wachsen und blühen dann um so besser.

Was braucht man zum Kompostieren? Behälter, etwas Know-how und ein bisschen Platz

Ein optimaler Kompostplatz hat drei Behälter. Im ersten sammeln Sie alle Abfälle und schichten daraus im zweiten einen Haufen auf. Das Prinzip ist ganz einfach: Feuchtigkeit, Nährstoffe und Luft müssen im ganzen Haufen vorhanden sein, damit die Lebewesen, die für die Umwandlung des Materials sorgen, gute Lebensbedingungen vorfinden.
Mischen Sie deshalb Grobes (Strauchschnitt) mit Feinem (Rasenschnitt), Feuchtes (verdorbene Äpfel) mit Trockenem (Herbstlaub) und Nährstoffreiches (Gemüsereste) mit Nährstoffarmem (Holzhäcksel).
Nach etwa drei Monaten füllen Sie die halb verrotteten Abfälle in den dritten Behälter um. Dieses sogenannte Umsetzen fördert die Durchlüftung und führt dazu, dass sich das Volumen erheblich reduziert. Im dritten Behälter erreicht der Kompost nach durchschnittlich sieben Monaten das Reifestadium. Die meisten Bestandteile sind jetzt gut zersetzt und das schwarze Material riecht nach Waldboden. Verströmt der Kompost einen üblen Geruch, ist die Verrottung in Fäulnis umgeschlagen – meist durch zuviel Feuchtigkeit und Sauerstoffmangel. Dagegen hilft nur eins: Alles in einen neuen Behälter umfüllen und mehr grobe Abfälle untermischen.

Reifer Kompost hat eine dunkle Farbe und riecht nach Walderde.

Im geschlossenen Thermokomposter aus Kunststoff geht die Zersetzung geschützt vor Witterungseinflüssen besonders schnell.

Was darf auf den Kompost? Alles, was gut verrottet

Die folgenden Haushaltsabfälle können Sie auf dem Kompost entsorgen: Kleintierstreu, Eierschalen, Kaffeesatz und Teebeutel inklusive Filter, Pappe und Zeitungspapier, Küchenpapier und Papiertaschentücher. Darüber hinaus alles, was aus dem Garten kommt, wie Herbstlaub, Stauden- und Strauchschnitt, Gemüsereste oder verwelkte Topfpflanzen. Verdorbenes Obst und Rasenschnitt sollten Sie wegen der Fäulnisgefahr dünn einschichten. Schalen von Südfrüchten enthalten pilzhemmende Mittel und zersetzen sich sehr langsam, deshalb davon nur geringe Mengen auf den Kompost

geben. Unkräuter sollten Sie nur dann kompostieren, wenn sie noch keine Samen gebildet haben. Wurzelunkräuter wie Giersch und Quecke vor dem Kompostieren eintrocknen lassen oder über den Hausmüll entsorgen.

Wie wird reifer Kompost ausgebracht? Das richtige Maß: 5 bis 10 l/m²

Kompost ist erst in zweiter Linie ein Nährstofflieferant. Wichtiger ist das zersetzte organische Material (Humus), das man dem Boden zuführt. Sandige Böden können damit das Wasser besser speichern, lehmige Böden werden durchlässiger und sind leichter zu bearbeiten. Man bringt je nach Nähr-

Wenn man Strauchschnitt mit einem Häcksler zerkleinert, verrottet das Material im Komposter schneller. Am besten eignet sich dafür ein Walzenhäcksler.

stoffbedarf der Pflanzen jährlich im Frühjahr 5 bis 10 l/m² aus. Verteilen Sie den Kompost im Nutzgarten auf dem gelockerten Boden und lassen Sie die Beete vor der Einsaat oder Pflanzung etwa zehn Tage ruhen. In dieser Zeit keimen die meisten im Kompost enthaltenen Unkräuter und Sie können sie mit der Hacke leicht beseitigen. Bei der Neuanlage von Beeten im Ziergarten sollten Sie 15 bis 20 l/m² auf der Fläche verteilen.

Der ideale Standort für den Kompost ist ein schattiger Platz unter einem Baum, denn dort trocknet er nicht so schnell aus. Bei Trockenheit muss man ihn mit Regenwasser aus der Gießkanne versorgen. Breite Lüftungsschlitze in den Seitenwänden sorgen für Sauerstoffzufuhr, ein offener Boden lässt Regenwürmer und andere Organismen rein, die für die Zersetzung wichtig sind.

Tipp

Ganz einfach – Kompostieren ohne Umsetzen

Das anstrengende Umsetzen können Sie sich sparen, wenn Sie die Abfälle sorgfältig einschichten und gut mischen. Füllen Sie außerdem lagenweise eine dünne Schicht halb zersetzten Kompost ein, um die Verrottung in Gang zu bringen. Ohne Umsetzen bleiben in den Randbereichen oft schlecht zersetzte Reste zurück. Diese können Sie einfach bei der nächsten Kompostierung wieder mit einarbeiten.

Probleme im Garten – Unkraut, Schnecken & Co

Es gibt nicht viel, was dem Gartenanfänger den Spaß am neuen Hobby so sehr vermiesen kann wie Unkräuter, Krankheiten oder Schädlinge. Mit guter Pflege und richtiger Vorbeugung halten sich diese Probleme aber in Grenzen.

Erfolgsrezept gegen Unkraut Geduld und eine scharfe Hacke

Wer ein Beet neu anlegt, muss sich bald mit unerwünschten Pflanzen herumplagen. Aber keine Sorge: Wenn Sie von Anfang an konsequent mit einer Hacke dagegen vorgehen, wird die Arbeit von Mal zu Mal leichter. Haben die Stauden schließlich einen geschlossenen Bestand gebildet, lassen sie kaum noch Unkräuter durch. Besonders lästig sind Ausläufer bildende Wurzelunkräuter, da sie aus ihrem dichten Wurzelgeflecht immer wieder austreiben. Sieben Sie bereits bei der Bodenvorbereitung mit der Grabegabel möglichst viele der weißen Wurzelausläufer aus dem Boden aus.

Unkrautbekämpfung ohne Jäten Rindenmulch und Bodendecker

In halbschattigen bis schattigen Gartenbereichen zwischen Waldstauden erspart eine Bodenabdeckung aus gehäckselter Nadelholzrinde (Mulch-

Wichtige Unkräuter

1 Der Ausläufer treibende Giersch trägt gefiederte Blätter und weiße Doldenblüten. Er bevorzugt als Waldpflanze halbschattige bis schattige Gartenbereiche und wurzelt sehr flach.

2 Die Quecke breitet sich durch lange unterirdische Ausläufer aus. Sie ist auf nährstoffreichen, feuchten Böden besonders häufig und treibt selbst nach mehrmaligem Abhacken wieder durch.

3 Die Vogelmiere tritt vor allem auf nährstoffreichen Böden im Nutzgarten auf. Ihre weichen Stängel und Triebe lassen sich mit der Hacke zwar gut entfernen, die Wurzeln treiben aber bald wieder aus.

4 Die Ackerwinde ist sehr lästig, weil ihre rankenden Triebe sich kaum von den Gartenpflanzen lösen lassen. Da sie tief wurzelt, reißen die Triebe beim Jäten leicht ab und die Wurzel treibt wieder durch.

Tipp

Ungebetene Gäste – Schnecken und Mehltau

Nacktschnecken zählen zu den häufigsten Schädlingen und sind schwierig zu bekämpfen. Am besten wirkt Schneckenkorn, wenn es rechtzeitig im Frühjahr ausgebracht wird.
Der Echte Mehltau ist eine der häufigsten Pilzkrankheiten, richtet aber keine großen Schäden an. Bekämpfen kann man ihn durch rechtzeitigen Einsatz von Pilzbekämpfungsmitteln. Stark befallene Pflanzen am besten abschneiden.

mit Mineralien, die zur Krankheitsabwehr besonders wichtig sind. Insekten wie Florfliegen und Marienkäfer, aber auch Vögel, Eidechsen und Igel sind nützliche Helfer im Kampf gegen Blattläuse und andere Schädlinge. Wenn Sie die Lebensbedingungen dieser Tiere durch geeignete Nistmöglichkeiten fördern, können die schädlichen Insekten sich nicht ungehindert ausbreiten und es entsteht ein natürliches Gleichgewicht. Lochziegel und mit Löchern versehene Holzstücke dienen nützlichen Insekten als Nistplätze.

Zu zweit geht alles besser – auch die Unkrautbekämpfung.

schicht) das Jäten. Sie sollte etwa 10 cm stark sein, damit keine Unkräuter durchwachsen. Die Stauden stört der Mulch nicht, denn sie sind an eine Bodenabdeckung aus Laub gewöhnt. Auch eine Pflanzung aus Bodendeckern leistet gute Dienste bei der Unkrautbekämpfung. Am besten sind Arten, die durch Ausläufer dichte Bestände bilden, wie Elfenblume *(Epimedium)*, Golderdbeere *(Waldsteinia ternata)* oder Efeu.

Wenn's anders nicht geht Der letzte Ausweg: Chemie oder Mulchfolie

Wenn der Garten vom Unkraut völlig überwuchert ist, lässt sich das Problem immer noch mit chemischen Unkrautbekämpfungsmitteln (Herbiziden) lösen. Aber Vorsicht: Die Präparate töten nicht nur die Wildkräuter ab, sondern auch die Zierpflanzen. Ist also ein Beet nicht mehr zu retten, am besten zuerst die Pflanzen ausgraben und anschließend die Fläche mit dem Herbizid behandeln.
Der umweltfreundlichere, aber auch langwierigere Weg ist, die Wurzelunkräuter zu ersticken. Legen Sie dazu

eine biologisch abbaubare Mulchfolie aus oder einfach Wellpappe, die Sie mit einer Schicht Mutterboden beschweren. Nach ein bis zwei Jahren ist die Abdeckung verrottet und die Pflanzen sind verschwunden.

Der richtige Pflanzenschutz Vorbeugung und gute Pflege

Krankheiten befallen vor allem geschwächte Pflanzen. Versuchen Sie deshalb, die Standort- und Bodenansprüche Ihrer Gartenschätze so weit wie möglich zu berücksichtigen und pflanzen Sie niemals zu eng, weil das die Ausbreitung einer Infektion fördert. Auch eine Überversorgung mit Nährstoffen erhöht die Anfälligkeit für Krankheiten – deshalb lieber etwas weniger düngen, als auf der Packung angegeben ist. Empfindliche Pflanzen können Sie vorbeugend mit umweltverträglichen Pflanzenstärkungsmitteln behandeln (z. B. Neudo Vital). Mit altbewährten Hausmitteln, wie Schachtelhalm- und Brennnesselbrühe, oder Kräuterkomposten aus Brennnessel, Rhabarber und Rainfarn versorgen Sie die Pflanzen ebenfalls

Tipp

Kartoffeln vertreiben Unkraut

Alter Gärtnertrick: Wenn an einigen Stellen im Garten das Unkraut zu gut gedeiht, bauen Sie dort einfach Kartoffeln an. Die Pflanzen machen nicht nur den Boden locker, sondern verdrängen auch hartnäckige Unkräuter.

So blüht jeder Garten auf – der Weg zum schönen Ziergarten

Stauden – Blütenfülle für jeden Standort

Stauden sind Gartenpflanzen mit Erfolgsgarantie. Es gibt für jeden Gartenplatz die passenden Arten und Sorten. Einmal gepflanzt, zeigen sie über viele Jahre gesundes Wachstum und prächtigen Blütenreichtum.

Wie viel Platz braucht ein Staudenbeet? 5 bis 10 m² reichen

Möchten Sie Prachtstauden wie Rittersporn und Phlox pflanzen, empfiehlt sich ein vollsonniger bis maximal halbschattiger Gartenplatz. Schon 5 bis 10 m² reichen zum Einstieg für ein hübsches Staudenbeet. Am Anfang wird die Form des Beetes festgelegt: rechteckig, rund, elliptisch oder bandförmig am Zaun entlang – vieles ist möglich.

Wie viel Platz braucht eine Staude? Wuchsbreite entscheidet über Pflanzabstand

Bei der Planung der benötigten Pflanzenanzahl ist die Wuchsbreite der Stauden entscheidend. Hierbei gelten folgende Faustzahlen: Niedrige Stauden, wie Blaukissen und Polster-Glockenblumen, werden mit 25 bis 30 cm Abstand gepflanzt. Mittelhohe Sorten, wie Lavendel und Zier-Salbei, benötigen 30 bis 40 cm Pflanzabstand. Hohe Beetstauden, wie Rittersporn und Pfingstrosen, werden relativ buschig und brauchen je nach Sorte 50 bis 70 cm Abstand. Angaben zur Wuchshöhe und -breite finden sich normalerweise an den Staudentöpfen auf der Rückseite der Stecketiketten.

Die Qual der Sortenwahl Lebensbereiche, Blütenfarbe und -zeit beachten

Achten Sie beim Staudeneinkauf auf die passenden Lebensbereiche. Meist ist das Angebot nach Standorten – vollsonnig, halbschattig und schattig – sortiert. Weiterhin spielt die Farbauswahl eine wichtige Rolle – möchten Sie Ihr Beet lieber bunt oder nur

Perfekt kombiniert: Aus einem Meer von Storchschnabel und Frauenmantel schieben Rittersporne und Lupinen ihre prächtigen Blütenkerzen hervor.

Tipp

Staude eingegangen? Nicht so schlimm!

Ärgern Sie sich nicht, wenn eine Ihrer Stauden das Zeitliche gesegnet hat. Vielleicht hat ihr der Platz nicht gefallen, er war zu sonnig oder zu schattig, zu trocken oder zu feucht. Auch in der Natur gehen Pflanzen ein oder werden von anderen verdrängt.

Schritt für Schritt zum Traumbeet

3 Der Wurzelballen sollte maximal 1 cm mit Boden bedeckt sein. Die Erde wird kräftig an den Ballen herangedrückt, damit die Wurzeln Bodenkontakt bekommen und die Pflanze stabil steht.

1 Nach dem tiefgründigen Umgraben werden Unkräuter und größere Steine entfernt. Eine Kompostgabe erhöht die Bodenfruchtbarkeit. Anschließend wird die Erde mit einem Rechen glatt gezogen.

4 Anschließend wird das Beet mit einem Rechen glatt gezogen. Bei geringen Abständen ist ein Kultivator besser geeignet, da er schmaler ist und besser zwischen den Stauden hindurch geführt werden kann.

2 Die Stauden werden an ihrem Pflanzplatz ausgestellt und ausgetopft. Hohe Sorten gehören in den Beethintergrund, niedrige nach vorn. Es empfiehlt sich, sie in Gruppen zu setzen (mind. 3 Stück je Sorte).

5 Gründliches Angießen ist auch bei kühlem Wetter wichtig! Die Erde wird an die Wurzeln herangeschwemmt, so dass diese Bodenkontakt bekommen und gleich weiterwachsen können.

in einer oder wenigen Farben? Für eine möglichst lange Gesamt-Blütezeit sollten jeweils einige Sorten aus der Gruppe der Frühjahrs-, Sommer- und Herbstblüher ausgewählt werden.

Das Geheimnis des Erfolgs Der Boden ist die Basis

Entscheidend für den Erfolg ist eine gute Bodenvorbereitung: Der Boden wird vor der Pflanzung im Frühjahr oder Herbst durch Umgraben tiefgründig gelockert. Unkräuter werden gründlich entfernt. Die Zugabe von Kompost erhöht die Bodenfruchtbarkeit. Nachdem die Erde mit einem Rechen glatt gezogen wurde, können Sie mit dem Pflanzen beginnen.

Schon fast geschafft
Ausstellen und Pflanzen

Alle Stauden werden an ihrem Pflanzplatz ausgestellt und ausgetopft. Hohe Stauden gehören in den Beethintergrund, niedrige nach vorne. Bei runden Beeten sollten die höheren Sorten in der Beetmitte platziert und von den niedrigeren umpflanzt werden. Die Pflanzung erfolgt so tief, dass die Ballen maximal mit 1 cm Erde bedeckt sind. Kräftig andrücken, Erde glatt ziehen und gründlich angießen.

Keine Angst vor hohen Stauden

Tipp

Die Blütenstände hoher Stauden, wie Rittersporn und Lupinen, sind wenig standfest und werden bei Wind oder starken Regenfällen häufig abgeknickt. Spiralstäbe, Äste oder Haltesysteme aus Metall stützen die Blütenstände ab und erhalten die Blütenpracht. Stellen Sie die Haltesysteme möglichst frühzeitig auf; das ist einfacher und die Stauden wachsen problemlos in die Stützsysteme hinein.

Frühjahrsputz im Garten
Zuerst zurückschneiden

Bei fast allen Stauden (Ausnahme: immergrüne) werden die oberirdischen Triebe im Spätherbst braun und sterben ab. Die Pflanze überwintert geschützt in der Erde und treibt im Frühjahr wieder aus. Im März, wenn die strengen Fröste vorbei sind, ist der richtige Zeitpunkt für den Rückschnitt. Alle Triebe werden kurz über dem Erdboden mit einer Gartenschere abgeschnitten. Meist sieht man zu diesem Zeitpunkt bereits die neuen kleinen Austriebe aus der Mitte der Pflanze hervorsprießen.

Wachstum braucht Nährstoffe
Düngen nicht vergessen

Mit beginnendem Wachstum im Frühjahr benötigen die Stauden Nährstoffe. Empfehlenswert ist ein organischer Dünger, der im Boden langsam umgesetzt wird und so die Pflanzen über mehrere Monate versorgt. Der Dünger wird in der auf der Packung angegebenen Dosierung um die Stauden herum ausgestreut und eingearbeitet, zum Beispiel mit einem Kultivator. Eine zweite Düngegabe sollte Anfang oder Mitte Juni erfolgen. Zusätzlich kann der Boden im Frühjahr und Sommer mit Kompostgaben versorgt werden, die das Bodenleben fördern und die Erde fruchtbarer machen. Im Spätsommer sollte möglichst nicht mehr gedüngt werden, da eine zu späte Düngung das Wachstum der Pflanzen im Herbst verlängert und so ihre Winterhärte verringert.

Vermehren Sie Ihre Stauden selbst
Teilen ist kinderleicht

Stauden wachsen im Laufe der Jahre zu großen Horsten heran. Da das Wachstum immer von innen nach außen erfolgt, wird die Pflanzenmitte mit der Zeit unansehnlich und blüht nicht mehr so reich. Im Frühjahr ist der richtige Zeitpunkt gekommen, ältere Stauden zu teilen. Die so gewonnenen Jungpflanzen können Sie zur Erweiterung der eigenen Staudenbeete verwenden, aber auch Nachbarn und Freunde freuen sich über selbst gezogene Staudenschätze. Zur Teilung nehmen Sie die gesamte Pflanze mit Hilfe eines Spatens oder einer Grabegabel aus der Erde. Trennen Sie nun mit dem Spaten oder einer scharfen Gartenschere Teilstücke ab. Besonders wüchsig sind die jüngeren Außenbereiche der Staude. Den mittleren alten Teil sollten Sie nicht mehr verwenden, sondern auf den Kompost geben. Die gewonnenen Jungpflanzen werden nun wieder eingepflanzt – etwa so tief wie sie vorher gestanden haben – und gut angedrückt. Am Schluss werden sie gründlich angegossen.

Was ist bei Steingärten zu beachten?
Sonne und magerer Boden

Steingärten bieten Staudenvielfalt schon auf kleinstem Raum. Wichtig ist ein möglichst vollsonniger Standort, da fast alle Steingartenpflanzen Sonnenkinder sind. Der Boden sollte eher mager und durchlässig sein. Schwere Böden können durch Zugabe von Sand aufbereitet werden. Ein guter Standort wäre eine sonnige Hanglage.

Der Rückschnitt von Stauden erfolgt am besten im März: Entfernen Sie alle trockenen, abgestorbenen Triebe kurz über dem Boden.

Die meisten Stauden lassen sich problemlos durch Teilung vermehren. Hierzu wird die gesamte Pflanze ausgegraben und Teilstücke werden abgetrennt.

Die Mischung macht's!

Statt vier Mal im Jahr Blumenbeete neu zu bepflanzen – macht außerdem eine Menge Arbeit und ist ganz schön teuer –, kann man auch mit Dauerstauden Abwechslung in den Garten holen. Folgende Arten sind ideal und brauchen wenig Pflege:

Markante Gräser (in weiten Abständen)
▶ Alpen-Raugras *(Stipa calamagrostis)*
▶ China-Schilf (*Miscanthus sinensis* 'Silberspinne')

Niedrige und halbhohe Stauden (unregelmäßig verteilt)
▶ Schafgarbe (*Achillea*-Hybride)
▶ Raublatt-Aster *(Aster novae-angliae)*
▶ Kriech-Aster *(Aster pansos)*
▶ Zypressen-Wolfsmilch *(Euphorbia cyparissias)*
▶ Schleierkraut (*Gypsophila*-Hybride)
▶ Purpur-Leinkraut *(Linaria purpurea)*
▶ Stauden-Mohn *(Papaver lateritium)*
▶ Orientalischer Mohn *(Papaver orientale)*
▶ Steppen-Salbei *(Salvia nemorosa)*

Zwiebel- und Knollenpflanzen (unregelmäßig verteilt)
▶ Kugel-Lauch (*Allium aflatunense* 'Purple Sensation')
▶ Balkan-Windröschen *(Anemone blanda)*
▶ Gold-Krokus *(Crocus flavus)*
▶ Winterling *(Eranthis hyemalis)*
▶ Traubenhyazinthe *(Muscari botryoides)*
▶ Wild-Tulpen (z. B. *Tulipa praestans*, *T. turkestanica*)

Mit Steinen und den passenden Stauden lassen sich sehr attraktive Gartenbereiche gestalten. Wichtig sind ein sonniger Standort und durchlässiger Boden. Hier blühen verschiedene Glockenblumen und Stauden-Nelken in verschwenderischer Pracht.

Platzieren Sie zuerst die Steine und pflanzen Sie die passenden Stauden anschließend in die Lücken. Empfehlenswerte Arten sind zum Beispiel: Polster-Glockenblume, Thymian in vielen Sorten, Blaukissen, Fetthenne in Arten und Sorten und Hauswurz. Mit Bruchsteinen lassen sich auch ohne viel Aufwand kleine Trockenmauern errichten. Beginnen Sie mit den großen, schweren Steinen und verwenden Sie von unten nach oben immer kleinere Steine, damit die Mauer standfest wird. Die Hohlräume zwischen den Stauden werden mit Erde gefüllt und mit passenden Stauden bepflanzt.

Flächen begrünen
Immergrüne Bodendecker

Die meisten Stauden sind sommergrün. Ihre Triebe werden im Herbst braun und die neuen Blätter treiben erst im Frühling wieder aus. Für einige Gartenplätze können Stauden interessant sein, die auch im Winter noch grün und dekorativ bleiben. Für den Schatten und Halbschatten sind besonders die beiden folgenden Arten empfehlenswert: Die Golderdbeere *(Waldsteinia ternata)* besitzt relativ großes, glänzend dunkelgrünes Laub und blüht von April bis Juni mit kleinen, leuchtend gelben Blüten. Das Immergrün (*Vinca major* und *Vinca minor*) zeigt seine hübschen blauvioletten Blüten im April und Mai. Immergrüne Arten für sonnige Standorte sind beispielsweise Thymian und die Schleifenblume *(Iberis)*.

Akelei
Aquilegia-Hybriden

Gestaltung: Beete, Gehölzränder, auch schattige Plätze; hinterlassen nach der Blütezeit eine Lücke, daher nur einzeln ins Beet einstreuen.
Pflege: durchlässiges, humoses Erdreich, keine Bodentrockenheit; kurzlebig, daher immer wieder neu pflanzen oder Verblühtes stehen lassen, dann Selbstaussaat.

Pflanze mit Wildstauden-Charakter

Glattblatt-Aster, Raublatt-Aster
Aster novi-belgii, A. novae-angliae

Gestaltung: Gruppenpflanze für bunte Beete, zu mehreren pflanzen; alte Bauerngartenpflanze, Insektenmagnet.
Pflege: durchlässige, nährstoffreiche Böden, Bodentrockenheit vermeiden. Pflanze im späten Herbst oder zeitigen Frühjahr zurückschneiden. Alte, vergreiste Exemplare teilen und in unverbrauchten Boden neu umpflanzen.

Wichtiger Herbstblüher, Vasenschnitt

Blaukissen
Aubrieta-Hybriden

Gestaltung: flache, hängende Polsterpflanze für Gruppenpflanzungen in Steingärten. Einfassungspflanze, auch für Töpfe und Gräber. Viele Sorten erhältlich. Gute Nachbarn sind Gänsekresse und Berg-Steinkraut.
Pflege: für durchlässige, nährstoffarme Böden. Rückschnitt nach der Blüte fördert Wuchs und Blühfreudigkeit.

Hübscher Massenblüher im Frühling

Pfirsichblättrige Glockenblume
Campanula persicifolia

Gestaltung: für bunte Beete und Rabatten, gut an Gehölz- und Heckenrändern. Immer in Gruppen setzen. Hübsche Nachbarn sind Taglilie, Garten-Margerite, Akelei, Frauenmantel; für Vasenschnitt.
Pflege: durchlässige, sandig-lehmige Böden, nässempfindlich. Hohe Blütenstängel brauchen eine Stütze.

Viele Arten und Sorten

Nadelblättriges Mädchenauge
Coreopsis verticillata

Gestaltung: aufrecht wachsende Art für bunte Beete und Rabatten, auch für Töpfe. Immer in Gruppen setzen.
Pflege: durchlässige, sandig-lehmige Böden. Im zeitigen Frühjahr zurückschneiden. Wo es der Pflanze gefällt, ist sie sehr ausdauernd und man hat viel Freude an ihr. Bildet Ausläufer, die nicht lästig werden.

Sommerlicher Dauerblüher

Roter Sonnenhut
Echinacea purpurea

Gestaltung: schöne große Blütenköpfe. Gruppen- oder Einzelpflanzung möglich. Besonders schön in naturnahen Beeten. Hummel- und Bienenmagnet.
Pflege: aufrecht wachsend für sandig-lehmige Böden. Im späten Herbst oder zeitigen Frühjahr zurückschneiden. Kurzlebig, daher eventuell im nächsten Jahr nachsäen oder -pflanzen.

Schön mit Gräsern, Astern und Phlox

Standort: sonnig halbschattig 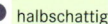 schattig **Wasserbedarf:** 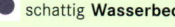 wenig mittel hoch **Höhe:** in cm **Blütezeit:** in Monaten

Großblumige Elfenblume
Epimedium grandiflorum

Gestaltung: wachsen breit polsterförmig bis kriechend mit schönen filigranen Blüten. Für Gehölzränder und unter Laub abwerfenden Gehölzen. Nachbarn: Kaukasusvergissmeinnicht und Funkien.
Pflege: durchlässige, humose Böden. Gut durch Teilung vermehrbar, auch Aussaat ist möglich.

Auch für extreme Schattenplätze

       20-25 | IV/V

Pracht-Storchschnabel
Geranium x *magnificum*

Gestaltung: sehr schön in naturnahen Beeten und Staudenrabatten, liebt Gehölz- und Heckenränder, kommt auch an Schattenplätzen zurecht. In kleinen Gruppen pflanzen. Bienen und andere Insekten werden angelockt.
Pflege: für durchlässige, humose Gartenböden; auf gleichmäßige Wasserversorgung achten.

Wildblumen-Charakter, reich blühend

      40-60 | VI/VII

Kriechendes Schleierkraut
Gypsophila repens

Gestaltung: kompakt, niederliegend, für Beet und Steingärten, wächst gerne über niedrige Begrenzungsmauern.
Pflege: liebt durchlässige, sandig-kiesige, mäßig trockene, nährstoffarme Böden; eher trockener halten.
Weitere Art: Rispen-Schleierkraut (*G. paniculata*) wird bis 1 m hoch und blüht weiß oder rosa, VII–VIII.

Schön zu Rosen

      15-25 | V/VII

      70-150 | VII/IX

Sonnenbraut
Helenium-Sorten

Gestaltung: für Gruppenpflanzung in bunten Beeten. Blütezeit durch Sortenwahl verlängern; für Vasenschnitt.
Pflege: sandig-lehmige, nährstoffreiche Böden, nicht trocken werden lassen. Im späten Herbst oder zeitigen Frühjahr zurückschneiden. Blühfaule Exemplare ausgraben, teilen, an neuen Platz pflanzen.

Staude mit Bauerngarten-Charakter

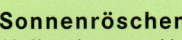 15-25 | V/VII

Sonnenröschen
Helianthemum-Hybriden

Gestaltung: kompakt buschige Pflanze für den Vordergrund von Beeten, gerne vor Begrenzungsmauern, für Steingärten, auch in Töpfen. Schön mit kleinwüchsigen Gräsern und Zwerg-Gehölzen. Insektenmagnet.
Pflege: durchlässige, sandig-kiesige Böden. Schutz vor der Wintersonne durch Reisigabdeckung empfohlen.

Kompakte, reich blühende Staude

50-110 | VI/IX

Taglilie
Hemerocallis-Hybriden

Gestaltung: Klassiker für bunte Beete und Staudenrabatten, in Gruppen pflanzen. Mehr als 10 000 Sorten (auch mehrfarbige). Schön mit Pfirsichblättriger Glockenblume und Sonnenhut.
Pflege: nährstoffreiche Böden. Verblühtes regelmäßig entfernen. Im Frühjahr oder zeitigen Herbst pflanzen.

Schön in Bauerngärten

 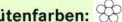

Funkie
Hosta-Hybriden

Gestaltung: Blattschmuckstaude für bunte Beete oder Gehölzrand, auch zur Unterpflanzung von Baum- und Strauchgruppen. Große Sortenvielfalt, einzeln oder in Gruppen pflanzen.
Pflege: sandig-humose bis humose, eher nährstoffreiche Böden. Leider Schneckenmagnet, aber nicht alle Sorten sind gleich gefährdet.

Schattenplätze, japanische Gärten

Bart-Iris
Iris-Barbata-Gruppe

Gestaltung: für Gruppen in bunten Beeten.
Pflege: durchlässige, humusarme, nährstoffreiche Böden. Pflanzen Sie die Rhizome so, dass sie nach dem Angießen gerade noch aus der Erde schauen. Abgeblühtes regelmäßig entfernen, braune Blätter im Frühjahr abschneiden.

Prächtige Blüten, viele Sorten

Echter Lavendel
Lavandula angustifolia

Gestaltung: für gemischte Rabatten, Kräuterbeete, auch für Töpfe, als Einfassungspflanze und im Steingarten.
Pflege: durchlässige, mäßig trockene, leicht alkalische Böden. Staunässe vermeiden. Nicht in allen Lagen winterhart. In rauen Lagen Winterschutz mit Tannenreisig. Im Frühjahr Rückschnitt um etwa ein Drittel der Trieblänge.

Duftpflanze, Schmetterlingsmagnet

Margerite
Leucanthemum-Superbum-Gruppe

Gestaltung: beliebter Klassiker für bunte Beete und Staudenpflanzungen, am Rand von Wegen und Treppen, am schönsten in Gruppen. Dazu passen Rittersporn, Phlox, Lupinen.
Pflege: fruchtbare, sandig-lehmige Böden. Verblühtes regelmäßig entfernen. Alle paar Jahre umpflanzen, damit die Blütenfülle erhalten bleibt.

Bauerngartenpflanze, Vasenschnitt

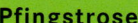

Pfingstrose
Paeonia-Lactiflora-Gruppe

Gestaltung: großblumig, buschig wachsend, für Beete und Rabatten.
Pflege: durchlässige, nährstoffreiche Böden. Im Herbst pflanzen, jahrelang an einem Platz wachsen lassen. Ältere Pflanzen teilen, an anderer Stelle neu einpflanzen.
Weitere Art: Europäische Wild-Pfingstrose *(P. officinalis)*

Viele Sorten, teilweise mit Duft

Orientalischer Mohn
Papaver orientale

Gestaltung: für gemischte Beete (nicht im Vordergrund). Kurze Blütezeit, aber prächtige Blüte, durch Sortenwahl kann man die Gesamtblütezeit verlängern.
Pflege: durchlässiger, trockener bis mäßig feuchter Boden, Staunässe vermeiden. Verblühtes entfernen. Pflanze zieht nach Blüte ein, daher Nachbarn dazusetzen, die Lücke schließen.

Schön mit Astern und Sommer-Salbei

 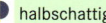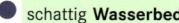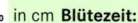

Phlox, Flammenblume
Phlox-Paniculata-Gruppe

Gestaltung: aufrecht wachsende Staude für bunte Beete und gemischte Rabatten. Gute Nachbarn sind Rittersporn, Roter Sonnenhut, Margerite. Bienenmagnet; Vasenschnitt.
Pflege: sandig-humoses, nährstoffreiches Erdreich. Bodentrockenheit vermeiden. Hohe Blütentriebe stützen. Verblühtes abschneiden.

Duftende Bauerngartenpflanze

 ↑ 50–100 | VII / X

Weitere pflegeleichte Blütenstauden

Name	Blüte	Standort	Tipps
Herbst-Eisenhut *Aconitum carmichaelii*	lilablau; IX–X	halbschattig, schattig; nährstoffreiche, feuchte Böden	80–100 cm hoch; wertvolle Schnittblume, giftig
Herbst-Anemone *Anemone x hybrida*	weiß, rosa; VIII–X	halbschattig; durchlässige Böden	60–140 cm hoch; Beete, Gehölzränder, Gruppen
Garten-Astilbe *Astilbe-Arendsii-*Gruppe	weiß, rosa, rot; VII–IX	sonnig bis halbschattig; sandiglehmige Böden	60–80 cm hoch; in Gruppen; keine Bodentrockenheit
Kokardenblume *Gaillardia*-Hybriden	gelb, orange, rot, teils mit gelben Rändern; VII–IX	sonnig; durchlässige Gartenböden	30–70 cm hoch; unermüdliche Blüher, aber kurzlebig
Schleifenblume *Iberis sempervirens*	weiß; V	sonnig; durchlässige Böden, nicht zu feucht	20–30 cm hoch; immergrünes Laub; für Beete, Steingärten, Einfassungen
Moschus-Malve *Malva moschata*	rosa, Moschusduft; VI–IX	sonnig; humose, durchlässige Böden	50–60 cm hoch; Dauerblüher, Rückschnitt im Frühjahr; Selbstaussaat
Kissen-Primel *Primula vulgaris*	weiß, gelb, rosa, rot, lila, mehrfarbig; III–IV	halbschattig; durchlässige Böden	10–20 cm hoch; wichtig im Frühjahrsgarten
Horn-Veilchen *Viola cornuta*	weiß, gelb, rot, lila, blau, auch mehrfarbig; V–VIII	sonnig, durchlässige Gartenböden	15–20 cm hoch; Dauerblüher für Beete, Töpfe

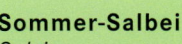

↑ 50–80 | VII / X

Prächtiger Sonnenhut
Rudbeckia fulgida 'Goldsturm'

Gestaltung: aufrecht buschiger, reich blühender Klassiker für gemischte Beete. Größere Gruppen setzen. Gute Fernwirkung. Bienenmagnet.
Pflege: sandig-lehmige bis lehmige, fruchtbare Böden, Erdreich darf nie austrocknen. Im späten Herbst oder zeitigen Frühjahr zurückschneiden, Verblühtes regelmäßig entfernen.

Nachbarn: Phlox, Rittersporn

↑ 40–60 | V / VIII

Sommer-Salbei
Salvia nemorosa

Gestaltung: unverzichtbarer Sommerblüher für gemischte Beete, Steingärten, Töpfe und Kästen, Bienenmagnet.
Pflege: durchlässige Böden mit mittlerem bis hohem Nährstoffgehalt. Rückschnitt, kurz bevor die Pflanzen verblüht sind, führt zur Nachblüte im September. Im Herbst oder Frühjahr abgestorbene Pflanzenteile entfernen.

Gute Fernwirkung, Vasenschnitt

↑ 40–60 | VIII / X

Fetthenne
Sedum telephium

Gestaltung: für Beete, Steingärten, auf Mauerkronen, für Töpfe und Kübel.
Pflege: durchlässige, sandig-kiesige, mäßig trockene Böden. Kommen gut mit Trockenheit klar. Vertrocknetes im Frühjahr abschneiden.
Weitere Art: Gold-Fetthenne, *Sedum floriferum* 'Weihenstephaner Gold' mit sternförmigen goldgelben Blüten, VII–VIII.

Viele pflegeleichte Arten und Sorten

Blütenfarben: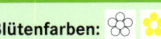

Zwiebel- und Knollen-pflanzen – wenig Aufwand für viele Blüten

Zwiebelblumen blühen fast rund ums Jahr. Im Februar beginnen die Schneeglöckchen und noch Ende Oktober leuchten die Herbstzeitlosen. Als Faustregel gilt: Frühjahrsblüher werden im September oder Oktober, Sommer- und Herbstblüher von März bis August gepflanzt.

Einige Beispiele zu Zwiebelgröße und Pflanztiefe: Die Stärke der abdeckenden Erdschicht entspricht in etwa der Höhe der Zwiebel.

Einfach praktisch – Pflanzkelle und Zwiebelsetzer

Tipp

Die Pflanzkelle ist vielseitig verwendbar und eignet sich auch gut zum Setzen von Blumenzwiebeln. Ein spezielles Werkzeug ist der praktische Zwiebelsetzer. Mit ihm wird ein kreisrundes Stück Erde ausgestochen, eine Zwiebel in das Erdloch hineingelegt und anschließend die Erde wieder eingefügt. Besonders praktisch ist das beim Pflanzen einzelner Zwiebeln im Rasen.

Winterhart oder doch nicht? Eigenschaften der Arten beachten

Wichtig ist die Unterscheidung zwischen winterharten und nicht frostfesten Arten. Winterharte Zwiebelblumen werden einmal gepflanzt und können dann in der Erde bleiben. Viele von ihnen vermehren sich sogar von selbst durch Brutzwiebeln und/oder Aussaat. Bekannte winterharte Arten sind Schneeglöckchen, Krokusse, Narzissen, Blausternchen und Tulpen. Nicht frostfeste Arten und Sorten erfordern etwas mehr Aufwand, da sie jährlich ab Mai neu gepflanzt werden müssen. Im Herbst werden die Zwiebeln und Knollen dann vorsichtig aus der Erde genommen und frostfrei den Winter über gelagert.

Qualität von Anfang an
Augen auf beim Einkauf

Die Größe und Qualität der Zwiebeln und Knollen bestimmt maßgeblich den Blüherfolg. Durch lange Lagerung leiden sie und verlieren Reservestoffe. Daher sollten Zwiebeln und Knollen möglichst bald nach der Ernte gepflanzt werden. Gesunde Zwiebeln sind prall und fest und besitzen eine intakte Außenhaut. Auf verschrumpelte, weiche Exemplare mit Faulstellen sollte man besser verzichten. Die Hauptpflanzzeit für Frühjahrsblüher ist der September und meist sind Zwiebeln schon ab Ende August im Handel. Die meisten sommerblühenden Zwiebeln werden hingegen im Frühjahr angeboten und je nach Sorte von März bis Mai gepflanzt. Herbstblüher, wie die Herbstzeitlose, setzt man im August/September. Neben der Blütenfarbe sind die Wuchshöhe und die Blütezeit wichtige Auswahlkriterien.

Was wäre der Frühling ohne Tulpen? Es gibt unzählige Sorten in allen Blütenfarben, einfach, gefüllt, glattrandig oder gefranst.

Was ist beim Pflanzen zu beachten? Standort, Boden und Pflanztiefe

Die meisten Zwiebelblumen bevorzugen sonnige Standorte. Einige vertragen aber auch halbschattige Gartenplätze. Beachten Sie dazu auch die Angaben auf der Verkaufsverpackung. Wichtig ist auf jeden Fall ein durchlässiger Boden ohne Staunässe; schwere Böden, die zu Staunässe neigen, können mit Sand aufbereitet werden. Als Faustzahl für die Pflanztiefe gilt: Zwiebeln und Knollen werden etwa so tief gesetzt, dass die Dicke der Erdabdeckung der Zwiebelhöhe entspricht. Nachdem alle Zwiebeln in kleinen oder größeren Gruppen auf dem Beet oder Rasen ausgelegt wurden, erfolgt die Pflanzung mit Pflanzkelle oder Zwiebelsetzer.

Blumenzwiebeln pflanzen – Tipps und Tricks

2 Zur Pflanzung kleinerer Blumenzwiebeln im Rasen Grassoden aufklappen, die Zwiebeln in unregelmäßigen Gruppen auslegen, zum Schluss die Grassoden zuklappen, festdrücken, angießen.

1 Bei der Beetpflanzung werden zuerst alle Zwiebeln in kleinen und größeren Gruppen auf der vorbereiteten Gartenfläche ausgelegt. So sind vor dem Pflanzen noch Korrekturen möglich.

3 Das Pflanzen in einem Drahtkorb schützt die wertvollen Blumenzwiebeln vor Wühlmäusen. Narzissen, Schneeglöckchen und Kaiserkronen werden übrigens von den lästigen Nagetieren verschmäht.

Krokus
Crocus-Hybriden

Gestaltung: im Rasen, in Beeten, für Töpfe (Bodenansprüche beachten).
Pflege: durchlässige, mäßig trockene, nährstoffarme Böden mit gutem Wasserabzug. Im Rasen wachsende Pflanzen dürfen erst „übermäht" werden, wenn die Blätter gelb sind.
Pflanzung: im Spätsommer/Frühherbst 6 bis 10 cm tief an Ort und Stelle legen.

Bunter Frühlingsgruß

Dahlien
Dahlia-Hybriden

Pflege: durchlässige, nährstoffreiche Böden. Kaliumbetont düngen, weniger Stickstoff. Keine Staunässe! Nicht über Blüten gießen. Hohe Sorten stützen. Vor dem ersten Frost 10 cm über dem Boden abschneiden. Wurzelstöcke ausgraben, in Sand bei 5 °C luftig lagern.
Pflanzung: nach den letzten Frösten 10 bis 15 cm tief in den Boden legen.

Klassiker für bunte Beete und Töpfe

Winterling
Eranthis hyemalis

Gestaltung: Gruppenpflanze für Beete, Steingärten, Töpfe, vor Hecken, unter Gehölzen.
Pflege: durchlässige Böden mit niedrigem Nährstoffgehalt. Neigen an zusagenden Orten zum Verwildern; giftig.
Pflanzung: die Knollen werden im Herbst 5 bis 7 cm tief in den Boden gelegt.

Erste Frühlingsblüher

Schneeglöckchen
Galanthus nivalis

Gestaltung: in Gruppen am Beet- und Gehölzrand, unter Gehölzen, vor Hecken und im Topf.
Pflege: sandig-humose, nahrhafte Böden. Da die Blätter lange grün sind, keine Rasenpflanzung, außer man mäht um die Pflanzen herum. Giftig.
Pflanzung: im Frühherbst 5 bis 10 cm tief in den Boden legen.

Schön mit Winterling und Christrose

Hyazinthe
Hyacinthus orientalis in Sorten

Gestaltung: für gemischte Beete, im Topf, auch fürs Zimmer.
Pflege: durchlässige, sandig-lehmige Böden mit niedrigem Nährstoffgehalt. Frost- und Nässeschutz (Reisig auflegen) ist wichtig. Kann zur Weihnachtsblüte angetrieben werden.
Pflanzung: Zwiebeln im Herbst 10 cm tief in den Boden legen.

Intensiv duftender Frühlingsblüher

Lilien
Lilium-Hybriden

Gestaltung: die Stars in bunten Beeten und gemischten Rabatten.
Pflege: durchlässige, nährstoffreiche Böden, windgeschützt. Staunässe vermeiden. Nach der Blüte nicht mehr gießen. Schutz vor Spätfrost, Schnecken und Wühlmäusen, eventuell stützen.
Pflanzung: im Spätsommer bis Herbst 10 bis 15 cm tief in den Boden legen.

Bald nach dem Kauf einpflanzen

 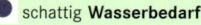

Traubenhyazinthe
Muscari botryoides

Gestaltung: in gemischten Beeten, am Rand von Rabatten, im Steingarten, auch im Topf.
Pflege: durchlässige Böden mit mittlerem Nährstoffgehalt. Breiten sich von selbst aus, wenn man die Pflanzen ungestört wachsen lässt.
Pflanzung: Zwiebeln im Spätsommer oder Herbst 5 bis 8 cm tief legen.

Kleine oder größere Gruppen pflanzen

Noch mehr Zwiebelblumen

Name	Blüte	Standort	Tipps
Riesen-Lauch *Allium giganteum*	purpurviolett bis fliederrosa; VII–VIII	sonnig; durchlässige Gartenböden	bis 150 cm hoch; oft kurzlebig; auch schön: Gold-Lauch (A. moly)
Strahlen-Anemone *Anemone blanda*	weiß, blau, rosa, hell- bis dunkelviolett; III–IV	sonnig bis halbschattig; durchlässige, humose Böden	10–25 cm hoch; Winterschutz empfehlenswert
Herbstzeitlose *Colchium autumnale*	violettrosa bis lavendelrosa; IX–X	sonnig; durchlässige, humose Böden	20–25 cm hoch; für Steingärten, Rasen; giftig
Kaiserkrone *Fritillaria imperialis*	gelb, gelbbraun, braunorange; IV–V	sonnig; durchlässige, nicht zu trocken	70–120 cm hoch; in Gruppen in Beeten, giftig
Gladiole *Gladiolus*-Hybriden	gelb, orange, purpur, rosa, rot und weiß; VII–IX	sonnig; windgeschützt, durchlässige Böden	50–150 cm hoch; für Vasenschnitt, nicht winterhart
Spanischer Glocken-Blaustern *Hyacinthoides hispanica*	blau bis violettblau, weiß, rosa; IV–V	halbschattig bis schattig; geschützt, ungestört wachsen lassen	20–30 cm hoch; kann verwildern
Märzenbecher *Leucojum vernum*	weiß; III–IV	sonnig bis halbschattig; feucht	15–30 cm hoch; Beete, Gehölzränder, Teichufer
Stern von Bethlehem *Ornithogalum umbellatum*	weiß; IV–VI	sonnig; durchlässige, nicht zu feuchte Böden	10–25 cm hoch; Beete, Töpfe, Wiese

Narzissen
Narcissus-Hybriden

Gestaltung: für gemischte Beete, in Wiesen als Tuffs, im Steingarten. Kleinwüchsige Sorten auch für Töpfe.
Pflege: durchlässige, nahrhafte Böden. Verblühtes entfernen. Laub stehen lassen, bis die Blätter verwelken; giftig.
Pflanzung: Zwiebeln im Spätsommer bis Herbst 10 bis 15 cm tief in den Boden legen.

Ein Muss für den Frühlingsgarten

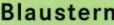

Blaustern
Scilla sibirica

Gestaltung: in Beeten und Rabatten, in Kästen und Töpfen. Verwildert an Gehölz- und Heckenrändern, in der Wiese, auf Abhängen, am Wegesrand.
Pflege: durchlässige, sandig-lehmige Böden. Nur vorsichtig das welke Laub abrechen, die Zwiebeln sitzen nicht tief.
Pflanzung: im September und Oktober 8 bis 10 cm tief an Ort und Stelle legen.

Ungestört lassen, vermehren sich selbst

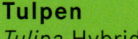

Tulpen
Tulipa-Hybriden

Gestaltung: In Gruppen für Beete, vor Zäunen, am Wegrand, auch für Töpfe.
Pflege: sandig-humoses, nahrhaftes Erdreich, keine schweren, staunassen Böden. Abgeblühtes immer entfernen, Laub unbedingt stehen lassen, bis es verwelkt ist.
Pflanzung: im Spätsommer oder Herbst 10 bis 15 cm tief in den Boden legen.

Viele Formen und Farben; Vasenschnitt

Blütenfarben: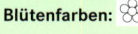

Sommerblumen – Farbenpracht für den ganzen Sommer

Vermehren lassen sich Sommerblumen ganz einfach und kostengünstig aus Samen. Sie blühen bunt und üppig – von Juni bis in den Herbst.

Ab März kann es losgehen Aussaat im Haus

Damit die sommerliche Blütenpracht nicht zu lange auf sich warten lässt, empfiehlt sich eine Vorkultur in nährstoffarme Erde (Anzuchtsubstrat). Die Aussaat erfolgt in flache Kunststoffkisten oder Schalen, wobei der Samen gleichmäßig dünn über die gesamte Fläche ausgestreut wird. Anschließend mit einer feinen Substratschicht übersieben und vorsichtig angießen. Bei den sogenannten Lichtkeimern entfällt das Übersieben mit Substrat. Ideal für die Keimung sind helle, warme Fensterbänke, die nicht zu stark der Sonne ausgesetzt sind.

Sommerblumen aussäen und vereinzeln – so geht's

1 Füllen Sie Saatkisten oder flache Schalen mit Aussaaterde und drücken Sie diese mit einem Holzbrett leicht an. Anschließend am besten noch eine feine Erdschicht mit dem Sieb aufbringen.

2 Der Samen sollte möglichst gleichmäßig über die ganze Fläche verteilt werden. Entweder wird hierzu die Saattüte gleichmäßig hin und her bewegt oder das Saatgut wird mit den Fingerspitzen ausgestreut.

3 Die meisten Sommerblumen sind Dunkelkeimer. Deren Saatgut wird dünn abgedeckt. Bei Lichtkeimern entfällt die Abdeckung. Informationen finden Sie auf den Samentüten.

Die Aussaaten werden angegossen und mit Etiketten versehen. Ein heller, warmer Platz auf der Fensterbank und eine transparente Abdeckung sorgen für eine schnelle und gleichmäßige Keimung.

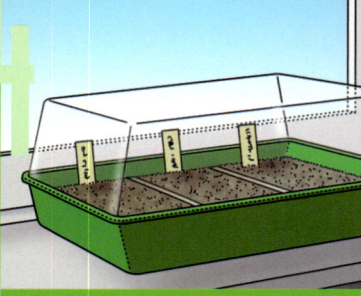

5 Nach einigen Wochen brauchen die Sämlinge mehr Platz. Mit Hilfe eines Pikierstabes werden sie vorsichtig aus der Saatkiste genommen und einzeln in kleine Töpfe oder Torfquelltöpfe umgepflanzt.

Mit Sommerblumen lassen sich einfach und preisgünstig farbenfrohe Gartenbeete gestalten.

Tipp

Beschenken Sie sich selbst

Aus Sommerblumen lassen sich zauberhafte, üppige Blumensträuße binden. Ergänzen Sie die Blüten durch Gräser und große Blätter von Funkien oder Bergenien. Das umrahmt die Blüten und gibt dem Strauß Struktur.

Sommerpflege Verblühtes entfernen, gießen, düngen, Samen ernten

Die meisten Sommerblumen blühen lange und üppig. Zur Förderung neuer Knospen sollte Verblühtes regelmäßig entfernt werden. Eine Düngegabe im Juni erhält die Blütenpracht bis in den Herbst. Bei extrem trockener Witterung sollte hin und wieder durchdringend gewässert werden. Viele Sommerblumen bilden leicht Samen aus. Lassen Sie einige verblühte Blütenstände stehen und ernten Sie diese, sobald der Samen reif wird. Einige Wochen nachtrocknen lassen, in Schraubgläser oder Papiertüten füllen, kühl und dunkel bis zum nächsten Frühjahr lagern.

So geht's weiter in der Kinderstube Vereinzeln, auspflanzen

Die Keimung erfolgt bei vielen Arten bereits nach wenigen Tagen. Drei bis vier Wochen später sind die Sämlinge so groß, dass sie vereinzelt werden können. Hierzu verwendet man ein Holzstäbchen oder einen Pikierstab, mit dem die Keimlinge vorsichtig herausgenommen und in kleine Töpfe gesetzt werden. Die Jungpflanzen wachsen noch einige Wochen im geschützten Haus weiter. Durch häufiges Lüften werden sie allmählich abgehärtet. Ein sicherer Zeitpunkt zum Auspflanzen ist nach den Eisheiligen, ab Mitte Mai. Soll das Auspflanzen vorher erfolgen, müssen die Jungpflanzen bei Nachtfrostgefahr mit Vlies abgedeckt werden.

Die lässige Methode Aussaat direkt ins Freiland

Viele Sommerblumen können im April/Mai auch direkt ins Beet gesät werden. Das ist einfach, hat allerdings den Nachteil, dass die Blütezeit etwas später beginnt. Geeignet sind sonnige Gartenplätze mit durchlässiger Erde. Nach der Bodenvorbereitung erfolgt die Aussaat – breitwürfig oder in vorher markierten Reihen. Feines Saatgut kann zur besseren Verteilung vorab mit Sand vermischt werden. Das Saatbeet wird mit einer dünnen Schicht Erde abgedeckt (außer bei Lichtkeimern!) und angegossen. Noch komfortabler ist die Verwendung von Saatbändern oder Saatteppichen. Diese werden einfach auf der vorbereiteten Fläche ausgelegt, leicht angedrückt, mit einer dünnen Erdschicht abgedeckt und gründlich angegossen.

Tipp

Noch einfacher: Direktaussaat

Robuste Einjährige können ab April direkt ins Freiland ausgesät werden. Beliebte Klassiker sind Klatschmohn *(Papaver rhoeas)* und Kornblume *(Centaurea cyanus)*. Weniger bekannt ist die sehr dekorative Godetie, die in vielen Farben angeboten wird und von Juni bis September blüht. Die Bienenweide *(Phacelia tanacetifolia)* lockt mit ihren zartblauen Blüten Bienen, Hummeln und Schmetterlinge an.

Löwenmäulchen
Antirrhinum majus

Gestaltung: für gemischte Beete und Töpfe, in kleinen oder großen Gruppen.
Pflege: durchlässige, sandig-humose, nahrhafte Böden. Von Februar bis April im Haus aussäen, Jungpflanzen ab Mai nach letzten Frösten ins Freie setzen. Nach dem 5. Blatt für einen buschigen Wuchs entspitzen. Verblühtes entfernen, das verlängert die Blühzeit.

Zwerg- und hohe Schnittsorten

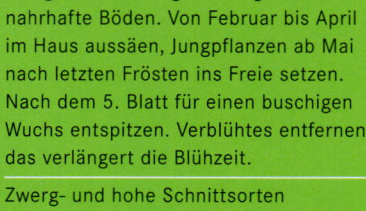

Beet-Begonie, Eis-Begonie
Begonia-Hybriden *(Semperflorens)*

Gestaltung: kompakter Dauerblüher für gemischte Beete und Balkonkästen, auf Gräbern oder als Einfassungspflanze. Auch Blattschmuck-Sorten.
Pflege: durchlässige, humose, nahrhafte Böden, nicht zu nass und zu kühl. Ab Februar/März im Haus aussäen, erst Ende Mai ins Freie pflanzen. Verblühtes entfernen, um die Blütezeit zu verlängern.

Nachbarn: Schmuckkörbchen, *Lobularia*

Ringelblume
Calendula officinalis

Gestaltung: für gemischte Beete, Bauerngarten-Charakter, in Gruppen. Gute Nachbarn sind Rittersporn, Sonnenhut.
Pflege: durchlässige, sandig-lehmige Böden. Ab April direkt ins Freiland säen oder ab Februar/März im Haus vorziehen, Jungpflanzen im Mai ins Freie. Verblühtes entfernen, um Blütezeit zu verlängern.

Große Leuchtkraft, Heilpflanze

Schmuckkörbchen
Cosmos bipinnatus

Gestaltung: für bunte Beete, in kleineren oder größeren Gruppen. Gute Nachbarn sind Spinnenblume und Phlox.
Pflege: durchlässige, sandig-humose, nahrhafte Böden. Ab Mai direkt in die Beete säen oder im Haus ab März vorziehen und nach den Eisheiligen nach draußen pflanzen. Verblühtes entfernen, um Blütezeit zu verlängern.

Bauerngartenpflanze, Vasenschnitt

Goldlack
Erysimum cheiri

Gestaltung: beliebter Klassiker für bunte Blumenbeete und Töpfe.
Pflege: von Mai bis Juni aussäen, die Samen kommen entweder gleich an ihren endgültigen Platz oder als Jungpflanzen im September ins Beet. Über Winter am besten abdecken. Blüht im 2. Standjahr. Rückschnitt nach der Blüte verhindert sparrigen Wuchs.

Lockt Bienen an, duftet; giftig

Sonnenblume
Helianthus annuus

Gestaltung: für bunte Beete, einzeln oder in Gruppen. Kleinwüchsige Sorten auch für Töpfe. Beliebte Kinderpflanze, Insektenmagnet. Schön zu Sonnenhut.
Pflege: Böden mit hohem Nährstoffgehalt; ab April direkt ins Beet säen. Hohe Pflanzen stützen. Wer Samen ernten möchten, muss ein Netz über die Blütenköpfe ziehen.

Blickfang im Sommergarten

 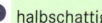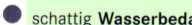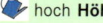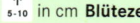

Duftsteinrich
Lobularia maritima

Gestaltung: als Bodendecker in bunten Beeten, in Gruppen, kann ganze Bereiche in Blütenteppiche verwandeln.
Pflege: durchlässiges, sandig-humoses Erdreich. Von Februar bis April im Haus aussäen, Jungpflanzen ab Ende Mai ins Freie. Rückschnitt nach der Hauptblüte, dadurch neues Wachstum und weitere Blüten. Sät sich leicht selbst aus.

Duftender Dauerblüher

Farbenvielfalt für den Sommer

Name	Blüte	Standort	Tipps
Stockrose *Alcea rosea*	weiß, gelb, rosa, rot, dunkelpurpur; blüht im 2. Standjahr, VII–IX	sonnig; durchlässige, sandig-lehmige Böden	bis 2,50 m hoch; Aussaat im Haus, ab frühem Herbst auspflanzen
Kornblume *Centaurea cyanus*	weiß, rosa, blau; V–VIII	sonnig; durchlässige, nicht zu feuchte Böden	30–80 cm hoch; sät sich leicht selbst aus
Dornige Spinnen-pflanze *Cleome spinosa*	weiß, rosa, rot, violett, Duft; VII–X	sonnig; nahrhafte, durchlässige Böden	90–150 cm hoch; auffällige Gruppenpflanze
Bart-Nelke *Dianthus barbatus*	weiß, rosa, rot, violett, mehrfarbig; VI–VIII	sonnig; durchlässige Böden	40–60 cm hoch; Töpfe, Beete, Vasenschnitt
Schlafmützchen *Eschscholzia californica*	weiß, gelb, orange, rot, mohnartig; VI–IX	sonnig; durchlässige, nicht zu feuchte Böden	20–60 cm hoch; im Frühjahr an Ort und Stelle aussäen
Jungfer im Grünen *Nigella damascena*	blau, weiß, rosa; VI–VIII	sonnig; durchlässige, nicht zu feuchte Böden	40–50 cm hoch; sät sich leicht selbst aus
Klatsch-Mohn *Papaver rhoeas*	weiß, rot; VI–VIII	sonnig; durchlässige nicht zu feuchte Böden	40–80 cm hoch; ab März an Ort und Stelle aussäen
Sonnenhut *Rudbeckia hirta*	hellgelb, goldgelb, rotbraun; VII–IX	sonnig; durchlässige Böden	40–60 cm hoch; in Gruppen, Vasenschnitt
Kapuzinerkresse *Tropaeolum majus*	hellgelb, orange, rot; VI–IX	sonnig, halbschattig; durchlässige, fruchtbare Böden	30–300 cm hoch; Bodendecker oder Kletterpflanze

Levkoje
Matthiola incana

Gestaltung: für gemischte Blumenbeete setzen. Lockt Bienen und andere Insekten an; auch schön in der Vase.
Pflege: durchlässige, nahrhafte Böden, nicht zu nass oder zu trocken. Ab Februar im Haus aussäen, Jungpflanzen kommen ab Ende Mai nach draußen. Verblühtes entfernen, um die Blütezeit zu verlängern.

Duftende Bauerngartenpflanze

Kleine Studentenblume
Tagetes patula

Gestaltung: in Gruppen in gemischten Beeten, als Randbepflanzung von Gemüsebeeten, im Topf.
Pflege: durchlässige, nahrhafte Böden. Im März/April im Haus aussäen, Jungpflanzen ab Mitte Mai nach draußen setzen. Auch Direktsaat ab Mai möglich. Triebe entspitzen für buschigen Wuchs. Vorsicht: Bei Schnecken sehr beliebt.

Nachbarn: Ringelblume, Sonnenhut

Zinnie
Zinnia elegans

Gestaltung: Gruppenpflanze für Blumenbeete. Niedrige Sorten für Kästen und Töpfe, hohe Sorten für den Vasenschnitt.
Pflege: durchlässige, sandig-humose, nahrhafte Böden. Im April im Haus aussäen, Jungpflanzen ab Mitte bis Ende Mai ins Beet setzen. Regelmäßig Verblühtes entfernen.

Alte Bauerngartenpflanze

Blütenfarben: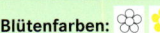

So werden Rosenträume Wirklichkeit

Der Königin der Blumen haftet zu Unrecht der Ruf einer empfindlichen Diva an, die im Garten nur Schwierigkeiten bereitet. Nur wenige Grundregeln wollen befolgt sein, um ein über den ganzen Sommer anhaltendes Blütenmeer entstehen zu lassen.

Das Wichtigste Standort und Sortenwahl

Besonders die Wahl des richtigen Standorts und der Griff zu widerstandsfähigen Sorten erleichtern den Weg zum Blütentraum. Rosen sind Sonnenkinder und bevorzugen deshalb vollsonnige Standorte. Plätze im Halbschatten sollten mindestens fünf bis sechs Stunden am Tag in der Sonne liegen. Der Boden sollte humos, sandig-lehmig und dabei tiefgründig sein, denn Verdichtungen und Staunässe führen schnell zu Kümmer-

Verschiedene Angebotsformen (von links nach rechts): wurzelnackte und wurzelverpackte Pflanzen, Pflanztöpfe und blühende Container.

wuchs. Ein zu leichter Boden kann durch Zugabe von Kompost verbessert werden, bei schweren Böden hilft das Einarbeiten von grobem Sand. Der pH-

Solch schöne Rosen entstehen keineswegs durch Zauberei, sondern durch einfaches Gartenhandwerk.

Tipp

Rosen für jeden – pflegeleichte ADR-Sorten

ADR Bei der Auswahl widerstandsfähiger Sorten hilft das ADR-Prädikat – das Prüfsiegel der Allgemeinen Deutschen Rosenneuheitenprüfung, in der die Rosen drei Jahre lang ohne Einsatz von Pflanzenschutzmitteln getestet werden.

Wert, also das Kalk-Säure-Verhältnis des Bodens, sollte zwischen 6,5 und 7,5 liegen. Um Blattkrankheiten vorzubeugen, meiden Sie Plätze, an denen das Laub der Rosen nicht zügig abtrocknen kann, wie beispielsweise unter Bäumen. Ungeeignet sind auch Standorte, an denen in den Jahren zuvor schon Rosen gepflanzt waren.

Das Angebot ist groß
Wurzelnackt, wurzelverpackt oder im Container

Rosen stehen heutzutage in verschiedenen Angebotsformen rund ums Jahr zur Verfügung – die Wahl einer hochwertigen Qualität sichert hierbei immer ein schnelles Anwachsen und reiches Blühen der Pflanzen. Der Weg in den Fachhandel lohnt sich immer,

1. Ein ausreichend großes Pflanzloch erleichtert beim Pflanzen das Einsetzen der Container-Rose.

2. Gründliches Andrücken und späteres Angießen sorgt für guten Kontakt mit der Gartenerde.

denn allzu billige Rosen werden nicht selten unfachgerecht gelagert und gedeihen später mangelhaft. Die klassische Angebotsform, die „wurzelnackten Rosen" werden am besten im

Herbst, wahlweise aber auch im Frühjahr gepflanzt. Im Frühling steht auch immer ein reichhaltiges Angebot mit wurzelverpackten Rosen oder auch hochwertigeren Pflanztöpfen zur Ver-

So werden wurzelnackte Rosen gepflanzt

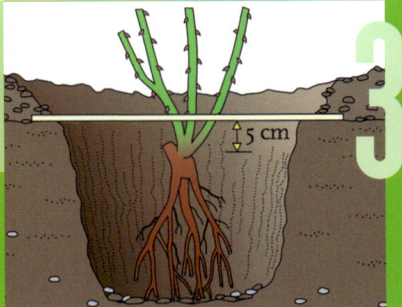

3 Die Veredlungsstelle sollte etwa 5 cm unter der Erdoberfläche liegen und ist so im Winter immer vor Ausfrieren geschützt. Ein ausreichend tiefes Pflanzloch verhindert das Umknicken der Wurzeln beim Pflanzen.

5 cm

1 Ein Einkürzen der Triebe auf etwa 20 cm ist nötig und schadet den Pflanzen nicht, sondern reduziert ihre Verdunstungsfläche. Auch die Wurzeln werden vor dem Pflanzen ein wenig zurückgeschnitten.

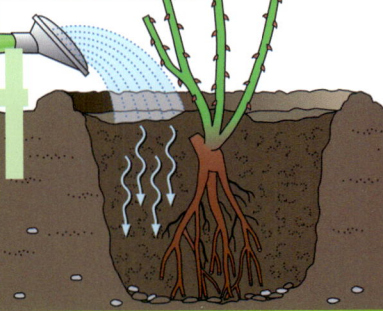

4 Ausgiebiges Angießen sorgt dafür, dass alle Wurzeln den nötigen Kontakt zum Boden haben. In einem trockenen Frühjahr brauchen die Rosen auch in den Wochen danach zusätzliche Bewässerung.

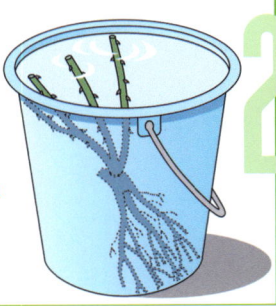

12-24 h

2 Das Wässern sollte nicht zu sparsam ausfallen. Bei Frühjahrspflanzung dürfen es gerne 24 Stunden sein. Nicht nur die Wurzeln, sondern auch die Triebe sollten im Wasser untertauchen.

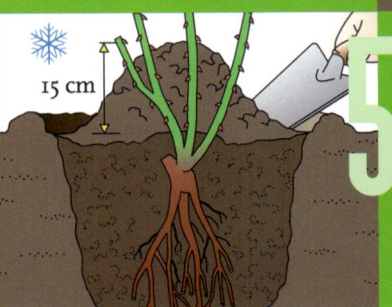

15 cm

5 Während das Anhäufeln im Herbst in erster Linie vor dem Frost schützt, dient der kleine Erdhügel über der Rose im Frühjahr auch dazu, ein Austrocknen durch die Sonne zu verhindern.

fügung, die ein sicheres Anwachsen der Pflanzen erleichtern. Eingetopfte Rosen, sogenannte Container-Rosen, kann man blühend erwerben und auch noch im Sommer pflanzen oder einfach auf der Terrasse stehen lassen. Die Widerstandsfähigkeit einer Rose gegen die Pilzkrankheiten sieht man einer Pflanze beim Kauf nicht unmittelbar an. Angaben über die Blattgesundheit in den Katalogen der Rosenanbieter können bei der Auswahl hilfreich sein.

Was brauchen Rosen?
Sonne, Wasser und Dünger

Bei den meisten heute im Handel erhältlichen Rosensorten handelt es sich um Moderne Rosen, die öfterblühend sind, also in mehreren Schüben bis in den Herbst hinein immer wieder blühen. Um diese Leistung zu erbringen, sind die Rosen auf Unterstützung angewiesen. Dazu gehört – neben ausreichend Sonne – vor allem eine gleichmäßige Versorgung mit Feuchtigkeit und Nährstoffen. Als Tiefwurzler müssen Rosen

Tipp
Keine Angst vor Pilzkrankheiten – richtig wässern schützt

Ist ein Wässern der Rosen „über Kopf" nicht zu vermeiden, so sollte dieses niemals abends, sondern morgens erfolgen, damit das Laub der Pflanzen schnell abtrocknen kann und Pilzkrankheiten keine Chance haben.

nur auf leichten Sandböden oder bei längeren Trockenperioden in heißen Sommern zusätzlich bewässert werden. Für eine üppige, lang anhaltende Blüte ist ein Düngen mit organischen, mineralischen oder speziellen Rosen-Düngern notwendig. Am sinnvollsten ist eine Gabe während des Austriebs im März/April und zur Hauptblüte im Juni/Juli, wenn der Nährstoffbedarf am höchsten ist. Nach Mitte Juli sollten keine stickstoffhaltigen Dünger mehr verabreicht

werden, da die Rosen sonst ihr Wachstum nicht abschließen können und anfällig für Frostschäden werden.

Sommerpflege Verblühtes und Wildtriebe entfernen

Unter dem Sommerschnitt der Rosen versteht man das Entfernen von verblühten oder nach starkem Regen verklebten Blüten. Diese Maßnahme verhindert die unerwünschte Bildung von Früchten, sorgt für schnellen Durchtrieb und verkürzt die Zeit zwischen zwei Blütenfloren. Bei Beet- und Strauchrosen, die in Dolden blühen, setzt man die Schere dabei direkt unter dem verblühten Blütenbüschel an. Edelrosen werden dagegen bis auf das erste voll entwickelte Fiederblatt zurückgeschnitten, denn dort sitzen die kräftigsten Knospen.

Bei veredelten Rosen kommt es gelegentlich zu Austrieben der Unterlage. Diese sogenannten Wildtriebe müssen gründlich entfernt werden, da sie sonst schnell die Edelsorte überwachsen und schwächen.

Beim Sommerschnitt der Beetrosen wird nach dem Verblühen die gesamte Blütendolde mit der Rosenschere entfernt.

Aus der Unterlage hervorgehende Wildtriebe unterscheiden sich deutlich von der Edelsorte und müssen entfernt werden.

Das macht der Rose zu schaffen

Sternrußtau ist eine der gefährlichsten Rosenkrankheiten. Die Anfälligkeit ist stark sortenabhängig. Empfindliche Sorten verlieren früh ihr Laub, kümmern im Wuchs und blühen nicht mehr nach.

Im Frühsommer vermehren sich Blattläuse häufig explosionsartig – die Natur löst dieses Problem aber meist schnell von selbst. Etwas Geduld macht die „chemische Keule" häufig überflüssig.

Das Schadbild des Echten Mehltaus tritt besonders im Spätsommer auf, wenn die Nächte kühl werden. Der mehlige Belag auf den jungen Blättern sieht unschön aus, tötet die Pflanzen aber nicht ab.

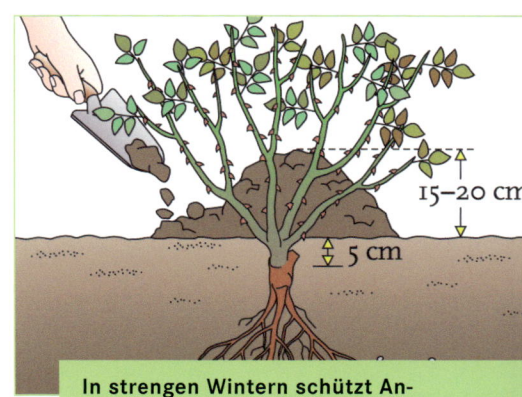

Wie bleiben Rosen gesund? Sortenwahl, Standort, Düngung und Geduld

Je nach Verlauf der Witterung bedrohen eine Reihe von Krankheiten und Schädlingen die Rosen. Was Blattkrankheiten, wie Sternrußtau oder Mehltau, angeht, sind zunehmend widerstandsfähige Sorten im Angebot, die oft wesentlich weniger befallen werden als Züchtungen vergangener Tage. Neben dem geeigneten Standort und einer ausgewogenen Düngung ist also die richtige Sortenwahl der Schlüssel zum Erfolg. Bei mäßig anfälligen Sorten kann ein luftiger Platz mit rasch trocknendem Laub und das Entfernen befallener Blätter im Herbst einen Befall herauszögern. In hoffnungslosen Fällen bleibt oft nur das Ersetzen der anfälligen Pflanzen gegen eine gesündere Sorte – leider verbunden mit einem Bodenaustausch, denn das Pflanzen von „Rosen nach Rosen" am gleichen Standort führt meist zu Kümmerwuchs. Sollten tierische Schädlinge, beispielsweise Blattläuse, in großen Mengen auftreten, so ist Geduld gefragt, denn häufig hilft sich die Natur in Form von Vögeln und anderen Nützlingen schnell selbst.

Ist doch einmal die Hilfe von chemischem Pflanzenschutz erforderlich, dann helfen nützlingsschonende Mittel, das biologische Gleichgewicht zu erhalten.

Muss man Rosen vor Frost schützen? Anhäufeln und Abdecken

Zum Winter hin schützt man die Rosen am besten durch Anhäufeln und dem Abdecken mit Fichten- oder Tannenreisig. Dabei verhindert das Anhäufeln ein Erfrieren der Pflanze bei tiefen Frösten, während das Reisig einem Austrocknen der Triebe durch die kräftige Frühjahrssonne vorbeugt, während die Wurzeln kein Wasser aus dem gefrorenen Boden nachliefern können. Zum Schutz der Krone von Rosen-Stämmchen eignen sich am besten Jutesäcke. Strohmatten sind hervorragende Hilfsmittel, um den Frost von Kletterrosen fernzuhalten.

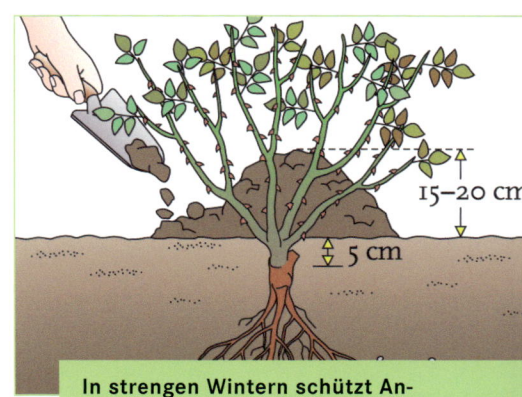

In strengen Wintern schützt Anhäufeln die Rosenpflanzen vor dem Erfrieren.

Das Abdecken der Rosen mit Reisig verhindert ein Austrocknen der Triebe bei kräftiger Sonne und gefrorenem Boden.

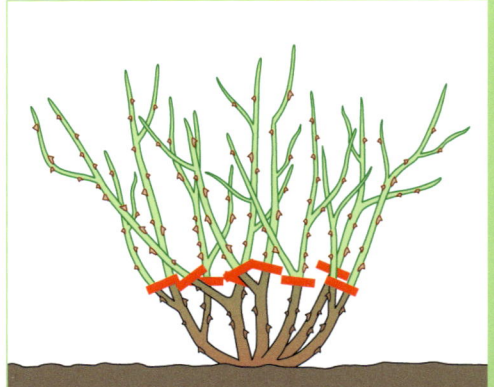

Beet- und Edelrosen werden auf etwa ein Drittel ihrer Wuchshöhe eingekürzt, also auf 20 bis 30 cm. Dabei sollte altes und abgestorbenes Holz sorgfältig entfernt werden. Je kräftiger der Rückschnitt dabei vorgenommen wird, desto wüchsiger sind die neuen Triebe, die sich aus den Schnittstellen entwickeln.

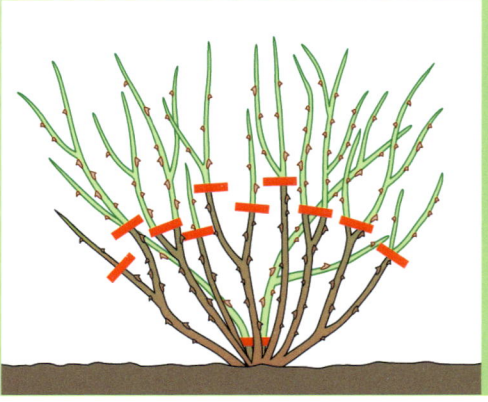

Die öfterblühenden Strauchrosen, die ebenfalls am einjährigen Holz blühen, werden im Frühjahr auf etwa die Hälfte ihrer vorherigen Wuchshöhe zurückgeschnitten. Dabei sollten dünnes Holz sowie alte, vergreiste Triebe direkt über dem Boden entfernt werden. Die Pflanze verjüngt sich so selbstständig.

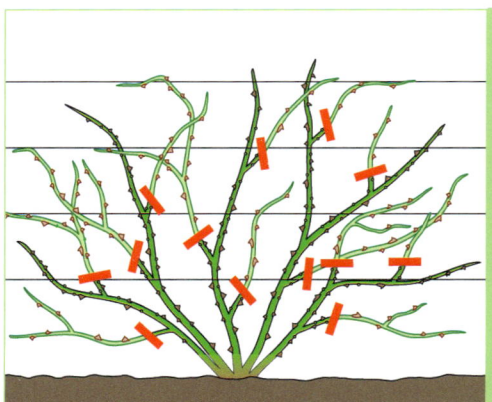

Ein moderater Rückschnitt im Frühjahr sorgt bei öfterblühenden Kletterrosen für einen reichen Blütenflor im folgenden Sommer. Junge kräftige Triebe werden dabei erhalten, vergreistes Holz dagegen wird entfernt. Seitentriebe werden lediglich leicht eingekürzt.

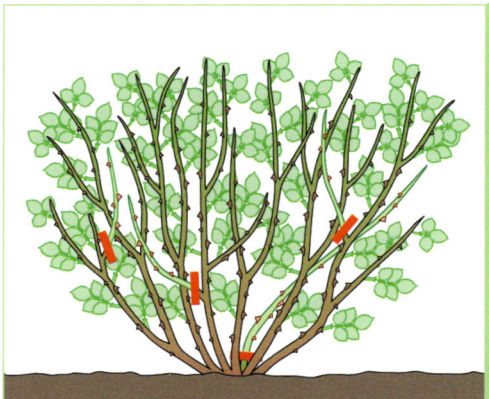

Einmalblühende Strauch- und Kletterrosen werden im Gegensatz zu den öfterblühenden Sorten im Sommer gleich nach der Blüte ausgelichtet, da ein kräftiger Rückschnitt im Frühjahr die Blühleistung im folgenden Sommer stark abschwächen würde. Junge Triebe bleiben erhalten, während man altes Holz reduziert.

Der Schnitt sollte etwa 0,5 cm oberhalb einer Blattknospe ausgeführt werden.

Der richtige Schnitt für jede Rose Im Frühjahr kräftig zurückschneiden

Im Herbst sollte sich das Schneiden der Rosen auf das Ausputzen verblühter Blumen beschränken, denn ein kräftiger Schnitt erhöht nur unnötig die Gefahr von Frostschäden. Der eigentliche Rückschnitt sollte im Frühjahr, je nach Region etwa Ende März/Anfang April erfolgen. Als nützlicher Anhaltspunkt für den richtigen Zeitpunkt kann dabei die auffällige Blüte der Forsythien dienen. Eine etwas zögerliche Hand beim Schnitt der Rosen ist keine Seltenheit, allerdings völlig unnötig. In der freien Natur wird die Rose als Waldrandgehölz in jedem Winter vom Rehwild zurückgebissen, somit verjüngt und zu kräftigen Wachstum angeregt. Im Garten muss der Mensch diese Aufgabe übernehmen, um die Pflanzen vital zu halten und vor dem Vergreisen zu schützen. Ein kräftiger Rückschnitt verringert also nicht etwa die Blühleistung im folgenden Sommer, sondern erhöht sie sogar. Je nach Rosentyp gibt es einige wenige Grundregeln, die beim Schnitt zu beachten sind.

Empfehlenswerte Rosensorten

	Beetrosen	Edelrosen	Kleinstrauchrosen	Strauchrosen	Kletterrosen	Historische Rosen
weiß / creme	Aspirin®-Rose ADR 1995	La Perla® ADR 2009	Diamant® ADR 2002	Escimo® ADR 2006	Hella®	Mme Hardy
	Kosmos® ADR 2006	Schloss Ippenburg® ADR 2008	Schneeflocke® ADR 1991	White Haze® ADR 2005	Uetersener Klosterrose®	Rosa alba 'Suaveolens'
gelb	Loredo® ADR 2001	Orient Express®	Celina® ADR 1999	Graham Thomas®	Golden Gate® ADR 2006	–
	Solero® ADR 2009	Sunny Sky®	Sunny Rose® ADR 2004	Postillion® ADR 1996	Goldstern®	–
orange / apricot	Aprikola® ADR 2001	Augusta Luise®	Amber Sun®	Herzogin Frederike®	Aloha®	–
	Westzeit® ADR 2007	Inspiration® ADR 2005	Sedana®	Westerland® ADR 1974	Barock®	–
rosa	Crescendo® ADR 2005	Beverly®	Heidetraum® ADR 1990	Angela® ADR 1982	Jasmina® (ADR 2007)	Fantin Latour
	Leonardo da Vinci®	Elbflorenz® ADR 2007	Mirato® ADR 1993	Eden Rose®	Kir Royal® (ADR 2002)	Jacques Cartier
rot	Resonanz® ADR 2004	Grande Amore® ADR 2005	Gärtnerfreude® ADR 2001	Roter Korsar® ADR 2005	Amadeus®	–
	Rotilia® ADR 2002	Duftfestival®	Sorrento® ADR 2006	Tascaria® ADR 2004	Belkanto®	–
purpur / violett	Heidi Klum Rose®	Caprice de Meilland®	Lavender Dream®	Falstaff®	Laguna® ADR 2007	Charles de Mills
	Rhapsody in Blue®	Parole®	Purple Rain®	Gräfin von Hardenberg®	Perennial Blue	Rose de Resht

Belkanto®

Elbflorenz®

Gräfin von Hardenberg®

La Perla®

Solero®

Westzeit®

Bäume und Sträucher – eine schöne Kulisse für Ihren Garten

Bäume und Sträucher, auch mit dem Begriff Gehölze zusammengefasst, zählen im Garten zu den pflegeleichtesten Pflanzen. Einmal richtig gepflanzt, können sie Jahrzehnte am selben Platz stehen bleiben und werden von Jahr zu Jahr schöner.

Das Erfolgsrezept
Ein lockerer Boden

Eine gute Bodenvorbereitung vor der Pflanzung ist die halbe Miete. Lockern Sie lehmige Erde durch Umgraben großflächig und tiefgründig. Mischen Sie dabei viel Kompost oder Pflanzerde unter, so dass ein lockeres Gemisch entsteht, in dem die Pflanzenwurzeln sich ungestört ausbreiten können. Besonders auf Sandböden sollten Sie die frisch gepflanzten Gehölze in den ersten Wochen regelmäßig wässern, bis sie ausreichend Feinwurzeln gebildet haben.

Die richtige Pflanzzeit
Frühjahr oder Herbst

Eine gute Pflanzzeit für Bäume und Sträucher ist das Frühjahr, etwa von Ende Februar bis Ende März. Da die Laub abwerfenden Pflanzen noch keine Blätter haben, benötigen sie kaum Wasser und vertrocknen nicht so leicht. Wenn Ihre neu gepflanzten Gartenschätze im Mai immer noch nicht richtig ausgetrieben sind, ist das kein Grund zur Sorge. Ein verspäteter Laubaustrieb ist nach dem Pflanzen wie auch nach starkem Rückschnitt völlig normal. Wenn Sie unsicher sind, ritzen Sie einfach mit dem Daumennagel die Rinde ein wenig an: Hat das darunterliegende Gewebe einen frischgrünen Farbton, ist alles in Ordnung. Mit einem Vorsprung starten die Gehölze in die neue Saison, wenn Sie sie schon im Herbst pflanzen, sobald die Blätter abgefallen sind. Die Wurzeln wachsen dann bis zum Winter ein und die Pflanzen treiben im nächsten Frühjahr früher und kräftiger aus.

Pflanzzeit verpasst, was nun? Last-Minute-Tipps für Spätentschlossene

Entwarnung für alle, die die optimale Pflanzzeit verpasst haben: Mit ein paar Profi-Tricks können Sie selbst wurzelnackte Pflanzen im späten Frühling noch pflanzen. Zunächst

Frühlingsstimmung pur: Ein mit Tulpen unterpflanzter Zier-Apfelbaum in voller Blüte

So pflanzen Sie einen Strauch:

Heben Sie zunächst das Pflanzloch aus. Es sollte im Durchmesser doppelt so groß wie der Wurzelballen sein. Lockern Sie mit dem Spaten auch die Sohle und verbessern Sie den Aushub mit Kompost.

Verfüllen Sie das Pflanzloch und treten Sie die Erde anschließend vorsichtig an. Wässern Sie die Pflanze gründlich. Der Wasserstahl beseitigt gleichzeitig im Boden die verbliebenen Hohlräume.

Topfen Sie den Strauch aus und lockern Sie vorsichtig das Wurzelwerk. Die Pflanze kommt so tief ins Pflanzloch, dass sich die Ballenoberfläche auf Höhe der Bodenoberfläche befindet.

Nach dem Pflanzen sollten Sie die Erde mit einer Schicht Rindenmulch oder Rindenkompost abdecken. Sie verhindert, dass der Wurzelballen bei starker Sonneneinstrahlung austrocknet.

erfolgt der Pflanzschnitt: Indem Sie einen großen Teil der Triebe und Blätter entfernen, reduzieren Sie die Verdunstungsfläche der Pflanze und damit die Austrocknungsgefahr. Auch die Enden der Hauptwurzeln sollten Sie etwas

stutzen und Bruchstellen abschneiden. Anschließend rühren Sie einen zähflüssigen Lehmbrei an und tauchen die Wurzeln mehrmals ein. Der Lehm legt sich wie eine Schutzschicht über deren Oberfläche und verhindert, dass sie bei Wassermangel im Boden sofort austrocknen.

ganze Jahr über pflanzen, sofern der Boden frostfrei ist. Der Topf wird vor dem Pflanzen entfernt und das Ballentuch sollten Sie zumindest aufschneiden, damit es die Pflanze später nicht einschnürt. Ein Rückschnitt ist bei Ballen- und Topf-Gehölzen vor dem Pflanzen nicht nötig.

Tipp

Nicht schwierig – so bleibt der Baum stehen

Platzieren Sie bei wurzelnackten Bäumen auf der Westseite (Hauptwindrichtung) parallel zum Stamm einen Stützpfahl und schlagen Sie diesen bis auf Kronenhöhe ein. Bei Pflanzen mit Wurzelballen wird der Pfahl etwa im 45°-Winkel eingeschlagen. Als Befestigung dient ein Kokosstrick, der in mehreren 8-förmigen Schlaufen um Stamm und Pfahl gelegt und verknotet wird.

Schutz für das Wurzelwerk Erdballen oder Topf

Robuste, Laub abwerfende Bäume und Sträucher werden oft mit nacktem Wurzelwerk angeboten. Größere, immergrüne und etwas empfindlichere Gehölze werden dagegen meistens mit Erdballen oder im Topf verkauft. Vorteil: So bleibt beim Umpflanzen ein höherer Feinwurzelanteil erhalten, der für die Wasseraufnahme wichtig ist, und die Pflanzen verkraften den Umpflanz-Schock besser. Ballenpflanzen wachsen auch etwas später im Frühjahr in der Regel noch gut an. Gehölze mit Topfballen können Sie nahezu das

Ein junger Baum braucht einen stabilen Stützpfahl.

Verschiedene Schnitt-Techniken im Überblick

2 Zwergsträucher wie Sommer-Spierstrauch oder Lavendel haben viele dünne Triebe mit zahlreichen kleinen Knospen. Deshalb kann man sie problemlos im Frühjahr mit der Heckenschere stutzen.

1 Frühlingsblüher wie Forsythie werden regelmäßig im Frühling nach der Blüte von den alten Ästen befreit. Diese Schnittmaßnahme erfolgt alle zwei bis drei Jahre und erhöht den Anteil der blühfreudigen Jungtriebe.

3 Sommerblüher wie Sommerflieder brauchen jährlich im Frühjahr einen kräftigen Rückschnitt. Man lässt von den Trieben aus dem Vorjahr nur kurze Stummel mit einem Knospenpaar stehen.

Gehölze richtig schneiden Die wichtigsten Regeln

Dem Schnitt von Bäumen und Sträuchern liegen wichtige Regeln zugrunde, die leicht zu verstehen sind.
Regel 1: Je stärker man einen Trieb zurückschneidet, um so stärker treibt er wieder aus. Man kann also mit dem Einkürzen von Trieben die Verzweigung eines Strauchs fördern. Lässt man nur ein kurzes Stück mit zwei bis drei Knospen stehen, bilden sich zwei

Tipp

Keine Angst vor dem ersten Schnitt

Auch wenn Sie noch nie einen Strauch geschnitten haben – Sie können nichts kaputt machen! Die meisten Sträucher sind so regenerationsfähig, dass sie selbst nach einem starken Rückschnitt problemlos wieder austreiben.

bis drei lange, neue Triebe. Schneidet man nur die Spitze ab, entstehen mehrere kurze Neutriebe. Am stärksten treibt immer die oberste Knospe aus, die darunterliegenden entsprechend schwächer. Wichtig ist, dass Sie immer dicht oberhalb einer Knospe abschneiden, denn das Zweigstück darüber stirbt ohnehin ab.
Regel 2: Schneidet man einen Ast direkt an der Gabelung ab, entsteht kein neuer Austrieb, sondern die Wuchskraft verteilt sich mehr oder weniger gleichmäßig auf die übrigen Triebe. Wenn ein Strauch zu dicht ist, müssen Sie zum Auslichten seiner Krone demzufolge die überzähligen Triebe ganz herausschneiden.

Welche Sträucher schneidet man, welche nicht? Je nach Wuchstyp

Die meisten Sträucher brauchen Sie nur einzupflanzen und wachsen zu lassen. Besonders die sogenannten wertvolleren Arten, beispielsweise Zaubernuss, Magnolie oder Blumen-Hartriegel, werden ganz ohne Schnitt

von Jahr zu Jahr schöner und blühfreudiger. Ein Schnitt schadet bei ihnen oft sogar mehr, als er nützt: Beim Goldregen beispielsweise verheilen die Wunden schlecht und die Zaubernuss treibt nach einem starken Rückschnitt nur sehr zögerlich wieder aus. Die Triebe anderer Gehölze wie Forsythie, Zier-Johannisbeere, Sommerflieder und Zwerg-Spierstrauch werden blühfaul, sobald sie ein gewisses Alter überschritten haben. Die Pflanzen wachsen zwar auch ohne Schnitt, bleiben aber besser in Form und blühen üppiger, wenn man sie regelmäßig schneidet. Der Schnittzeitpunkt hängt in erster Linie von der Blütezeit ab. Faustregel: Alle Sträucher, die vor dem Johannistag (24. Juni) blühen, schneidet man nach der Blüte. Alle Sträucher, die erst danach blühen, im zeitigen Frühjahr. Grund: Die Frühlingsblüher bilden ihre Blütenknospen bereits im Vorjahr. Würde man sie schon vor der Blüte in Form bringen, wäre auch ein großer Teil der Blütenpracht verloren. Die Sommerblüher hingegen tragen die Blüten an den neuen Zweigen, die erst im Frühjahr ausgetrieben sind.

So blüht Ihre Bauern-Hortensie auch nächstes Jahr ...

Tipp

Im Gegensatz zu Rispen- und Schneeball-Hortensie und zu anderen Sommerblühern wird die beliebte Bauern-Hortensie nicht zurückgeschnitten, da sie die meisten Blütenknospen schon im Vorjahr bildet. Man entfernt im Frühjahr lediglich die alten Blütenstände und die erfrorenen Triebe.

Bei Bauern-Hortensien werden im Frühjahr nur die alten Blütenstände und die erfrorenen Triebe weggeschnitten.

Wie schneidet man Frühlingsblüher? Alle zwei bis drei Jahre die ältesten Äste nach der Blüte entfernen

Anfänger tun sich oft schwer, zu erkennen, ob ein Frühlingsblüher geschnitten werden muss oder nicht. Schauen Sie sich den Strauch nur genau an. Ein regelmäßiger Schnitt ist bei allen Frühlingsblühern sinnvoll, die von Natur aus ein hohes Regenerationsvermögen haben. Das erkennt man daran, dass bei ihnen nicht nur an den äußeren Enden der Zweige neue Triebe entstehen, sondern auch in Bodennähe oder auf halber Höhe der älteren Äste. Diese jungen Triebe wachsen oft kerzengerade in die Höhe und sind kaum verzweigt. Sinn und Zweck des sogenannten Auslichtungsschnitts bei Frühjahrsblühern ist, diesen jungen Trieben genügend Raum zu geben, damit sie sich entwickeln können. Das tut man, indem man einfach die ältesten, blütenarmen und oft stark verzweigten Äste in Bodennähe oder direkt oberhalb eines kräftigen Jungtriebs abschneidet. Etwa alle zwei bis drei Jahre sollten Sie die Sträucher auf diese Weise vom überflüssigen alten Holz befreien.

Wie schneidet man Sommerblüher? In jedem Frühjahr alle Triebe kräftig stutzen

Bis auf die Bauern-Hortensie sollte man alle Sommerblüher schneiden, die ihre Blüten am neuen Austrieb tragen. Im zeitigen Frühjahr werden alle Triebe aus dem Vorjahr auf kurze Stummel mit höchstens zwei Knospen gestutzt. Die Folge ist ein kräftiger Austrieb mit besonders vielen, großen Blütenständen. Da sich durch den Rückschnitt die Blütezeit in den Spätsommer verschiebt, sollten Sie bei frostfreiem Wetter so früh wie möglich schneiden – am besten schon Anfang Februar. Zwergsträucher wie Sommerheide oder Sommer-Spierstrauch können Sie einfach mit der Heckenschere stutzen.

Die Triebe der Forsythie werden schon nach vier bis fünf Jahren blühfaul. Deshalb lichtet man die Sträucher im Frühling nach der Blüte aus.

Besonders Bauern-Hortensien haben im Sommer einen hohen Wasserbedarf.

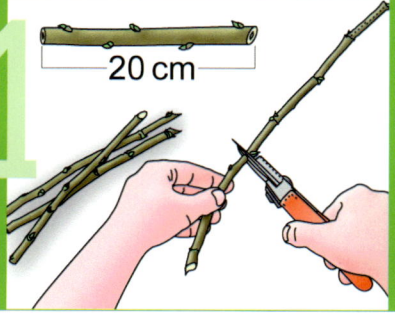

Düngen Sie Bäume und Sträucher nicht zu spät im Jahr, sonst sind die Triebe im Winter zu weich und damit frostgefährdet.

Bäume und Sträucher richtig gießen Frisch gepflanzte Gehölze brauchen Wasser

Bäume und Sträucher haben ein sehr tief reichendes Wurzelwerk und müssen deshalb nur in trockenen Jahren gewässert werden. Das gilt besonders für frisch gepflanzte Gehölze, deren Wurzeln sich im Boden noch nicht richtig ausbreiten konnten. Um sicherzustellen, dass das Gießwasser auch an den Wurzeln ankommt und nicht oberflächig abfließt, hat sich ein sogenannter Gießrand bewährt. Schütten Sie einfach rings um die Pflanze einen kleinen Erdwall auf, der das Wasser zurückhält, so dass es im Wurzelbereich versickern kann.

Wenn Boden oder Standort nicht optimal sind, brauchen auch gut eingewurzelte Sträucher im Sommer zusätzliche Wassergaben. Das gilt besonders für die „trinkfreudige" Bauern-Hortensie und andere Flachwurzler, beispielsweise Magnolie oder Blumen-Hartriegel. Interessant ist zur Bewässerung von Gehölzen eine automatische Tröpfchenbewässerung. Sie besteht aus einer Zuleitung mit meh-

reren kleinen Tropfdüsen, die das Wasser fast ohne Verdunstungsverluste im Wurzelbereich der Pflanzen abgeben. Mit einem Bewässerungscomputer zwischen Wasserhahn und Zuleitung lässt sich die Wassermenge exakt dosieren.

Brauchen Gehölze Dünger? Kompost im Frühjahr und Spezialdünger

Die meisten Gehölze haben keinen besonders hohen Nährstoffbedarf. Deshalb kommt man in der Regel mit einer Kompostgabe im Frühjahr völlig aus.

Nach Schnittmaßnahmen ist es allerdings sinnvoll, die Pflanzen mit zusätzlichem Stickstoff zu versorgen, zum Beispiel in Form von Hornmehl. Bei der Pflanzung kann man eine Handvoll Hornspäne unter die Pflanzerde mischen, um den Nährstoffbedarf während des Anwachsens zu decken.

Einige Nadelgehölze und Immergrüne haben spezielle Ansprüche an die Ernährung. Eine häufige Mangelerschei-

Neue Sträucher aus Steckhölzern

Schneiden Sie kräftige und gesunde einjährige Triebe mit der Gartenschere in etwa bleistiftlange Stücke. Jedes dieser sogenannten Steckhölzer sollte oben und unten mit einem Auge bzw. Augenpaar abschließen.

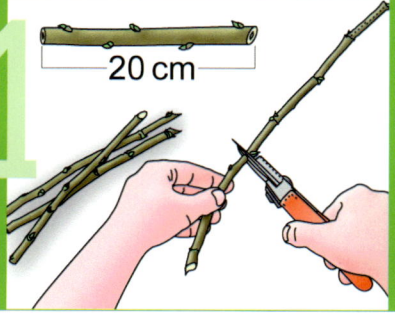

20 cm

1

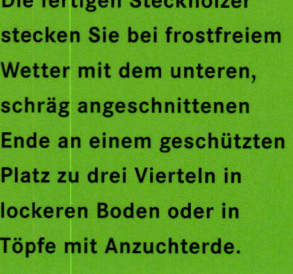

¼

¾

2

Die fertigen Steckhölzer stecken Sie bei frostfreiem Wetter mit dem unteren, schräg angeschnittenen Ende an einem geschützten Platz zu drei Vierteln in lockeren Boden oder in Töpfe mit Anzuchterde.

Wenn Sie die Steckhölzer im Topf heranziehen, achten Sie darauf, dass sie hell, aber nicht zu warm stehen. Decken Sie sie am besten mit einer Lochfolie ab, damit die Anzuchterde nicht so schnell austrocknet.

3

Keine Angst vor dem Frost

Tipp

Erfrorene Triebe an immergrünen Sträuchern müssen nicht sein, denn sie lassen sich leicht vermeiden. Schuld ist die Wintersonne: Sie taut die eingefrorenen Blätter auf und regt die Verdunstung an, ohne dass aus dem gefrorenen Boden Wasser nachgeliefert wird. Die Folge ist ein Trockenschaden. Decken Sie empfindliche immergrüne Pflanzen mit einem Schattiernetz ab oder wählen Sie einen Standort, an dem sie in der Mittagszeit vor direkter Sonneneinstrahlung geschützt sind.

nung bei Fichten beispielsweise sind gelb verfärbte Nadeln an den älteren Trieben. Die Ursache ist ein Magnesiummangel, der mit sogenanntem Bittersalz (Magnesiumsulfat) behoben werden kann. Der Dünger wirkt besonders schnell, wenn Sie fünf Gramm in einem Liter Wasser auflösen und die Lösung mit einem Zerstäuber direkt auf die Nadeln sprühen. Eine Kaliumdüngung macht immergrüne Gehölze wie Kirschlorbeer oder Buchsbaum frosthärter. Verwenden Sie dazu am besten sogenanntes Patentkali, ein Gemisch aus Kalium- und Magnesiumsulfat, das vor allem im Landhandel (Raiffeisenmärkte u. a.) angeboten wird. Man bringt es im September im Wurzelbereich der frostgefährdeten Sträucher aus.

Neue Pflanzen zum Nulltarif Steckhölzer und Stecklinge

Bäume und Sträucher sind im Gartencenter relativ teuer. Grund genug, mit der Vermehrung einmal selbst sein Glück zu versuchen, zumal das bei einigen Pflanzen sehr einfach ist. Blütensträucher wie Forsythie, Weigelie, Deutzie, Duftjasmin und Spierstrauch lassen sich problemlos durch

sogenannte Steckhölzer vermehren. Dabei handelt es sich um bleistiftlange blattlose Stecklinge, die im Winter aus kräftigen einjährigen Trieben geschnitten werden. Man steckt sie einfach zu drei Vierteln an einem halbschattigen Platz in lockere Erde oder in einen Topf mit Anzuchterde. Im Frühjahr bilden sie dann Wurzeln, treiben aus und fertig sind die neuen Pflanzen.
Übrigens: Auch Buchsbaum können Sie aus großen Stecklingen heranziehen. Sie müssen diese allerdings

im Juli schneiden und mit gekürzten Seitenzweigen an einem schattigen Platz in humusreiche, feuchte Gartenerde stecken. Bis zur Bewurzelung kann es zwar einige Monate dauern, aber die Erfolgsquote ist beachtlich.

Der perfekte Indian Summer Sonniger Platz, mäßig düngen

Die leuchtenden Blattfarben verschiedener Sträucher, wie Hartriegel, Schneeball und Ahorn, sind zum Saisonausklang ein echtes Highlight. Mit der richtigen Pflanzung und Pflege können Sie die Intensität beeinflussen. Sorgen Sie bei der Standortwahl dafür, dass die Sträucher einen Platz an der Sonne erhalten und düngen Sie die Pflanzen weder zu spät, noch zu stark. Auch ein schwerer, zu feuchter Boden ist kontraproduktiv, da er den sogenannten Triebabschluss hinauszögern kann – den Zeitpunkt, zu dem die Pflanzen das Wachstum einstellen. Arbeiten Sie in schwere Böden deshalb möglichst viel Sand ein und achten Sie auf einen guten Wasserabfluss.

Bäume und Sträucher sind nicht nur zur Blütezeit schön. Einige tragen auch ein leuchtendes Herbstgewand, zum Beispiel der japanische Zier-Ahorn.

Zwei wichtige Rhododendron-Schädlinge, die Sie kennen sollten

Der Dickmaulrüssler ist ein Käfer, der die Blätter anfrisst. Seine Larven nagen im Boden an den Wurzeln und lassen sich gut auf biologische Weise mit speziellen Nematoden bekämpfen.

Die Rhododendron-Zikade überträgt bei der Eiablage einen Pilz, der die Blütenknospen absterben lässt (Knospenbräune). Bekämpfung mit Insektiziden und durch Ausbrechen der abgestorbenen Knospen.

Nicht nur etwas für Gartenprofis Rhododendron

Der Rhododendron zählt zu den wenigen immergrünen Gehölzen mit auffälligen Blüten, die in Mitteleuropa winterhart sind. Gartenanfänger wagen sich oft nicht an ihn heran, weil er als etwas schwierig gilt. Zu Unrecht: Wenn man ihre speziellen Boden- und Standortansprüche erfüllt, wird man an den langlebigen Gehölzen jahrzehntelang viel Freude haben. Fälschlicherweise werden Rhododendren oft als Moorbeetpflanzen bezeichnet. Dabei wachsen sie gar nicht im Moor, sondern stammen aus den Wäldern Ostasiens, wo sie in einer dicken Schicht aus Laubhumus wurzeln. Außerdem sind Rhododendren im Gegensatz zu typischen Moorpflanzen keine Kostverächter, sondern haben sogar einen recht hohen Nährstoffbedarf.

Erfolg mit Rhododendren
Auf den Standort kommt es an

Rhododendren brauchen zwar einen kalkfreien, sauren Humusboden, aber bei leichten Sandböden kommen sie ohne Zugabe von Torf aus. Graben Sie eine dicke Schicht gut verrotteten Kuhmist unter und arbeiten Sie zusätzlich Rindenkompost ein, da die feinen Wurzeln auf eine sehr gute Bodendurchlüftung angewiesen sind. Dann pflanzen Sie den Rhododendron so flach ein, dass die Ballenoberfläche nicht von Erde bedeckt ist, und tragen zum Schluss eine Schicht

Blühende Rhododendren verzaubern den Garten. Die Hauptblütezeit der immergrünen Sträucher ist der Monat Mai.

Verschiedene Rhododendron-Gruppen im Überblick

3 Bei den *Repens*-Hybriden handelt es sich um kompakt wachsende Zwerg-Rhododendren, die nur 80 cm hoch, aber 1,50 m breit werden. Sie zeigen ihre Blüten oft schon ab April bis in den Mai hinein.

1 Großblumige Rhododendron-Hybriden sind immergrün, werden je nach Sorte 2–5 m hoch und breit. Die Blüten erscheinen je nach Sorte von Anfang Mai bis Ende Juni, meist in Lilablau, Rosarot oder Cremegelb.

Sommergrüne Azaleen werden je nach Sorte 2–3 m hoch und breit und blühen von Mitte Mai bis Mitte Juni. Die Blüten tragen weiße, gelbe, rosa, orange oder rote Farbtöne mit großer Leuchtkraft.

4

2 Die immergrünen *Yakushimanum*-Hybriden sind sonnenverträglicher als die anderen Rhododendron-Gruppen und werden 1–2 m hoch. Sie blühen überwiegend im Mai in Weiß, Gelb, Rosa und Rot.

5 Japanische Azaleen werden kaum höher als 1 m und tragen kleine, dunkelgrüne Blätter, die zum Teil im Winter abfallen. Von Mitte Mai bis Mitte Juni zeigen sich die weißen, roten, rosa- oder lilafarbenen Blüten.

Rindenmulch oder Rindenkompost auf. Für lehmigem Boden sollten Sie kalktolerante, sogenannte Inkarho-Rhododendren kaufen. Lockern Sie den Boden tiefgründig und arbeiten Sie spatentief und großflächig Torf, Rinden- und Laubkompost ein. Eine Bodenabdeckung mit Rindenkompost ist ebenfalls wichtig.

Ein Platz im Halbschatten größerer Bäume ist für Rhododendren ideal, bei ausreichend feuchtem Boden wachsen sie aber auch in der Sonne.

Die wichtigsten Pflegetipps Düngen, schneiden, wässern

Sie sollten Ihre Rhododendren jedes Jahr mit reichlich Hornspänen oder mit speziellem Rhododendrondünger (Gartenfachhandel) versorgen. Ein Rückschnitt der Pflanzen ist in der Regel nicht erforderlich, gelegentlich kann es aber vorkommen, dass einzelne Sträucher mit den Jahren kahl werden. In diesem Fall ist im zeitigen Frühjahr ein starker Rückschnitt zu empfehlen. Die zurückgeschnittenen Rhododendren treiben bei guten Wachstumsbedingungen selbst aus armdicken Ästen wieder aus. Es dauert aber einige Jahre, bis sie wieder ihre alte Größe erreicht haben.

Bleibt im Sommer der Regen aus, sollten Sie die kalkempfindlichen Pflanzen in Regionen mit hartem Leitungswasser ausschließlich mit gespeichertem Regenwasser versorgen.

Eine effektive Pflegemaßnahme bei Rhododendron ist das Ausbrechen der verwelkten Blütenstände. So setzen die Sträucher für die nächste Saison mehr Blütenknospen an.

Blau-Tanne
Abies procera 'Glauca'

Gestaltung: langsam wachsender Nadelbaum mit blauen, unterseits weiß bereiften Nadeln; bildet nach 5–8 Jahren große, dekorative Zapfen (VIII–X); Einzelstellung, besonders für große Gärten. Schön zu silberlaubigen Stauden und Gräsern.
Pflege: tiefgründige, sandig-lehmige Böden. Kein Rückschnitt.

Passt gut zu Rosen

 15-20 6-8

Kugel-Ahorn
Acer platanoides 'Globosum'

Gestaltung: schöner Hausbaum mit kugeliger bis flachkugeliger Krone, bronzefarbenem Austrieb und goldgelber Herbstfärbung; auch für größere Vorgärten, Einzelstand.
Pflege: nährstoffreiche, durchlässige, sandig-lehmige Böden. Robust. Schnitt möglich, aber nicht unbedingt erforderlich.

Verträgt Hitze und Schatten

 4-6(7) 3-5

Sommerflieder
Buddleja-Davidii-Hybriden

Gestaltung: raschwüchsiger Strauch mit Blüte in Weiß, Rosa, Rot, Blau, Violett (VII–IX); einzeln in Rabatten oder Rasenflächen, als Rosenbegleiter.
Standort: durchlässige, auch nährstoffarme Böden. Kalkliebend, verträgt Trockenheit und Hitze. Alte Blütentriebe im Frühjahr auf einige kräftige Knospen zurückschneiden (auf 30–40 cm).

Schmetterlingsmagnet

 2-3 2-3

 0,2-0,8 0,3-0,5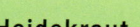

Heidekraut
Calluna vulgaris

Blüte: weiß, rosa, rot, lavendel, violett von VIII–XI. Einige Sorten sind Knospenblüher (blühen nicht auf und verblühen nicht; Schmuck oft bis XII).
Gestaltung: für Heide- und Steingärten, Gräber, Töpfe; als Bodendecker.
Pflege: nährstoffarme, saure, sandige oder torfige, durchlässige Böden. Wenig düngen. Im März/April auf ½ des letztjährigen Jahrestriebes zurückschneiden.

Beliebter Herbstblüher, Winterschmuck

 0,8-2,5 1-1,5

Zwerg-Muschelzypresse
Chamaecyparis obtusa 'Nana Gracilis'

Gestaltung: Gartenklassiker mit auffälligem Wuchs. Einzeln oder in Gruppen für große und kleine Gärten. Schön in Innenhöfen, Heide- und Steingärten sowie zur Grabbepflanzung. Wegen des zierenden und kompakten Wuches prima für Kübel und Tröge geeignet.
Pflege: humose, durchlässige, nährstoffreiche Böden. Kein Schnitt.

Auffallende, muschelförmige Triebe

 4-6 3-4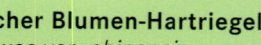

Chinesischer Blumen-Hartriegel
Cornus kousa var. *chinensis*

Blüte: weiße Köpfchen; weiße, oft zartrosa überlaufene Hochblätter ab VI (ab 5. Jahr). Scharlachrote Herbstfärbung.
Gestaltung: langsam wachsend, guter Rhododendron-Begleiter, Einzelstand.
Pflege: humusreicher, feuchter Boden. Mulchschicht als Wurzelschutz: Kein Schnitt, höchstens vorsichtiger Auslichtungsschnitt, da früh- und spätfrostempfindlich.

Himbeerähnliche, essbare Früchte

 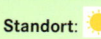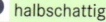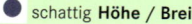

Fächer-Felsenmispel
Cotoneaster horizontalis

Blüte: rosaweiß, V–VI; scharlachrote Beeren (IX).
Gestaltung: häufig verwendeter, wichtiger Bodendecker. Für Bepflanzung von Hängen. Schön in Stein-und Heidegärten. Auch für große Töpfe.
Pflege: durchlässige, sandig-lehmige Böden; hitze- und trockenheitsverträglich. Kein Rückschnitt.

Orangefarbene bis rote Herbstfärbung

 1,0-1,5 / 2-3

Deutzie
Deutzia x hybrida 'Mont Rose'

Blüte: reicher malvenrosa Schmuck (VI)
Gestaltung: Gruppenpflanze mit überhängenden Trieben, für niedrige Blütenhecken, Staudenrabatten oder Gehölzpflanzungen, idealer Rosenbegleiter.
Pflege: nährstoffreiche, durchlässige, sandig-lehmige, gleichmäßig feuchte Böden. Kräftiger Rückschnitt nach der Blüte fördert buschigen Wuchs.

Beliebter Blütenstrauch

 1,5-2

Forsythie
Forsythia x intermedia

Blüte: goldgelb im Frühling (III/IV).
Gestaltung: für Vorgärten, Staudenrabatten oder auch als freiwachsende Hecke.
Pflege: sandig-lehmige, durchlässige, nährstoffreiche Böden. Rückschnitt und Entfernen der ältesten Zweige nach der Blüte.
Sorte: 'Melisa' für kleine Ecken, Kübel.

Goldgelber Frühlingsblüher

 1,5-3 / 1,2-2

 2-4 / 2-4

Großblütige Zaubernuss
Hamamelis x intermedia

Blüte: je nach Sorte gelb, orange, rot (II–IV).
Gestaltung: passt vor dunkle Koniferen und Immergrüne, in Staudenrabatten. Wächst langsam.
Pflege: nährstoffreiche, durchlässige, sandig-humose Böden. Empfindlich gegenüber verdichtetem Erdreich. Meist frosthart. Nicht schneiden oder umpflanzen.

Orangerote bis gelbe Herbstfarbe

 1,5-2 / 1-1,5

Strauch-Eibisch
Hibiscus syriacus

Blüte: je nach Sorte in Weiß, Rosa, Rot, Hellblau bis Lilablau, VI–IX.
Gestaltung: auf Rasen, im Vorgarten, in Staudenrabatten, Gehölzpflanzungen und freiwachsenden Blütenhecken.
Pflege: nährstoffreiche, sandig-lehmige Böden mit gutem Wasserabzug. Windgeschützt. Kalkverträglich. Kann zurückfrieren, treibt aber nach kräftigen Rückschnitt wieder aus.

Für mediterrane Gärten

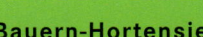 0,6-1,5 / 1-2

Bauern-Hortensie
Hydrangea-Macrophylla-Sorten

Blüte: blau, rot, rosa, weiß, VII–IX
Gestaltung: schön in Rabatten, auch für Blütenhecken, Kübel und Tröge.
Pflege: nährstoffreiche, durchlässige, humose Böden. Rhododendron-Erde und -Dünger verwenden. Kalkmeidend, v.a. blaue Sorten verlangen für Farbe gleichmäßig sauren Boden. Windgeschützt, luftfeuchte Lage. Nur alte Blütenstände und Erfrorenes zurücknehmen.

Unschlagbare Sommerblüte

Schmuck: 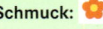 Blüte Frucht Blatt Rinde Wuchs 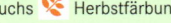 Herbstfärbung

Irischer Säulen-Wacholder
Juniperus communis 'Hibernica'

Gestaltung: langsam wachsend; grau- bis blaugrüne, nadelartige Blätter und schwarzblaue Beerenzapfen. Einzeln oder in Gruppen in Beeten und Gehölzpflanzungen.
Pflege: durchlässige, nicht zu feuchte Böden, auch nährstoffarme Standorte, kalkliebend. Leichter Sommerschnitt möglich, aber nicht erforderlich.

Nadelgehölz für Heide- und Steingärten

Kolkwitzie
Kolkwitzia amabilis

Blüte: duftend, rosa (V–VI).
Gestaltung: überhängender Wuchs, für Staudenbeete, Gehölzpflanzungen, Vorgärten, in freiwachsenden Blütenhecken. Bronzefarbene Herbstfärbung.
Pflege: sandig-lehmige, durchlässige, nährstoffreiche Böden, bei Sommer-Trockenheit gießen! Nach der Blüte zweijährige Triebe entfernen.

Gute Bienenweide

Zier-Apfel
Malus-Sorten und -Arten

Blüte: weiße, rosa, rote, gefüllte oder ungefüllte Blüten in V–VI; kleine Äpfel ab VIII.
Gestaltung: Sträucher oder kleine Bäume. Einzeln, in Gruppen oder als freiwachsende Hecke. Bienenweide und Vogelnährgehölz.
Pflege: schwach humose, tiefgründige, lehmige Böden. Stadtklimaverträglich.

Sortenabhängige Herbstfärbung

Zuckerhut-Fichte
Picea glauca 'Conica'

Gestaltung: langsam wachsender, kleiner Baum mit zuckerhutähnlicher Form. Für Staudenbeete, Gehölzpflanzungen, Innenhöfe, Heidegärten, Kübel und große Töpfe. Einzeln oder in kleinen Gruppen.
Pflege: mäßig nährstoffreiche, durchlässige Gartenböden. Hohe Luftfeuchtigkeit, eher kühler Platz. Keine Schnittmaßnahmen.

Sorten mit unterschiedlichem Wuchs

Berg-Kiefer
Pinus mugo

Blüte: Gelbe männliche und rosarote weibliche Blüten (IV–V). Gelb- bis dunkelbraune Zapfen ab IX.
Gestaltung: robust, langsam wachsend, für Beete, Gehölzpflanzungen, Hecken, Stein- und Heidegärten.
Pflege: sandig-kiesige, durchlässige Böden. Trockenheitsresistent, windfest.
Sorte: 'Mops' wird 2 m hoch und breit

Einheimisches Formschnittgehölz

Nelken-Kirsche
Prunus serrulata 'Kanzan'

Blüte: dunkelpurpurrosa, später silberrosa, dicht gefüllte Büschel (V).
Gestaltung: wunderschöner Blütenbaum oder Großstrauch für einen Einzelstand im Garten. Rotbraune, im Alter graubraune Rinde.
Pflege: nährstoffreiche, tiefgründige, durchlässige, sandig-lehmige Böden. Auslichtungsschnitt möglich.

Herbstfärbung in Gelborange

 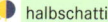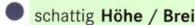

Robinie, Scheinakazie
Robinia pseudoacacia
'Umbraculifera'

Gestaltung: kugelförmiger, dicht verzweigter Baum; nicht blühende, dornenlose Sorte. Schön im Vorgarten, auf Rasenflächen oder als Straßenbaum.
Pflege: durchlässige, sandig-lehmige Böden. Warmer Platz, hitzeverträglich. Schnittmaßnahmen selten nötig, höchstens zur Wuchsbegrenzung.

Kugelförmiger Hausbaum

Noch mehr pflegeleichte Gehölze

Name	Schmuck	Standort	Wuchs	Tipps
Edel-Goldregen *Laburnum x wateri* 'Vossii'	gelbe, große, duftende Blüten in langen Trauben	sonnig, halbschattig; tiefgründige Böden	5–8 m hoch; 4–7 m breit	giftig; verträgt keinen Schnitt
Stern-Magnolie *Magnolia stellata*	reinweiße, rosa überhauchte Blüten, III	sonnig bis halbschattig; humoser, durchlässiger Boden	2–4 m hoch und breit	–
Japanische Lavendelheide *Pieris japonica*	weiße Blüten, Blätter, teilweise im Austrieb rot	halbschattig bis schattig; durchlässige, humose Böden	2–3 m hoch und breit	giftig; kein Schnitt nötig
Fünffingerstrauch *Potentilla fruticosa* 'Goldfinger'	leuchtend gelbe Blüten, VI–X	sonnig, halbschattig; anpassungsfähig	1–1,5 m hoch und breit	schöner Rosenbegleiter
Blut-Johannisbeere *Ribes sanguineum* 'King Edward VII'	rote Blüten in bis zu 8 cm langen Trauben, IV–V	sonnig; anpassungsfähig	1,5–2 m hoch und breit	beste Sorte der Art
Weigelie *Weigela*-Arten und -Sorten	weiß, weißrosa, rosa, rote Blüten; V–VII	sonnig, halbschattig; im Schatten wenig Blüten	etwa 3 m hoch und breit	Blütenhecke; einzeln oder in Gruppen

Japanischer Spierstrauch
Spiraea-japonica-Sorten

Blüte: weiß, rosa, weißrosa (VI–VII).
Gestaltung: langsam wachsend; schön als niedrige Blütenhecke, in lockeren Tuffs auf Rabatten, in Kombination mit Stauden, Gräsern, Gehölzen oder Rosen. Bodendecker. Bienenweide. Viele Sorten, auch für den Kübel.
Pflege: durchlässige, nährstoffreiche Böden. Rückschnitt im Frühjahr.

Unkomplizierte Blütensträucher

Gewöhnlicher Flieder
Syringa-Vulgaris-Hybriden

Blüte: lilarosa, rosa, weiß, blauviolett, hellgelb, einfach bis gefüllt, Ende IV–V.
Gestaltung: einzeln oder in Gruppen für Gehölz- und Staudenrabatten, auch in freiwachsenden Blütenhecken.
Pflege: nährstoffreiche, durchlässige, humose Böden. Kalk- und wärmeliebend, hitze-, windverträglich. Ausläufer entfernen. Schnitt nach der Blüte.

Duftender Klassiker

Wintergrüner Duft-Schneeball
Viburnum x burkwoodii

Blüte: stark süßlich duftende Blüten in Rosaweiß bis Rosa von III–V.
Gestaltung: glänzend dunkelgrüne Blätter, halbimmergrün. Für Staudenbeete, Gehölzrabatten, Kübel.
Standort: nährstoffreiche, durchlässige Böden. In ungünstigen Lagen Winterschutz für Jungpflanzen. Kein Schnitt.
Sorte: 'Anne Russell' blüht weiß, Duft.

Duftendes Blütenschmuckgehölz

Schmuck: Blüte   Frucht Blatt Rinde   Wuchs 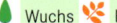 Herbstfärbung

Hecken – gut geschützt vor neugierigen Blicken

Wenn man eine Hecken-pflanze ungestört wachsen lässt, wird daraus ein normaler Baum oder Strauch. Die Pflanzen unterscheiden sich in der Pflege kaum von anderen Gehölzen. Die einzige Besonderheit ist der jährliche Formschnitt – erst er lässt eine grüne Wand entstehen.

Heben Sie zur gelungenen Pflanzung einer Hecke am besten einen durchgehenden Pflanzengraben aus.

Für den Schnitt von Buchs-kugeln eignen sich am besten spezielle Buchsscheren mit kurzer Schneide.

Der Pflanzschnitt ist bei sommer- und immergrünen Heckenpflanzen gleichermaßen wichtig. Stutzen Sie die Spitzen und die langen, unver-zweigten Seitentriebe kräftig, damit die Pflanzen buschig werden.

Wie pflanzt man eine Hecke In Reih' und Glied mit 25 cm Abstand

Beim Pflanzen einer Hecke gelten dieselben Regeln wie bei Bäumen oder Sträuchern: Der Boden muss locker sein und die Gehölze dürfen nicht zu tief stehen. Eine gerade Reihe bekommt man mit einer Pflanzleine leicht hin: Heben Sie entlang der gespannten Schnur den Pflanzgraben aus und legen Sie die Pflanzen aus. Der Abstand richtet sich nach der Wuchsstärke. Langsam wachsende Buchsbäume setzt man enger, Rot-Buchen brauchen mehr Platz. 25 cm sind ein guter Mittelwert. Am besten

schneiden Sie ein entsprechend langes Stöckchen und richten die Pflanzen da-mit entlang des Grabens aus. Anschlie-ßend setzen Sie sie nacheinander ein, verfüllen den Graben, treten die Erde leicht an und wässern gründlich. Zum Schluss stutzen Sie alle langen, unver-zweigten Triebe um etwa die Hälfte, um ihre Verzweigung zu fördern.

Der richtige Schnitt Im Sommer oder Spätwinter als Trapez

Mindestens einmal pro Jahr sollten Sie die grüne Wand schneiden. Die Zeit um den Johannistag (24. Juni) ist der

Die besten Heckengehölze

Die Hainbuche ist eine rasch wachsende, sommergrüne Heckenpflanze. Sie ist schnittverträglich und anpassungsfähig an unterschiedliche Bodenverhältnisse. Man schneidet sie ein- bis zweimal pro Jahr.

Für mediterranes Flair sorgt eine Kirschlorbeer-Hecke. Die etwas frostempfindlichen Sträucher gibt es mit unterschiedlichen Wuchshöhen. Für Hecken auf Augenhöhe eignen sich nur wenige, z.B. Herbergii'.

Die Eibe ist das einzige Nadelgehölz, das auch einen starken Rückschnitt verträgt. Die immergrüne giftige Pflanze wächst sehr langsam und kommt deshalb mit einem Schnitt pro Jahr aus.

Der Lebensbaum zählt zu den dichtesten Heckenpflanzen und ist extrem frosthart. Man muss ihn regelmäßig schneiden, da er wie fast alle Nadelgehölze nach starkem Verjüngungsschitt nicht wieder austreibt.

---

klassische Schnitttermin, ein Schnitt im Spätwinter bekommt den meisten Heckenarten aber ebenfalls gut. Nadelgehölze und kleinblättrige Laubgehölze können Sie mit einer elektrischen Heckenschere stutzen. Bei großblättrigen Arten ist die Handheckenschere die bessere Wahl.

Mit der elektrischen Heckenschere bringt man robuste Heckenpflanzen schnell und einfach in Form.

Beginnen Sie mit den Seitenflächen und schneiden Sie zum Schluss die Heckenkrone zurück. Mit zur Hecke gewandter Schulter halten Sie das Messer der elektrischen Heckenschere parallel zur Hecke und bewegen sie aus der Schulter auf und ab. Beim Schnitt der Heckenkrone sollte die Schwenkbewegung aus dem Kreuz kommen – die Arme halten das Gerät nur in gleich bleibender Position. Achten Sie auf das richtige Schnittprofil: Ideal ist ein Trapezprofil, das nach unten breiter wird. So bekommen auch die unteren Äste genug Licht.

Formgehölze schneiden
Mit Schablone

Um Buchskugeln in Form zu halten, kann man halbkreisförmige Schablonen aus Pappe zu Hilfe nehmen. Man führt sie um die Pflanze herum und schneidet alle überstehenden Triebe am Schablonenrand ab. Buchspyramiden lassen sich mit einer

Tipp
Hecke aus der Form geraten? Kein Problem!

Wenn Sie Ihre Hecke mehrere Jahre nicht geschnitten haben, kriegen Sie das bei Laubgehölzen mit einem starken Rückschnitt im Spätwinter wieder hin, denn diese treiben auch aus älteren Ästen wieder aus. Bei Nadelgehölzen ist das – mit Ausnahme der Eibe – nicht möglich!

Konstruktion aus vier Bambusstäben in Form bringen. Die Stäbe werden mit gleichem Abstand zueinander in die Erde gesteckt und oben in der Mitte über der Pflanze zusammengebunden. Dann müssen Sie nur noch alles abschneiden, was über die vier Seitenflächen hinausragt.

Kletterpflanzen – farbenfrohe Himmelsstürmer

Mit Duftwicken lassen sich niedrige Zäune schnell und einfach begrünen.

Das Besondere an Kletterpflanzen ist, dass sie nicht auf „eigenen Beinen" stehen, sondern immer etwas brauchen, um sich festzuhalten. In der freien Natur sind das Felswände oder andere Pflanzen, im Garten Hauswände oder Klettergerüste.

Schnelles Grün für eine Saison Einjährige Kletterer

Für frisch angelegte Gärten sind einjährige Kletterpflanzen ideal. Sie brauchen nur wenige Wochen, um Sichtschutzwände oder Zäune in ein blühendes Gewand zu hüllen. Robuste Arten wie Feuer-Bohne, Duftwicke oder Prunkwinde sät man einfach ab Mai nach Anleitung auf der Samentüte entlang der Kletterhilfe aus. Alles, was die schnellwüchsigen Pflanzen dann noch brauchen, sind Wasser und

Dünger. An glatten Sichtschutzwänden brauchen sie außerdem ein paar horizontal oder vertikal gespannte Drähte zum Festhalten.
Etwas schwachwüchsigere Arten wie die Schwarzäugige Susanne sollten im März auf der Fensterbank vorgezogen werden, damit sie rechtzeitig zur Blüte kommen. Sie können die Jungpflanzen aber auch ab Mai kaufen. Sie werden einfach ins Beet gepflanzt oder in einem größeren Topf auf der Terrasse weiterkultiviert. Nach den ersten

Für jede Pflanze die passende Kletterhilfe

1 Blauregen und Geißblatt umschlingen mit ihren Trieben die Kletterhilfe. Für den starkwüchsigen Blauregen ist eine stabile Vorrichtung wichtig, das Geißblatt kommt mit einfachen Holzstreben aus.

2 Clematis halten sich mit langen, rankenartigen Blattstielen an ihrer Kletterhilfe fest. Sie brauchen dünne Gitter mit waagerechten und senkrechten Streben, z. B. Baustahlmatten.

3 Spreizklimmer wie Kletterrosen verhaken ihre stacheligen Triebe an der Kletterhilfe. Den besten Halt finden sie an waagerecht gespannten Stahlseilen oder Holzstreben.

4 Selbstklimmer brauchen keine Kletterhilfe. Efeu (Bei Mauern mit feuchten Putzrissen können Bauschäden entstehen!) bildet Haftwurzeln, Wilder Wein verankert sich mit Haftscheiben im Mauerwerk.

Clematis richtig schneiden

Bei zweimal blühenden Clematis-Sorten ist ein ausgewogener Schnitt im Frühjahr am besten: Kürzen Sie etwa jeden zweiten Trieb um die Hälfte und entfernen Sie einige Seitentriebe ganz.

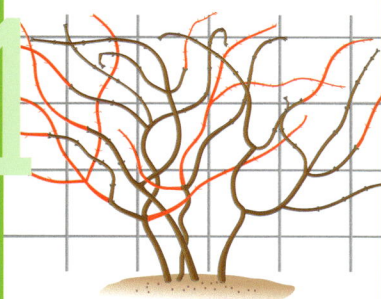

Sommerblühende Sorten schneiden Sie im Spät-winter (nicht zu spät) einfach bis auf 30 cm über dem Boden zurück. Die Folge ist ein kräftiger neuer Austrieb mit großen Blüten.

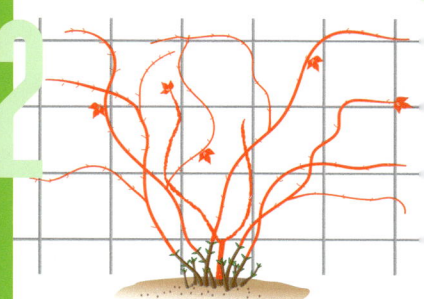

Nachtfrösten im Herbst sollte man abgestorbene Triebe von der Rankhilfe entfernen und kompostieren.

Blütenpracht für viele Jahre Mehrjährige Kletterpflanzen

Mehrjährige Kletterpflanzen bilden verholzte Triebe, die mit den Jahren immer dicker werden. Sie wachsen zwar nicht so schnell wie die einjäh-rigen Kletterer, aber dafür muss man sie auch nicht jedes Jahr durch neue Pflanzen ersetzen. Pflanzen wie der immergrüne Efeu oder der sommer-grüne Wilde Wein machen die Fassa-denbegrünung besonders einfach – sie erklimmen ohne Kletterhilfe jede Hauswand. Geißblatt oder Clematis hingegen bilden schlingende Triebe oder spezielle Ranken, mit denen sie sich an der Kletterhilfe verankern.

Clematis richtig pflanzen Humusreicher Boden und schattiger Fuß

Es gibt keine andere Kletterpflanze, die in so vielen Blütenfarben und -formen erhältlich ist. Während alle anderen Kletterpflanzen bei der Pflan-zung völlig unproblematisch sind, müssen Sie bei Clematis ein paar

Regeln beachten: Sorgen Sie für einen humusreichen, lockeren Boden (Kom-post einarbeiten) und setzen Sie die Pflanze so tief, dass sich die Ober-fläche des Topfballens etwa 10 cm unter Bodenniveau befindet. Die Clematis wächst am besten in halb-schattiger Lage. Sie braucht außer-dem eine Bodenabdeckung aus Rin-denkompost und einen beschatteten Fuß. Sie können den Wurzelbereich mit kniehohen Stauden bepflanzen oder einfach mit Steinen oder Holz-brettern schattieren.

Nur keine Hemmungen Kräftiger Rückschnitt

Wenn Ihr Geißblatt oder Blauregen ein undurchdringliches Dickicht gebildet

Der Wilde Wein trägt eine glutrote Herbstfärbung. Der Efeu ist auch im Winter grün.

hat, dann zögern Sie nicht, zur Schere zu greifen. Alle Kletterpflanzen ver-tragen kräftige Rückschnitte und treiben problemlos wieder aus. Der beste Zeitpunkt ist das Frühjahr: Lassen Sie nur die Hauptäste mit kurzen Verzweigungen stehen und flechten Sie diese bei Bedarf so durch die Rankhilfe, dass die Triebe sich nicht gleich wieder in die Quere kommen.
Ein regelmäßiger Schnitt zur Förde-rung der Blütenbildung ist bei einigen Clematis-Sorten sinnvoll. Je nach Wuchs- und Blühverhalten gibt es zwei wichtige Schnitt-Techniken (siehe Kasten oben).

Efeu im Baum? Keine Panik!

Wenn man Efeu als Bodendecker unter Bäume gepflanzt hat, klettert er gerne die Stämme hoch. Das ist bei großen, gesunden Gehölzen kein Problem: Der Efeu nutzt die Bäume ledig-lich als Kletterhilfe. Auch das Licht macht er ihnen nicht streitig, da er als Schattenpflanze gut im Kroneninneren leben kann.

Großblütige Klettertrompete
Campsis x *tagliabuana*
'Mme. Galen'

Gestaltung: selbst klimmendes Gehölz für Pergolen und Spaliere.
Pflege: durchlässige, sandig-lehmige, kalkhaltige Gartenböden. Warm und geschützt stellen. Hitze- und trockenresistent. Im März Langtriebe des Vorjahres auf 10 cm zurücknehmen.
Sorte: 'Flava' mit orangegelben Blüten.

Klettergehölz mit schöner Fernwirkung

Clematis, Waldrebe
Clematis-Hybriden

Gestaltung: für Pergolen, Spaliere und Zäune, auch im Kübel, Kletterhilfe nötig. Auch mehrfarbige, gestreifte und gefüllte Sorten.
Pflege: sandig-humose, nahrhafte Böden. Keine Trockenheit! Geschützt pflanzen mit schattigem Wurzelfuß. Je nach Sorte im Februar leicht bis stark zurückschneiden.

Wurzelbereich begrünen

Gewöhnlicher Efeu
Hedera helix (Foto 'Goldheart')

Gestaltung: einheimische selbstklimmende, immergrüne Pflanze (giftig) zur Begrünung von Wänden, Baumstümpfen, als Bodendecker, Vogelschutzgehölz (Blüten und Früchte nach 8–10 Jahren).
Pflege: anpassungsfähig, stadtklimafest, sehr schnittverträglich. Nicht für Begrünung von rissigen Mauern!

Weißgrüne, gelbgrüne, grüne Sorten

Kletter-Hortensie
Hydrangea petiolaris

Gestaltung: zur Bepflanzung von Pergolen, Spalieren und Fassaden. Wächst auch in Bäumen, kann auch in Kübeln gepflegt werden. Lockt Bienen und andere Insekten an.
Pflege: durchlässige, humose Gartenböden; bei Trockenheit wässern. Wächst als Bodendecker oder klettert mit Haftwurzeln.

Süßlich duftendes Klettergehölz

Feuer-Geißblatt
Lonicera x *heckrottii*

Gestaltung: rasch wachsende Kletterpflanze für Spaliere, Pergolen und Gitter. Schön am Gehölzrand. Vogelnährgehölz.
Pflege: liebt durchlässige, humose Gartenböden, ist aber anpassungsfähig. Große, aus der Form geratene Pflanzen kann man im zeitigen Frühjahr zurückschneiden.

Verströmt v.a. abends süßlichen Duft

Wilder Wein
Parthenocissus tricuspidata
'Veitchii'

Gestaltung: schnell wachsende Kletterpflanze mit Haftscheiben für Pergolen, Spaliere, zur Fassadenbegrünung.
Pflege: liebt durchlässige, tiefgründige Gartenböden, ist aber anpassungsfähig. Im Frühling ist ein starker Rückschnitt möglich. Bei Bedarf Wildtriebe entfernen.

Schöne Herbstfärbung

 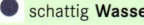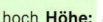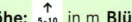

Glockenrebe
Cobaea scandens

Gestaltung: bietet schnellen Sichtschutz, für Spaliere, Zäune, Gitter und Pergolen, auch in Töpfen.
Pflege: durchlässige, sandig-humose Böden. Hoher Nährstoffbedarf. Mehrjährig, aber kälteempfindlich, wird daher bei uns nur einjährig gezogen. Ab Februar/März im Haus aussäen. Helle Überwinterung bei 10 °C möglich.

Wunderschöne, weithin sichtbare Blüten

Prunkwinde
Ipomoea tricolor

Gestaltung: schneller Sichtschutz, Begrünung von Pergolen, Spalieren und Zäunen, auch in Töpfen.
Pflege: durchlässige, sandig-humose Böden. Möglichst wind- und regengeschützt stellen. Hoher Nährstoffbedarf. Mehrjährig, aber kälteempfindlich, wird daher bei uns einjährig gezogen. Aussaat ab April im Haus.

Kletterpflanze mit großer Blühkraft

Duftwicke
Lathyrus odoratus

Gestaltung: für die schnelle Begrünung von Spalieren, Zäunen, Gittern und Pergolen.
Pflege: durchlässige, sandig-humose Böden. Hoher Nährstoffbedarf. Bevorzugt windgeschützte Plätze. Aussaat ab Februar im Haus oder direkt ins Beet ab April. Im Frühjahr lange Triebe kürzen für buschigeren Wuchs.

Bunte Duftpflanze

Rosenmantel
Rhodochiton atrosanguineum

Gestaltung: zur Begrünung von Gittern und Spalieren, zur Ergänzung von Blumenbeeten, auch in Töpfen.
Pflege: sandig-humose Böden. Geschützter Platz. Hoher Nährstoffbedarf. Frühzeitiges Entspitzen langer Triebe führt zum gewünschten buschigen Wuchs. Helle Überwinterung bei 8 °C ist möglich. Aussaat ab März im Haus.

Besonders hübsche Blüten

Schwarzäugige Susanne
Thunbergia alata

Gestaltung: für Gitter, Zäune, Spaliere und kleine Wandflächen. Auch gerne in Blumenbeeten oder Kübeln.
Pflege: durchlässige, humose Böden. Warm und windgeschützt stellen. Nässe vermeiden. Hoher Nährstoffbedarf. Frühzeitig Kletterhilfe geben. Aussaat ab März/April im Haus, erst nach den letzten Frösten im Mai ins Freie pflanzen

Alte beliebte Bauerngartenpflanze

Kapuzinerkresse
Tropaeolum majus

Gestaltung: beliebte Bauerngartenpflanze für Spaliere, Zäune und Gitter. Auch zur Ergänzung in gemischten Blumenbeeten und in Kübeln oder als Ampelpflanze.
Pflege: fruchtbare, durchlässige Gartenböden. Hoher Nährstoffbedarf. Aussaat ab Mai nach den letzten Frösten direkt ins Freie.

Sorten mit panaschierten Blättern

Blütenfarben:

Farne – filigraner Schmuck fürs Schattenbeet

Farne sorgen in halbschattigen und schattigen Gartenbereichen für waldartigen Charme. Die urtümlichen Gewächse sind wesentlich älter als die Blütenpflanzen und waren vor 300 Millionen Jahren die dominierende Pflanzengruppe.

Farne im Garten ansiedeln Leben wie im Wald

Optimal für Farne sind halbschattige bis schattige, luftfeuchte und windgeschützte Standorte unter Gehölzen. Der Boden muss möglichst humusreich sein und darf nicht leicht austrocknen. Gerade in frisch angelegten Gärten sind die Böden oft humusarm und die Standorte zu windig und zu sonnig. Sie haben dann zwei Möglichkeiten, um Farne erfolgreich anzusiedeln – entweder ein paar Jahre warten, bis die Gehölze gut eingewachsen sind und ausreichend Schatten spenden, oder versuchen, die Lebensbedingungen im Wald so gut wie möglich zu simulieren: Für den nötigen Schatten kann eine nach Norden ausgerichtete Hauswand sorgen, den Boden müssen Sie vor der Pflanzung gründlich vorbereiten. Arbeiten Sie ein Gemisch aus reifem Kompost und kompostierter Rinde ein, oder zur Not Torf oder Pflanzerde. Zum Schluss decken Sie den Boden dann mit einer Schicht Rindenkompost ab, damit er nicht so leicht austrocknet. Versuchen Sie es für den Anfang mit robusten Arten wie dem Gewöhnlichen Wurmfarn. Er wächst bei ausreichend feuchtem Boden sogar in der Sonne.

Im Austrieb erinnern die oben noch eingerollten Farnwedel an Bischofsstäbe.

Farne sind äußerst pflegeleicht Einpflanzen und (fast) vergessen

Wenn Farne erst einmal eingewachsen sind, zählen sie zu den pflegeleichtesten Pflanzen überhaupt. Sie kommen mit wenig Nährstoffen aus und brauchen lediglich in trockenen Sommern zusätzliche Wassergaben. Aus ästhetischen Gründen können Sie die abgestorbenen Wedel im Frühjahr zwar abschneiden, Sie sollten sie jedoch als Mulchmaterial liegen lassen. Sie vermodern mit der Zeit und reichern den Boden mit Humus an.

Achtung: Der Straußfarn kann sich auf feuchten Humusböden durch Ausläufer stark ausbreiten.

Tipp

Winterschutz bei Farnen: so geht's

Die Wintersonne lässt Farne rasch braun werden. Das ist zwar nicht schlimm, muss aber nicht sein. Wenn Sie die Wedel rechtzeitig mit Fichtenreisig oder einem Kunststoffnetz schattieren, bleiben sie bis zum Frühjahr grün.

Hufeisenfarn
Adiantum pedatum

Gestaltung: hellgrüne, gefiederte Wedel und dünne, schwarze Stiele. Unter Gehölzen, an Gehölzrändern, an nordseitigen Natursteinmauern, im Schatten von Gebäuden, in Töpfen. Gruppen- oder Einzelpflanzung.
Pflege: humoses, lockeres Erdreich. Luft- und bodenfeuchter, windgeschützter Platz. Nicht zu tief pflanzen.

Goldgelbe Herbstfärbung

 30-50

Japanischer Regenbogenfarn
Athyrium niponicum 'Metallicum'

Gestaltung: zierlicher Farn mit stahlblauen bis grauen, metallisch schimmernden Wedeln und purpurroten Stielen. Unter Gehölzen, am Gehölzrand, im Schatten von Gebäuden, in Töpfen. Gruppen- oder Einzelpflanzung. Schön zu Rhododendron und *Hosta*.
Pflege: humoses, durchlässiges Erdreich. Winterschutz empfohlen.

Zeigt den ganzen Sommer über Farbe

 40-60

Heimischer Frauenfarn
Athyrium filix-femina

Gestaltung: breit buschig bis überhängend wachsender Farn mit hellgrünen gefiederten Wedeln. Schön am Gehölzrand, als Unterpflanzung von Baum- und Strauchgruppen, in der Nachbarschaft von Rhododendren.
Pflege: durchlässige, humose, frische bis feuchte (bis dauerfeuchte) Böden. Vor Austrocknung schützen.

Schön im windgeschützten Schatten

  50-90

 25-50

Rippenfarn
Blechnum spicant

Gestaltung: wintergrüner Farn mit einfach gefiederten Wedeln. Als Unterpflanzung von Baum- und Strauchgruppen, am Gehölzrand, für Rhododendronbeete oder sonnenabgewandte Teichseiten.
Pflege: durchlässige, humose, frische bis feuchte Gartenböden mit niedrigem Nährstoffgehalt. Vor Wintersonne schützen.

Zur flächendeckenden Bodenbegrünung

100-150

Heimischer Straußfarn
Matteuccia struthiopteris

Gestaltung: als Einfassungspflanze, als Unterpflanzung von Baum- und Strauchgruppen; nur neben starke Pflanzennachbarn oder in Gruppen.
Pflege: humose bis sandig-humose, frische bis feuchte, lockere Gartenböden. Bei Trockenheit wässern. Kann sich durch Ausläufer stark ausbreiten (Wurzelsperre aus Teichfolie eingraben).

Heimischer Farn für größere Flächen

 25-50

Tüpfelfarn
Polypodium vulgare

Gestaltung: Farn mit sattgrünen, ledrigen, einfach gefiederten Wedeln. Unter und zwischen Gehölze pflanzen, schön in Steingärten. Wächst auch auf alten Baumstämmen (wild wachsend in lichten Eichen- und Birkenwäldern).
Pflege: liebt durchlässiges, feuchtes, eher kalkarmes Erdreich. Luftfeuchter Standort. Vor Wintersonne schützen.

Wintergrüner Farn

 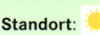

Ziergräser – zum Saisonausklang in Hochform

Gräser sind echte Spätzünder. Die meisten Arten treiben erst im Sommer richtig aus und blühen, wenn die Gartensaison schon fast vorbei ist. Aber gerade das macht diese schönen Pflanzen für die Gartengestaltung so wertvoll.

Sonnengräser Pflegeleichte Hungerkünstler

Ziergräser sind die idealen Anfängerpflanzen. Sie pflanzen sie ins Beet und vergessen sie einfach. Viele Arten bevorzugen sonnige Freiflächen und werden erst dann richtig schön, wenn sie kurz gehalten werden – nicht übermäßig wässern und auch nicht zu stark düngen. Viele Blüten und eine prächtige Herbstfärbung tragen Arten wie Chinaschilf und Federborstengras eher auf kargen, durchlässigen Böden.

Waldgräser Humus ist ein Muss

Etwas anders verhält es sich mit Waldgräsern wie Seggen und Waldmarbel. Sie haben einen höheren Wasserbedarf und bevorzugen schattige, luftfeuchte Standorte sowie Böden mit hohem Humusanteil. Arbeiten Sie bei der Pflanzung also viel reifen Kompost ein.

Die richtige Pflege Pflanzung, Schnitt, Vermehrung

Bei der Pflanzung von Ziergräsern kann man eigentlich nicht viel falsch machen. Setzen Sie die Pflanzen nicht zu tief und beachten Sie, dass die Sonnenanbeter nicht gerade im Schatten stehen und die Waldgräser nur auf ausreichend feuchten Böden etwas mehr Sonne abbekommen. Sommergrüne Gräser schneidet man erst im Frühjahr vor dem neuen Austrieb bis kurz über dem Boden zurück. Die meisten haben eine schöne Herbstfärbung und ihre Blütenrispen sorgen selbst im tiefsten Winter noch für etwas Abwechslung im Garten. Immergrüne Arten wie die meisten Waldgräser werden gar nicht zurückgeschnitten. Auch die Vermehrung von Gräsern ist kinderleicht: Alles, was Sie brauchen, ist ein scharfer Spaten, mit dem Sie die Horste im Frühling ausgraben und in faustgroße Stücke zerteilen. Die Teilstücke anschließend wieder einpflanzen – fertig.

Gräser schneidet man erst im Frühjahr zurück, da die meisten Arten auch den Winter über attraktiv sind.

Vermehrung: Einfach die Horste im Frühjahr mit einem scharfen Spaten in faustgroße Stücke zerteilen.

Spätsommer-Ensemble: Leuchtendes Chinaschilf mit rosaroter Fetthenne und blauer Säckelblume

Japan-Segge
Carex morrowii 'Variegata'

Gestaltung: überhängendes wintergrünes Gras mit gelben Blatträndern; für bunte Beete im lichten Schatten von Gehölzen, auch im Schatten von Mauern. In Gruppen pflanzen.
Pflege: humose, kalkarme Böden. Boden- und luftfeuchter Standort. Wenn die Pflanzen verkahlen, werden sie geteilt.

Wintergrünes niedriges Gras

       20/30 III/IV

Schirmbambus
Fargesia murielae

Gestaltung: schöne überhängende Horste, für bunte Beete, Staudenpflanzungen und große Kübel. Braucht Einzelplatz. Blüht nach ca. 70 Jahren und stirbt danach.
Pflege: lehmig-humose bis lehmige Gartenböden. Hoher Nährstoffbedarf. Keine Staunässe! Schwache Ausläuferbildung.
Sorte: 'Simba' wird nur 250 cm hoch.

Ornamentales Riesengras

      250/400

Blau-Schwingel
Festuca glauca (syn. *F. cinerea*)

Gestaltung: beliebtes Gras mit blaugrauen, nadelförmigen, spitzen, wintergrünen Blättern. Für bunte Beet- und gemischte Staudenpflanzungen, Steingärten, Gräber, auch im Kübel. Kleine Gruppen pflanzen.
Pflege: durchlässige, sandig-kiesige, nährstoffarme Gartenböden. Verträgt Trockenheit.

Für Heide- und Steingärten

     30/40 VI/VII

   40/70

Gold-Japangras
Hakonechloa macra 'Aureola'

Gestaltung: Gras mit breiten, gelbgrün gestreiften Blättern, die elegant überhängen; für gemischte Beete, auch am Gehölzrand und im Steingarten.
Pflege: saure bis schwach saure, lockere, durchlässige, nährstoffreiche Böden. Winterschutz empfehlenswert.
Sorte: 'Albovariegata' mit dünnen, weißen Blattstreifen

Sehr dekoratives Gras

    170/220 VII/X

Chinaschilf
Miscanthus sinensis 'Silberfeder'

Gestaltung: Gras mit bläulich grünen, schmalen Blättern, silberweißen Blütenständen und schöner Herbstfärbung; für bunte Beete, braucht Einzelplatz (mind. 1 m² Beetfläche).
Pflege: durchlässige, sandig-lehmige, frische Böden. Hoher Nährstoffbedarf.
Sorte: 'Strictus' hat quer gelb gestreifte Blätter.

Auch im Winter dekorativ

    50/100 VII/IX

Federborstengras
Pennisetum alopecuroides

Gestaltung: auffällige Blütenstände; einzeln oder in kleinen Gruppen.
Pflege: durchlässige, sandig-lehmige Gartenböden mit hohem Nährstoffgehalt. Nicht zu trocken stellen. Rückschnitt im März.
Sorten: 'Compressum' mit leuchtend gelber Herbstfärbung. 'Hameln' etwas kleiner und kompakt, blüht reich.

Malerisch überhängender Wuchs

 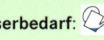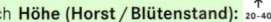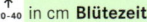

Rasen – er grünt so grün

Ein schöner Rasen ist der Stolz jedes Hobbygärtners. Und das zu Recht, denn der grüne Teppich ist sehr pflegeintensiv. Das Erfolgsrezept besteht aus gutem Saatgut, wöchentlichem Schnitt und ausgewogener Düngung.

Die wichtigste Rasenpflege Regelmäßig mähen

Schneiden Sie Ihren Rasen von März bis November pro Woche mindestens einmal und in den Monaten Mai und Juni besser zweimal. 5 cm sind für einen Gebrauchsrasen die optimale Schnitthöhe.

Sichelmäher mit Elektro- oder Benzinmotor sind zur Pflege eines Gebrauchsrasens ideal. Das waagerecht rotierende Messer schlägt die Blätter wie eine Sichel ab. Zwar ist der Schnitt nicht ganz so exakt wie beim Spindelmäher, dafür sind die Geräte robust und wartungsarm.

Spindelmäher werden hauptsächlich für den gepflegten Zierrasen verwendet und schneiden die Blätter wie eine Schere ab. Das Ergebnis: saubere Schnittflächen und ein exaktes Schnittbild. Spindelmäher gibt es in mechanischer Ausführung, mit Elektro- und Benzinmotor. Da besonders das untere Messer sehr leicht verbiegt, muss der Rasen unbedingt frei von Steinen und anderen Fremdkörpern sein.

Der Weg zum eigenen Rasen

1 Nach der Bodenlockerung die Oberfläche mit einer Heuharke planieren und dabei Steine, harte Erdklumpen etc. entfernen. Die Fläche nach dem groben Einebnen einmal abwalzen.

2 Rasensaatgut am besten mit einem Streuwagen ausbringen. Damit gelingt die gleichmäßige Aussaat besser. Nach dem Aussäen das Saatgut flach in den Boden einharken.

3 Die angesäte Fläche einmal gründlich abwalzen. Die Geräte werden vor dem Einsatz mit Wasser befüllt (für das nötige Gewicht). Der Boden muss trocken sein, sonst bleibt er an der Walze kleben.

4 Zum Schluss den frisch angesäten Rasen gut wässern. Die jungen Sämlinge dürfen in den ersten vier Wochen nie austrocknen. Nach etwa sechs Wochen können Sie zum ersten Mal mähen.

Frühjahrskur Vertikutieren und düngen

Bei jedem Mähen bleiben Schnittreste in der Grasnarbe zurück. Daraus bildet sich besonders auf undurchlässigen, feuchten Böden rasch Rasenfilz. Ein verfilzter Rasen wächst nicht gut, weil die Wurzeln nicht mehr so viel Sauerstoff aufnehmen können. Der Bodensatz lässt sich aber mit einem Vertikutierer leicht entfernen. Es gibt Hand- und Motorgeräte, die die Grasnarbe mit starren Messern beziehungsweise rotierenden Messerwalzen wenige Millimeter einritzen und den Filz herauskratzen. Ideal sind zwei Durchgänge: Im ersten fahren Sie die Fläche längs ab und im zweiten quer, so dass sich im Boden ein feines Schachbrettmuster abzeichnet. Stark vermooste Flächen können Sie etwa 14 Tage vor dem Vertikutieren mit einem Moosvernichter behandeln. Nach dem Vertikutieren wirkt der Rasen oft wie eine Mondlandschaft. Aber keine Sorge: Bringen Sie einen Langzeit-Rasendünger aus und säen Sie besonders kahle Stellen mit frischen Rasensamen nach, dann ist der Rasen schnell wieder grün. Ist ihr Rasen feucht und lehmig, sollten Sie zusätzlich jährlich eine 1 bis 2 cm dicke Schicht Bausand auftragen. Sie sinkt mit der Zeit in den Boden ein und macht ihn durchlässiger.

Der richtige Weg zum grünen Teppich Rasenaussaat oder Rollrasen

Graben Sie den Boden zur Neuanlage eines Rasens zunächst spatentief um oder lockern Sie ihn mit einer Motorhacke. Entsprechende Geräte können Sie im Baumarkt ausleihen. Muss ein alter Rasen beseitigt werden, sollten Sie die Grassoden flach abstechen, gut zerkleinern und untergraben. Verwenden Sie für die

Das können Sie gegen Rasenunkräuter tun

Moos- und Unkrautwuchs im Rasen haben vor allem zwei Ursachen: billiges Saatgut und schlechte Nährstoffversorgung. In einigen Fällen kommen ungünstige Boden- und Lichtverhältnisse hinzu. Dauerhaft lassen sich die Probleme nur lösen, wenn man die Ursachen beseitigt – etwa durch eine Rasenrenovierung mit speziellen Saatgutmischungen, die ohne Umgraben auf der kurz abgemähten, gründlich vertikutierten Fläche ausgesät werden. Rasenherbizide oder eine regelmäßige Frühjahrskur beseitigen Unkräuter und Moos dagegen nur vorübergehend.

Aussaat unbedingt Qualitätssaatgut. Es wächst langsam und dicht und lässt deshalb kaum Unkrautwuchs zu. Wer es besonders eilig hat, kann auch fertigen Rasen – Rollrasen – auslegen. Der Boden wird wie für die Aussaat vorbereitet, danach legt man die Rasenrollen versetzt und ohne Lücken aus. Die fertige Fläche wird gewalzt und durchdringend gewässert (etwa 15–20 l/m^2). Auch in den folgenden Wochen müssen Sie wässern, bis die Soden angewachsen sind und sich nicht mehr anheben lassen.

Ein Rollrasen hat den Vorteil, dass er gleich nach dem Verlegen begehbar ist. Die einzelnen Rasenstücke sind meist 250 x 40 cm groß.

Was ist sonst noch zu tun? Düngen, wässern, lüften

Der Rasen verliert im Laufe der Saison durch das Mähen viel Substanz und muss daher gut mit Nährstoffen versorgt werden. Nach der Frühjahrsdüngung sollte man Ende Juni erneut einen etwa drei Monate wirkenden Langzeit-Rasendünger ausbringen. Im Herbst braucht der Rasen vor allem Kalium, um gut durch den Winter zu kommen. Dazu können Sie ihn im September mit einem speziellen Herbst-Rasendünger oder mit Patentkali (Kaliumdünger) versorgen.
Auch eine gute Wasserversorgung ist wichtig, damit der Rasen im Sommer nicht verbrennt. Wässern Sie bei Trockenheit einmal wöchentlich mindestens eine halbe Stunde, damit das Wasser tief genug in den Boden eindringen kann.
Echte Rasenfans schwören bei starker Moosbildung auf regelmäßiges Lüften. Der Rasenlüfter ähnelt einem Vertikutierer, kämmt die Oberfläche aber schonender mit Federzinken aus Metall durch und entfernt dabei die unerwünschten Moospolster.

Kübelpflanzen – der Traum vom Süden

Ob von schlichter Statur oder ausladender Farbenpracht, im klassischen Stein-, Terrakotta-, Holz- und neuerdings auch im Kunststofftopf: Kübelpflanzen sorgen stets für Aufsehen. Ganz besonders, wenn sie gut gepflegt sind. Und das über viele Jahre hinweg.

Sonne pur für alle Kübelpflanzen?
Individuelle Standort-Bedürfnisse beachten

Kübelpflanzen erobern das Gärtnerherz im Nu. Das beweisen Bougainvillee, Schmucklilie und Zitrusgewächse immer wieder. Doch lassen Sie sich nicht allein von der Schönheit blenden und zum voreiligen Kauf verführen. Prüfen Sie erst, ob sich die individuellen Bedürfnisse der Pflanzen (siehe Porträts Seite 106 bis 109) zu Hause auch erfüllen lassen. Zu den wichtigsten Voraussetzungen für gesundes Wachstum gehört der optimale Standort. Für jede individuelle Situation müssen Sie die geeigneten Pflanzen auswählen. Können die Bedürfnisse nicht erfüllt werden, ist es besser, auf die Pflanze zu verzichten. Denn über kurz oder lang würde sie krank und anfällig für Schädlinge werden.

Kübelpflanzen haben einen relativ hohen Nährstoffbedarf, deshalb ist eine ausgewogene und regelmäßige Düngung unerlässlich. Bei der Dosierung grundsätzlich die Angaben des Herstellers befolgen!

Wenn das Pflanzgefäß auf Tonfüßchen oder Holzleisten steht, kann überschüssiges Wasser stets gut ablaufen und es kommt nicht zu Staunässe.

Qualität hat ihren Preis
Gesundes Laub, gerader Wuchs, kräftige Wurzeln

Zu den wichtigsten Merkmalen beim Kauf einer Kübelpflanze gehören eine gesunde, makellose Belaubung, eine gleichmäßige, gerade Wuchsform und kräftige, gesunde Wurzeln. Auf Kompromisse sollten Sie sich nicht einlassen, auch nicht bei starkem Preisnachlass. Das Gleiche gilt bei offensichtlichem Schädlingsbefall oder gar Krankheiten. Denn im ungünstigsten Fall kann es zum Totalausfall kommen, und der Pflegeaufwand und die Kosten für entsprechende zusätzliche Pflanzenschutzmittel sind nicht zu unterschätzen.

Rein optische Mängel, wie beispielsweise einen krummen Haupttrieb, kann man schon eher tolerieren, auch wenn er sich nicht mehr gerade biegen lässt.

Richtig gießen Möglichst von oben und mit Regenwasser

Der Wasserbedarf ist von Pflanze zu Pflanze unterschiedlich. Kübelpflanzen mit großflächigen, weichen Blättern, wie die Engelstrompete, haben eine große Verdunstungsfläche und brauchen entsprechend mehr Wasser als Arten mit kleinen, fleischigen oder ledrigen Blättern.

Falls Sie sich unsicher sind, ob schon Bedarf besteht, machen Sie die Fingerprobe: Dazu den Zeigefinger in die Erde drücken. Fühlt sich das Substrat leicht feucht an, ist alles in Ordnung; ist es trocken, heißt das, sofort Wasser geben. Gießen Sie stets gleichmäßig und von oben direkt in den Wurzelbereich, idealerweise mit Regenwasser. Es hat stets die optimale Temperatur, ist kalkarm und kostengünstig.

Gegossen wird morgens oder abends, jedoch nie in der prallen Mittagssonne. Vollständig ausgetrocknete Pflanzen kann nur noch ein Tauchbad retten. Dazu je nach Größe einen Eimer oder eine Wanne mit Wasser füllen und die Pflanze samt Topf so

Mit Palmen, Zitruspflanzen und farbenfrohen Margeritensträuchern haben Sie Ihre Terrasse im Nu in eine Ruhe-Insel mit Mittelmeerflair verwandelt.

lange unter Wasser tauchen, bis keine Luftblasen mehr aufsteigen.

Topf-Pflanzen sind auf Dünger angewiesen
Langzeitdünger erleichtert Arbeit

Damit sich Pflanzen im Topf optimal entwickeln, brauchen sie unbedingt Nährstoffe, die sie in der Regel aus der Erde bekommen. Gesundes Überleben ohne zusätzliche Düngegaben ist gar nicht möglich, außer bei absoluten Hungerkünstlern, wie beispielsweise der Aloe.

Besonders empfehlenswert ist die Verwendung eines Langzeitdüngers, der, wie der Name schon sagt, die Nährstoffe über Monate hinweg gleichmäßig abgibt. Diese kleinen, kunststoffumhüllten Kügelchen versorgen die Pflanze mit allen notwendigen Nährstoffen. In der Regel hat Langzeitdünger eine sechsmonatige

Wirkung. Wem Langzeitdünger zu teuer ist, verwendet am besten Flüssigdünger, der einfach ins Gießwasser gegeben wird. Bei der Dosierung sollten Sie sich unbedingt an die Hersteller-Empfehlung auf der Verpackung halten.

Topf-Pflanzen müssen im Sommer bis zu zwei Mal täglich gegossen werden.

So sparen Sie Zeit und Arbeit!

Tipp

Haben Sie nur wenig Zeit für die Pflanzenpflege? Dann lohnt sich die Anschaffung eines computergesteuerten, elektronischen Bewässerungssystems. Das Gerät wird direkt am Wasserhahn angeschlossen, die Versorgung erfolgt automatisch über individuell gelegte Schlauchverbindungen.

Zu den regelmäßigen Pflegearbeiten gehört es, Verblühtes und vertrocknete oder vergilbte Blätter zu entfernen.

Unverzichtbare Pflegearbeiten Verblühtes entfernen und regelmäßiger Rückschnitt

Kübelpflanzen brauchen rund ums Jahr eine Grundpflege. Dazu gehört, dass bei Blühpflanzen Verblühtes regelmäßig entfernt wird. Das verhindert die Samenbildung und fördert die Blüten-Neubildung. Auch vergilbte und vertrocknete Blätter sollte man ständig entfernen.

Um bei einer Jungpflanze einen buschigen Wuchs zu erreichen, wird der Haupttrieb, sobald er die gewünschte Höhe erreicht hat, abgeknipst. Dadurch bilden sich neue Seitentriebe. Auch hier werden die Triebspitzen regelmäßig entfernt, damit die weitere Verzweigung angeregt wird. Kübelpflanzen werden nach Bedarf mehrmals im Jahr zurückgeschnitten. Wobei die wichtigsten Termine im Herbst, vor dem Umzug ins Winterquartier sowie im Frühjahr liegen: Bei diesem sogenannten Verjüngungsschnitt werden einige alte Triebe entfernt, damit Platz für neue ist. Ansonsten sollten Sie während der ganzen Saison die Form im Auge behalten und bei Bedarf zu lange Triebe einkürzen – das hält die Pflanze vital.

Zeit zum Umtopfen Wurzeln wachsen aus dem Wasserabzugsloch

Die beste Umtopfzeit ist im Frühjahr, bevor der Neuaustrieb beginnt. Ob frische Erde notwendig ist, lässt sich leicht am Ballen feststellen. Sind nur noch Wurzeln vorhanden und keine Erde mehr oder wachsen die Wurzeln bereits durchs Wasserabzugsloch hindurch, ist es höchste Zeit für einen etwas größeren Topf und neue, gute Kübelpflanzenerde. Worauf es beim Umtopfen ankommt, sehen Sie unten.

Pflanzen zum Nulltarif? Erfolgreiche Vermehrung durch Stecklinge

Die Vermehrung durch Stecklinge ist bei den meisten ausdauernden Pflanzen möglich (siehe auch Seite 128) . Enzianstrauch, Engelstrompeten, Bleiwurz, Fuchsien, Buchsbaum, Zitronenstrauch oder Rosmarin sind für Anfänger ideal. Der große Vorteil dieser Vermehrungsart: Wenn alles gut geht, erhalten Sie eine preiswerte Kopie Ihrer Lieblingspflanze.

Der optimale Vermehrungszeitpunkt für die meisten Pflanzen ist von Frühjahr bis Frühsommer. Dazu etwa 8 bis 10 cm lange, weiche Triebe mit drei bis vier Blattpaaren abschneiden. Die unteren Blätter des Stecklings ent-

Richtig umtopfen leicht gemacht

Ist das Pflanzgefäß völlig durchwurzelt, ist es höchste Zeit zum Umtopfen. Dazu den Wurzelballen mit einem scharfen Messer rundum vom Topfrand lösen und die Pflanze herausnehmen.

Der neue Topf sollte bei kleinen Pflanzen 2–3 cm und bei großen 5–8 cm weiter sein als der Wurzelballen. Zur Dränage Blähton oder Tonscherben einfüllen, darauf etwas neue Erde geben.

Vor dem Einsetzen die Erde aus dem Ballen schütteln, die Wurzeln etwas einkürzen. Die Pflanze mittig setzen und rundum mit frischem Substrat auffüllen, gut festdrücken, einen Gießrand anlegen und angießen.

Tipp

Kein Überwinterungsplatz? Macht doch nichts!

Wenn Sie keinen Platz haben, können Sie Ihre Pflanzen bei einer Gärtnerei in Pflege geben oder sie an Nachbarn mit Wintergarten oder großem Keller verschenken. Zur Not geben Sie sie (natürlich nicht die ganz besonderen Stücke) im Herbst auf den Kompost und kaufen sich im Frühjahr neue – bevor Sie ganz auf darauf verzichten. Denken Sie einfach daran: Eine junge Kübelpflanze kostet oft nicht mehr als ein Blumenstrauß, man hat aber viele Monate Freude daran.

fernen. Eine Schale oder einzelne Töpfe mit Vermehrungssubstrat füllen, mit einem Holzstäbchen oder einem Pikierstab Löcher in die Erde drücken, Stecklinge hineingeben und vorsichtig andrücken. Nach dem Angießen eine durchsichtige Abdeckhaube darüberstülpen, das erhöht die notwendige Luftfeuchtigkeit. Öfter mal lüften und das Substrat feucht halten. Sobald sich neue Blätter gebildet haben, kann auf die Haube verzichtet werden. Bewurzelungspräparate, die es im Fachhandel zu kaufen gibt, können den Bewurzelungsvorgang beschleunigen. Die wichtigste Voraussetzung für die Stecklingsvermehrung ist eine gesunde, kräftige Mutterpflanze. Schnittabfälle, die im Frühjahr anfallen, eignen sich hervorragend zur Vermehrung. Buchsbaumschnitt zum Beispiel, einfach in einen Balkonkasten oder eine flache Schale mit magerer, gut durchlässiger oder spezieller Anzuchterde füllen. Dazu den Pflanzenabschnitt in Bewurzelungspulver

tauchen und dicht aneinandergereiht hineinstecken und gießen. An einen hellen, nicht sonnigen Platz im Garten oder auf der Terrasse aufstellen. Achten Sie darauf, dass die Erde nicht austrocknet. Nach mehreren Wochen sind die Stecklinge bewurzelt und werden zu zweit oder dritt in einen kleinen Topf gepflanzt und weiterkultiviert. In nur wenigen Jahren können Sie sich über stattliche Buchspflanzen quasi zum Nulltarif freuen und sie mit einer entsprechenden Schere zu Kugeln oder anderen Figuren formen.

Kübelpflanzen brauchen Winterschutz Die frostempfindlichen müssen im Winter ins Haus

In vielen Regionen ist schon ab Mitte Oktober mit den ersten Nachtfrösten zu rechnen. Darum seien Sie darauf vorbereitet und sorgen Sie für besonders empfindliche Pflanzen schon beizeiten für einen geeigneten Überwinterungsplatz. Sie müssen vor Frostbeginn eingeräumt werden und können erst Mitte Mai, nach den Eisheiligen, wieder raus. Etwas länger dürfen dagegen zum Beispiel Aukube, Bleiwurz, Klebsame, Zwergpalme oder Zylinderputzer draußen bleiben, sie können kurzfristig bis minus 5 °C vertragen. Danach ist es allerdings höchste Zeit fürs Winterquartier, in dem sie dann bis etwa Anfang Mai bleiben.

Wer keinen geeigneten Platz für die Überwinterung seiner Pflanzenlieblinge hat, kann sie den Winter über auch in Pflege geben. Ein Service, den viele Gärtnereien und Gartencenter anbieten.

Frostverträgliche Topfpflanzen bleiben den Winter über zwar draußen, brauchen aber dennoch Schutz. Damit die Gefäße nicht am Boden festfrieren, werden Sie auf Füße oder Holzlatten gestellt und mit Noppenfolie, Schilf-

Kübelpflanzen wiegen schwer. Deshalb zum Transportieren unbedingt eine Sackkarre verwenden oder zu zweit mit Hilfe eines Tragegurts anpacken. Das schont den Rücken.

oder Kokosmatte umwickelt. Die Erdoberfläche mit etwas Stroh oder Holzwolle abdecken und wenn möglich die Töpfe geschützt, zum Beispiel an der Hauswand, aufstellen. Regelmäßig gießen.

Kübelpflanzen rückenschonend transportieren Mit Sackkarre oder Tragegurt

Große Pflanzen zu transportieren ist Schwerstarbeit, besonders für den Rücken. Deshalb ist es zwingend ratsam, einen Freund oder Nachbarn um Mithilfe zu bitten. Wo es mit der Sackkarre nicht geht, unbedingt einen Tragegurt verwenden, das erleichtert die Arbeit ungemein.

Schönmalve
Abutilon x hybridum

Gestaltung: immergrüner, buschig wachsender Strauch für Einzelpflanzung.
Pflege: durchlässige Erde, regengeschützter Standort. Mittlerer Nährstoffbedarf bis August, danach nicht mehr düngen. Ballentrockenheit vermeiden. Verwelktes entfernen. Im zeitigen Frühjahr zurückschneiden
Überwinterung: hell, bei 6–9 °C.

Wunderschöne becherförmige Blüten

Schmucklilie
Agapanthus-Hybriden

Gestaltung: ausladende Pflanze für Einzelplatz.
Pflege: sandig-humose bis sandiglehmige Erde. Bis zur Blüte mittlerer bis hoher Nährstoffbedarf, danach nur noch wenig düngen. Gleichmäßige Bodenfeuchtigkeit (Staunässe vermeiden).
Überwinterung: heller Platz bei mind. 3 °C, Wassermenge reduzieren.

Schöne dekorative Früchte

Strauchmargerite
Argyranthemum frutescens

Gestaltung: einzeln oder in Gruppen, auch als Hochstämmchen.
Pflege: mittlerer Nährstoffbedarf bis August, danach nicht mehr düngen; nicht austrocknen lassen. Verblühtes regelmäßig entfernen. Kompakter Wuchs durch mehrmaliges Entspitzen.
Überwinterung: hell, bei mind. 3 °C, mäßig gießen.

Klassiker mit langer und reicher Blüte

Aukube
Aucuba japonica

Gestaltung: immergrüne Blattschmuckpflanze. Für Fruchtschmuck braucht man meist männliche und weibliche Pflanzen.
Pflege: durchlässiges, sandig-humoses Erdreich. Mittlere Nährstoffansprüche, aber nur bis Ende August, danach nicht mehr düngen. Triebe im Spätwinter zurücknehmen.
Überwinterung: hell, mindestens 3 °C.

Vogelschutzgehölz, Bienenpflanze

Bougainvillee
Bougainvillea glabra

Gestaltung: Farbwirkung kommt nicht von den Blüten, sondern von farbigen Hochblättern (*Brakteen*).
Pflege: hohe Nährstoffansprüche bis August (nicht zu viel Stickstoff), danach nicht mehr düngen. Braucht Rankgerüst zum Hochleiten der Triebe. Vor der Überwinterung lange Triebe zurückschneiden.
Überwinterung: hell, bei 6–9 °C.

Für mediterranes Flair

Engelstrompete
Brugmansia suaveolens

Gestaltung: viele Arten mit beeindruckendem Wuchs. Schön an Einzelplatz.
Pflege: hohe Nährstoffansprüche bis August. Wegen des sehr hohen Wasser- und Nährstoffbedarfes und des sicheren Stands in großen Topf pflanzen. Vor der Überwinterung Krone auf etwa die Hälfte bis zwei Drittel zurückschneiden. Giftig
Überwinterung: hell, bei 6–9 °C.

Klassiker mit Trompetenblüten

 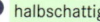

Indisches Blumenrohr
Canna indica

Pflege: durchlässiges Erdreich. Verwelktes entfernen für längere Blühdauer.
Überwinterung: Vor erstem Frost Pflanzen 15 cm über dem Boden abschneiden. Rhizome ausgraben, frostfrei, fast trocken in Sand überwintern.
Pflanzung: Rhizome im Frühjahr im Haus etwa 10 cm tief in Topf legen. Ab Mitte Mai Pflanzen nach draußen stellen.

Für Kübel oder ausgepflanzt im Beet

  VIII / X

Gewürzrinde
Senna corymbosa var. *corymbosa*

Gestaltung: am schönsten im Einzelstand. Laub nachts gefaltet.
Pflege: durchlässige, sandig-humose Erde; mittelhohe Nährstoffansprüche bis August, dann nicht mehr düngen. Nicht austrocknen lassen, sonst Blütenabwurf. Verwelktes entfernen. Unerwünschte Triebe im Spätwinter herausschneiden.
Überwinterung: hell, bei 6–9 °C.

Strauchförmiges Blütengehölz

 V / IX

Hammerstrauch
Cestrum elegans

Gestaltung: kommt nur einzeln stehend zur vollen Geltung.
Pflege: mittlerer bis hoher Nährstoffbedarf bis August, dann Düngung einstellen. Nicht austrocknen lassen. Verblühtes entfernen. Vor der Überwinterung Krone um die Hälfte zurückschneiden.
Überwinterung: hell, bei 6–9 °C.

Reich blühende Blütenstände.

 V / VI

 2–6

Zier-Banane
Ensete ventricosum

Gestaltung: Blattschmuckpflanze; schön im Einzelstand, auch für Wintergarten.
Pflege: durchlässige sandig-humose Erde. Mittlerer Nährstoffbedarf bis August, danach Düngung einstellen. Trockenheit vermeiden.
Überwinterung: hell, bei 6–9 °C. Nur wenig, nicht ins Herz, gießen.
Sorte: 'Maurelii' – robust, rote Blätter.

Großer Platzbedarf

 I / XII

Zitrone, Orange & Co
Citrus-Arten

Pflege: durchlässige, schwach saure Erde (Zitrus-Erde.) Bis August mittel bis viel düngen, danach Düngung einstellen. Kein kalkhaltiges Gießwasser (Regenwasser sammeln). Staunässe und Bodentrockenheit vermeiden. Schutz vor starker Sonneneinstrahlung. Im Winter oder Frühjahr in Form schneiden.
Überwintern: hell, bei 6–9 °C, trocken.

Duftende Blüten, schön im Einzelstand

 VII / IX

Korallenstrauch
Erythrina crista-galli

Gestaltung: auffällige Blüten, Äste und Blattstiele mit Stacheln.
Pflege: mittelhoher Nährstoffbedarf bis August. Gleichmäßige Bodenfeuchtigkeit (keine Staunässe). Alte Blütentriebe im Herbst/Frühjahr herausschneiden.
Überwinterung: Ruheperiode nach Laubabwurf bei 6–9 °C, ältere Pflanzen trocken halten.

Kommt einzeln am besten zur Geltung

Blütenfarben: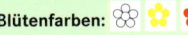

Fuchsie
Fuchsia-Hybriden

Gestaltung: aufrecht strauch- bis baumförmig oder hängend. Für Kästen, Töpfe und Ampeln.
Pflege: hoher Nährstoffbedarf (öfter niedrig konzentriert düngen), ab August einstellen. Windgeschützt. Vor dem Einwintern in Form schneiden.
Überwinterung: hell, bei mindestens 3 °C, mäßig feucht halten.

Auch als Hochstämmchen schön

Vanilleblume
Heliotropium arborescens

Gestaltung: Beete, Kästen, Töpfe.
Pflege: sandig-humose Erde. Mittlere Nährstoffansprüche. Wenn überwintert wird, ab Ende August nicht mehr düngen. Gleichmäßige Wasserversorgung. Schutz vor starker Mittagssonne und Wind. Verblühtes regelmäßig entfernen.
Überwinterung: hell, bei 6–9 °C, wenig gießen.

Blüten duften nach Vanille

Hibiskus
Hibiscus rosa-sinensis

Gestaltung: Blüten ungefüllt, gefüllt, teilweise gefranst, auch mit andersfarbigem Schlund.
Pflege: hoher Nährstoffbedarf von März bis September, sonst schwach düngen. Knospenfall bei Licht- und Nährstoffmangel, Standortwechsel und Trockenheit. Nie trocken werden lassen!
Überwinterung: hell, bei 6–9 °C.

Für Balkon, Terrasse und Fensterbank

Wandelröschen
Lantana camara

Gestaltung: Blütenstände gehen von außen nach innen auf. Für Kübel, Kästen.
Pflege: durchlässige, humose Erde. Windgeschützt. Staunässe vermeiden. Bis August hoher Nährstoffbedarf. Vor dem Einräumen ins Winterquartier zurückschneiden.
Überwinterung: hell, bei 6–9 °C, wenig gießen.

Stark wüchsig, giftige Früchte

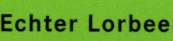

Echter Lorbeer
Laurus nobilis

Gestaltung: immergrüne Blattschmuckpflanze, dekorative schwarze Früchte an weiblichen Pflanzen, wenn männliche daneben steht.
Pflege: mittlere Nährstoffansprüche, ab August Düngung einstellen. Gut schnittverträglich (Kugel, Kegel). Blätter nicht beschädigen, gibt unschöne Ränder.
Überwinterung: hell, bei mind. 3 °C.

Schöne Pflanze für den Einzelstand

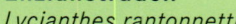

Enzianstrauch
Lycianthes rantonnettii

Gestaltung: reich und zuverlässig blühende Pflanze. Einzelstand, braucht Platz.
Pflege: durchlässige, humose Erde. Mittlerer bis hoher Nährstoffbedarf bis August, aber dann Düngung einstellen. Für eine gute Verzweigung Triebe junger Pflanzen öfter stutzen.
Überwinterung: hell, bei 6–9 °C, wenig gießen.

Schön auch als Hochstämmchen

 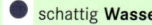

Oleander
Nerium oleander

Gestaltung: Immergrüner Klassiker mit großer Blütenfülle (giftig). Einzelstand.
Pflege: großer Kübel mit durchlässiger Erde. Bis August mittelhoch düngen, dann einstellen. Verblühtes entfernen. Schnittmaßnahmen im zeitigen Frühjahr durchführen.
Überwinterung: hell, luftig, bei 6–9 °C. Wenig gießen.

Für mediterranes Flair

2-5(6) | VII/IX

Echte Olive
Olea europaea

Gestaltung: für mediterrane Stimmung. Im Alter Einzelplatz nötig.
Pflege: von März bis August mittelhoch düngen, ab August einstellen. Langsames Wachstum, daher sind alte Pflanzen teuer und wertvoll. Verträgt Schnitt gut, am besten im zeitigen Frühjahr.
Überwinterung: hell, bei 6– 9 °C, nur leicht feucht halten.

Schön im Terracotta-Topf

3-5 | V

Pelargonie
Pelargonium zonale in Sorten

Gestaltung: als Busch oder Hochstämmchen für Kübel, im Balkonkasten auch als Hängepflanze.
Pflege: mittlere bis hohe Nährstoffansprüche. Wenn überwintert wird, nur bis August düngen. Verblühtes regelmäßig entfernen. Im Herbst vor der Überwinterung Rückschnitt um ein Drittel.
Überwinterung: hell, bei mind. 3 °C.

Klassiker für Balkon und Terrasse

0,3-0,4 | V/X

1,5-3 | VI/IX

Bleiwurz
Plumbago auriculata

Gestaltung: als Busch, Hochstämmchen oder Kletterpflanze.
Pflege: bis August niedrige bis mittlere Nährstoffansprüche, danach Düngung einstellen. Windgeschützt. Lange Triebe immer wieder einkürzen. Im Januar bei Bedarf kräftig zurückschneiden.
Überwinterung: hell, bei mind. 3 °C, fast trocken halten.

Dauerblüher von Sommer bis Herbst

IV/VIII

Weißer Sternjasmin
Trachelospermum jasminoides

Gestaltung: Einzelstand, auch für den Wintergarten.
Pflege: durchlässige Erde. Mittelhohe Nährstoffansprüche während der Wachstumszeit: Ab September nicht mehr düngen. Triebe an Gerüst befestigen
Überwinterung: hell, bei 6 bis 9 °C. In milden Regionen auch draußen mit einer Winterschattierung, Wurzeln abdecken.

Duftende Kletterpflanze

5-10 | VI/VII

Hanfpalme
Trachycarpus fortunei

Gestaltung: Blattschmuckpflanze für Einzelstand. Kann bei uns blühen (in 30 cm langen Rispen) und fruchten.
Pflege: wächst langsam; durchlässige Erde, geringe Nährstoffansprüche. Trockene Blätter vorsichtig entfernen.
Überwinterung: frostfrei und hell; in milden Regionen auch mit Winterschutz im Freiland.

Exotik und Südsee-Flair

Blütenfarben: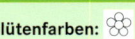

Erntespaß für Groß & Klein – der Nutzgarten

Es gibt nichts Besseres – eigenes Gemüse

Knackiger Salat, sonnengereifte Tomaten und süße Möhren schmecken aus dem eigenen Garten noch mal so gut. Viel Platz müssen Sie dafür nicht opfern, denn mit einer vielseitigen Mischkultur können Sie auch kleine Beete optimal nutzen und sich über reiche Gemüseernten freuen.

Den Gemüsegarten anlegen Viel Sonne und mehrere kleine Beete

Ganz wichtig ist ein Platz in voller Sonne. Nur ganz wenige Gemüse – Mangold, Rote Bete, Buschbohnen – gedeihen auch noch im Halbschatten. Die Aufteilung in möglichst viele kleine Flächen erleichtert den Wechsel zwischen den verschiedenen Arten, außerdem ist es so einfacher, dem unterschiedlichen Nährstoffbedarf der Pflanzen gerecht zu werden. Legen Sie die Beete höchstens 1,20 m breit an, damit Sie sämtliche Arbeiten bequem vom Rand aus erledigen können.

Tipp

Nicht ungeduldig werden – warten lohnt sich

Säen Sie erst aus, wenn der Boden trocken und warm genug ist (Mindesttemperatur 10°C), sonst ruhen die Samen nach der Aussaat in der Erde und beginnen rasch zu faulen. Spätere Aussaaten machen den vermeintlichen Vorsprung durch ein zügigeres Wachstum schnell wieder wett.

Gärtnern mit viel Genuss: Ein kleiner Gemüsegarten umrahmt von bunten Sommerblumen erfreut Augen und Gaumen.

Die Beete vorbereiten Erde lockern

Das mühevolle Umgraben im Herbst ist nur auf nassen, verdichteten Böden erforderlich. Warten Sie damit ab, bis die Erde leicht angefroren ist, dann schmiert sie weniger und bleibt nicht am Spaten kleben. Säen Sie bei sandig-lehmiger und humusreicher Erde als Winterschutz eine Gründüngung ein oder bedecken Sie die Beete mit einer dicken Mulchschicht aus Laub und gehäckselten Gartenabfällen. Im Frühjahr räumt man das Material ab und lockert den Boden mit dem Sauzahn oder Kultivator. Am besten arbeiten Sie dabei gleich etwas Kom-

Radieschen und Salat kann man beim Wachsen beinahe zusehen. Zwischen Aussaat und Ernte vergehen nur wenige Wochen

Sichere Ernte ohne Pflege? Widerstandsfähige Sorten wählen

Eine hohe Widerstandsfähigkeit gegen die wichtigsten Krankheiten sichert den Anbauerfolg und verhindert einen allzu hohen Pflegeaufwand.
Halten Sie sich nach Möglichkeit auch an die für jede Sorte angegebenen Anbautermine. Frühsorten kommen mit den kurzen Tagen und kalten Nächten im Frühjahr am besten zurecht, speziell für Sommeranbau gezüchtete Sorten schießen auch an langen, heißen Tagen nicht so schnell und vertragen Trockenheit besser. Die Herbst- und Wintergemüse wachsen zwar meist deutlich langsamer, sind dafür aber nicht nur robust und kältefest, sondern eignen sich auch besser zum Einlagern.

post, Algenkalk und Gesteinsmehl ein. Zum Schluss folgt das Feinkrümeln mit dem Rechen und das Einebnen.

Warten Sie mit den ersten Aussaaten noch ein paar Tage, bis sich der Boden wieder abgesetzt hat.

Aussaat und Pflanzung von Gemüse – so geht's

1 Säen Sie bei der Reihensaat möglichst dünn und in gleichmäßigem Abstand. Ziehen Sie die Saatrillen nur so tief, dass die Samen in doppelter Samenstärke mit Erde bedeckt sind.

2 In den leicht verrottbaren Papierbändern sind die Samen im richtigen Abstand eingebettet und das mühsame Verziehen von Hand entfällt. Saatbänder und -scheiben während der Keimphase gut feucht halten.

3 Pflanzen Sie junge Setzlinge nur so tief, dass der Wurzelansatz knapp unter der Beetoberfläche liegt. Salate etwas höher pflanzen, die Setzlinge sollten „im Wind flattern". Pflanzen behutsam angießen.

4 Bei der Horstsaat legt man die Samen in Gruppen von 3 bis 5 (Busch- und Stangenbohnen) bzw. 2 bis 3 Stück (Zucchini, Kürbis) aus. Nach dem Keimen nur die kräftigste Jungpflanze stehen lassen.

5 Eine Särolle ist praktisch für lange Reihen und bei pilliertem Saatgut. Bei Pillensamen sind die einzelnen Samen von einer quellfähigen Hülle umgeben, die zerfällt, sobald das Saatgut feucht wird.

Mit einer gut geplanten Mischkultur liefert auch ein kleiner Gemüsegarten eine reiche Ernte.

Aussaat und Pflanzung
Je nach Art vorziehen oder gleich ins Beet säen

Die meisten Gemüsearten kann man vom Frühling bis zum Spätsommer direkt ins Beet säen. Bei den wärmeliebenden Fruchtgemüsearten, wie Gurken und Paprika, lohnt sich die Vorkultur in Saatplatten oder Töpfen am hellen Fensterbrett. Wer dafür zu wenig Platz oder keine Lust und Zeit hat, kauft die vorgezogenen Jungpflanzen termingerecht zur Pflanzzeit im Mai beim Gärtner oder auf dem Markt. Achten Sie auf möglichst gedrungene Pflanzen mit gesunden, sattgrünen Blättern. Die nur mit einem Wurzelballen gelieferten Setzlinge müssen so rasch wie möglich ins Beet. Getopfte Gemüse aus dem Gewächshaus sollten Sie vor dem Auspflanzen an einem halbschattigen, warmen und windgeschützten Platz ein paar Tage an die Freilandbedingungen gewöhnen. Für die Anzucht von Kohlrabi und Kopf- oder Pflück-

Tipp

Freund und Feind im Gemüsebeet

Bei einer gelungenen Mischkultur halten sich die Beetpartner gegenseitig gesund und beeinflussen sogar den Geschmack der anderen Gemüseart. Bestes Beispiel: Neben Dill oder Fenchel keimen Möhren fast lückenlos und lagern mehr Aromastoffe in ihre Wurzeln ein. Aber es gibt auch ein paar Gemüse, die sich gar nicht mögen.

Bewährte Teams auf dem Beet:
– Kohlrabi und Kopfsalat
– Tomaten und Sellerie
– Möhren mit Lauch oder Zwiebeln
– Erbsen und Ringelblumen
– Mangold und Pflücksalat

Nicht nebeneinander anbauen:
– Erbsen und Zwiebeln oder Porree
– Bohnen oder Kohlarten mit Zwiebeln
– Tomaten oder Gurken mit Rettich
– Petersilie und Salat
– Sellerie und Zuckermais

Lockern Sie regelmäßig die verkrustete Erde zwischen den Beeten – aber nur oberflächlich, damit die Wurzeln der Gemüsepflanzen nicht beschädigt werden.

Süße Kirschtomaten und fruchtige Stabtomaten können Sie ab Ende Juli ernten. Für das Freiland sollten Sie Sorten mit hoher Widerstandsfähigkeit gegen Braunfäule bevorzugen.

salatsetzlingen im Frühjahr genügt ein gut isoliertes Frühbeet oder ein Folientunnel. Säen Sie die Gemüse in Reihen und vereinzeln Sie die Pflänzchen, sobald nach den runden Keimblättern die ersten echten Blätter sichtbar werden. Verpflanzen Sie die jungen Setzlinge dann etwa vier Wochen später auf ihren endgültigen Platz im Beet.

Für Abwechslung sorgen
Fruchtfolge und Mischkultur

Am besten machen Sie sich vor der Aussaat ein paar Notizen oder eine Skizze, welches Gemüse wo angebaut werden soll. Stehen die miteinander verwandten Arten zu häufig am selben Platz, können sich Schädlinge und Krankheiten schnell ausbreiten. Gestalten Sie den Fruchtwechsel möglichst so, dass vor allem die Gemüsearten, die das Beet über einen langen Zeitraum belegen, erst nach vier Jahren wieder in das erste Beet

zurückkehren. Je vielseitiger Sie Ihren Anbauplan gestalten, desto weniger machen sich mögliche Fruchtfolgefehler bemerkbar.

Neben dem regelmäßigen Fruchtwechsel sorgt eine abwechslungsreiche Mischkultur dafür, dass Schädlinge und Krankheiten nicht überhandnehmen. Der Pflegeaufwand verringert sich dadurch erheblich. Orientieren Sie sich bei der Zusammenstellung Ihrer Lieblingsgemüse an den klassischen Regeln der Mischkultur (siehe auch Tipp auf Seite 114). Wenn Sie lieber selbst experimentieren, merken Sie sich einfach die ganz wenigen, wirklich ungünstigen Partnerschaften. Der Platz auf dem Beet, aber auch im Boden gespeichertes Wasser und Nährstoffe, lassen sich besser nutzen, wenn Sie bei den guten Nachbarschaften auch die unterschiedlichen Wuchsformen berücksichtigen. Sät man neben Möhren, Pastinaken und tief wurzelnden Kohlarten Gemüse wie Zwiebeln, Salat oder andere Blattgemüse an, die ihre Wurzeln hauptsächlich in den oberen Bodenschichten bilden, werden Wasservorräte und Nährstoffe besser genutzt.

Leiten Sie die Tomatenpflanzen immer im Uhrzeigersinn um die Spiralstäbe.

Das gilt nicht nur für Tomaten: Beim Gießen die Blätter nicht benetzen! Nasse Pflanzen werden leichter von Pilzkrankheiten befallen.

Düngen mit Maß Die richtige Menge für jedes Gemüse

Nicht alle Gemüse und Salate stellen dabei dieselben Ansprüche. Orientieren Sie sich bei der Düngung am Bedarf der Gemüsearten, die das Beet am längsten belegen (Angaben dazu in den Porträts ab Seite 117). Sogenannte Starkzehrer, wie Kohl oder Sellerie, erhalten bei der Beetvorbereitung 4 bis 6 Liter Kompost pro m^2, bei den Mittelzehrern, beispielsweise Lauch, genügen 2 bis 4 Liter. Bei den Schwachzehrern kommen Sie mit 1 bis 1,5 Litern aus oder können auf die Kompostgabe, je nach Vorkultur, sogar ganz verzichten – vorausgesetzt, die Gartenerde ist locker und enthält reichlich Humus. Auf sehr schweren oder sandigen Böden düngt man trotz vorausgegangener guter Versorgung, aber grundsätzlich mit organischen Düngemitteln, am besten mit voll ausgereiftem, bereits leicht vererdetem Reifekompost.

Vom Garten direkt in die Küche. Wirsing und andere Spätgemüse können im Herbst lange auf dem Beet bleiben.

Ist eine zweite Düngung nötig? Kurz vor der Hauptwachstumszeit

Damit das Wachstum nicht ins Stocken gerät, brauchen alle anspruchsvolleren Gemüse rechtzeitig einen Nachschlag. Der günstigste Zeitpunkt: kurz vor Beginn der Hauptwachstumszeit, bei Blattgemüse (z.B. Kopfkohl) also spätestens bei Beginn der Kopfbildung, bei Kohlrabi und Sellerie möglichst vor der Knollenbildung. Geeignet sind alle rasch wirkenden, fein gemahlenen Gemüsedünger oder ein organischer Flüssigdünger, der über das Gießwasser verabreicht wird. Achten Sie auf eine möglichst niedrige Dosierung und düngen Sie Kohl, Sellerie und andere langsam wachsende Gemüse bei Bedarf lieber zwei bis vier Wochen später nochmals nach. Überdüngte Gemüse lagern zu viel Nitrat ein, werden anfälliger gegen Krankheiten und verlieren an Geschmack.

Platzverweis für Schädlinge Vorbeugen ist besser als spritzen

Die einfachste Methode, um Schädlinge von den Beeten fernzuhalten, ist ein engmaschiges Gemüseschutznetz. Kohlweißling, Möhrenfliege und Lauchmotte werden durch die Beetabdeckung an der Eiablage gehindert und auch Schnecken und Läuse haben mehr Mühe, Salate und junge Setzlinge aufzuspüren. Doch nur wenige Gemüse tolerieren die Auflage über eine längere Zeit. Das gilt auch für Vliese oder Folien, mit denen man empfindliche Gemüse im Frühjahr und Herbst gegen Frost und Nässe schützt. Sorgen Sie deshalb für Abstand und ziehen Sie das Netz über einen stabilen Rahmen oder über halbrunde Metallbügel und nehmen Sie die Beetbedeckung wieder ab, sobald die Gefahr vorüber ist. Mit Ausnahme der gefräßigen Schnecken befallen die meisten Schädlinge ihre Wirtspflanzen nur in einer ganz bestimmten Wachstumsphase. Zu einem früheren oder deutlich späteren Zeitpunkt sind die Pflanzen für sie nutzlos.

Süße Möhren schmecken am besten frisch vom Beet. Bei mehrmaliger Aussaat gibt es immer genug zu naschen.

Nicht zögern, sondern genießen Rechtzeitig ernten

Der richtige Erntezeitpunkt trägt entscheidend zum Genuss bei. Die meisten Gemüse verharren nur kurze Zeit im optimalen Reifezustand. Als Faustregel gilt: Lieber etwas zu früh, als zu spät ernten, denn Masse geht meist auf Kosten der Qualität. Zucchini oder Bohnen schmecken am besten ganz jung. Also regelmäßig durchpflücken. Auch Spinat, Mangold und Pflücksalat ermöglichen eine Mehrfachernte, wenn man regelmäßig die äußeren Blätter und Stängel erntet und die Herzblätter stehen lässt. Der beste Zeitpunkt: am späten Vormittag, wenn die Blätter noch prall und fest sind.
Ein kühler, sonniger Herbstmorgen ist der optimale Zeitpunkt für die Ernte der Wurzelgemüse und Kohlköpfe, die Sie noch länger aufbewahren möchten. In milden Lagen ist das Einlagern oft gar nicht nötig. Möhren, auch Rote Bete und Wirsing überstehen leichte Nachtfröste problemlos und können im Herbst lange auf dem Beet bleiben.

Tipp
Reiche Tomatenernte – so geht's

Tomaten selbst vorzuziehen macht Spaß, klappt aber nur dann, wenn Sie genügend helle und warme Fensterplätze zur Verfügung haben oder die Jungpflanzen mit einer Pflanzenleuchte zusätzlich belichten können. Unter Lichtmangel gezogene Pflanzen verlieren ihren kompakten Wuchs und fruchten nur spärlich. Gesunde, kräftige Tomatenpflanzen gibt es ab April im Gartenfachhandel oder auf dem Markt.

Zwiebel
Allium cepa

Pflege: Aussaat in III/IV möglich. Steck-zwiebeln Mitte III bis Anfang IV 2 cm tief in durchlässige, sandig-lehmige Böden pflanzen, Abstand 20–25 x 5–10 cm. Regelmäßig bewässern.
Ernte: VII–VIII, Zwiebeln mit Grabegabel aus dem Boden heben, sobald Laub ver-gilbt und umknickt. Auf Beet oder an geschützter Stelle nachtrocknen.

Mischkultur mit Möhren, Roter Bete

Lauch, Porree
Allium porrum

Pflege: bestes Wachstum in sandig-lehmigem, feuchtem, nährstoffreichem Boden. Aussaat ab II im Haus (14–20 °C), Pflanzung ab V, 7–8 cm tief, Abstand 30 x 15 cm, oder Direktsaat ins Freiland in III/IV.
Ernte: frühe Sorten VI–IX, Herbstsorten IX–XII, Wintersorten ab XII. Boden vorher mit Grabegabel lockern.

Winterernte mit frostharten Sorten

Mangold
Beta vulgaris var. *vulgaris*

Gestaltung: Ziergemüse für Beet und Topf, Blatt- und Stielmangold mit weißen, gelben, grünen oder rötlichen Stielen.
Pflege: durchlässige, sandig-lehmige, nährstoffreiche Böden. Aussaat von IV–VI direkt ins Beet, 2 cm tief, Abstand 30 x 25 cm. Nachdüngen nach jeder Ernte.
Ernte: erstmals nach 8–12 Wochen. Pflanzen treiben wieder durch.

Bei Augustsaaten lohnt Überwinterung

Pak-Choi, Blattsenf, Asia-Greens
Brassica juncea

Allgemeines: Amchoi (Blattsenf), Ko-matsuna (Senfspinat), Mizuna (Japan. Blattkohl) und Pak Choi keimen rasch, Anbau und Verwendung wie Spinat.
Pflege: humoses, feuchtes Erdreich. Direktsaat von III–IX. Pflanzenabstand 20 x 15 cm. Pak Choi ab Ende VII säen oder pflanzen.
Ernte: 3–8 Wochen nach Aussaat.

Für Gemüsebeete und Töpfe

Kohlrabi
Brassica oleracea var. *gongylodes*

Pflege: Pflanzung von III–VIII in frucht-bares, sandig-lehmiges Erdreich (nicht zu tief!) oder Direktsaat ins Beet ab IV. Pflanzenabstand 25 x 30 cm (große Sorten: 50 x 50 cm). Auch im Topf möglich. Boden gleichmäßig feucht halten.
Ernte: abhängig von Gewicht und Größe (ab 5 cm Knollendurchmesser).

Schossfeste Sorten wählen

Freiland-Gurke
Cucumis sativus

Pflege: Jungpflanzenanzucht ab III/IV im Haus, ab Mitte V in fruchtbares, gut feuchtes Erdreich auspflanzen, Abstand 30 x 100 cm. Liebt warme Böden, des-halb Beete mit schwarzer Mulchfolie abdecken. Nach dem 5./6. Blattpaar Triebe kappen (nur bei alten Sorten) – führt zur Verzweigung.
Ernte: laufend von VII–IX.

Bei beginnender Rankenbildung düngen

 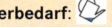

Zucchini
Cucurbita pepo var. *giromontiina*

Gestaltung: Ziergemüse für Beet und Kübel mit gelben oder grünen Früchten.
Pflege: lehmig-humoses Erdreich. Wärmeliebend. Aussaat in Saatkisten im Haus ab IV; Pflanzung Mitte V, Abstand: 90 x 90 cm. Boden feucht halten.
Ernte: wenn Früchte gewünschte Größe haben. Kleine Zucchini schmecken besser (10–15 cm).

nicht rankende Sorten bei Platzmangel

Möhre, Karotte
Daucus carota ssp. *sativus*

Pflege: Direktsaat in Reihen von III–VI in durchlässiges, sandig-lehmiges Erdreich. Vereinzeln auf Abstand von 20 x 2–3 cm). Keine Staunässe! Lange Keimzeit von 3–4 Wochen, daher Radieschen-Samen als Markiersaat mitaussäen.
Ernte: VI–X, Frühsorten nach 12 Wochen, sonst nach 15–20 Wochen.

Frostfeste Herbstsorten (bis –5 °C)

Rucola, Salatrauke
Diplotaxis tenuifolia/Eruca sativa

Pflege: Direktaussaat von IV–VI und von VIII–IX, breitwürfig oder in Reihen mit Abstand von 15–25 cm in durchlässige, humose Böden. Gleichmäßig feucht halten, keine Staunässe. Wächst schnell. Auch im Kübel (ganzjährig am Fenster).
Ernte: ab V, bereits 3–5 Wochen nach der Aussaat, ab einer Blattlänge von 10 cm.

Würziger, nussartiger Geschmack

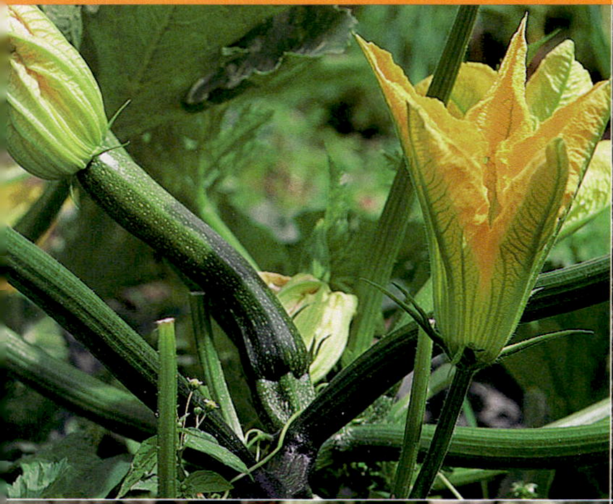

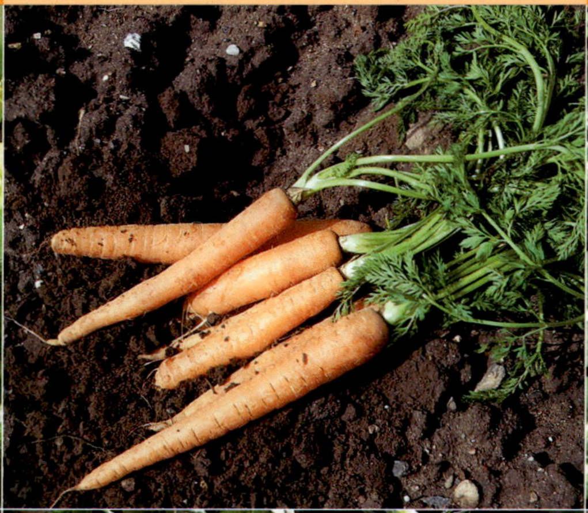

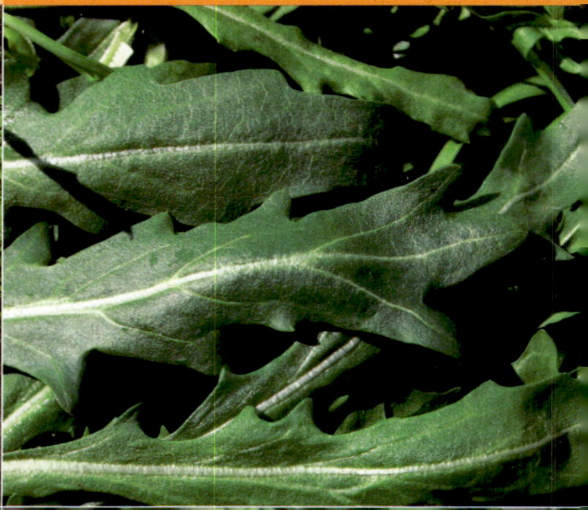

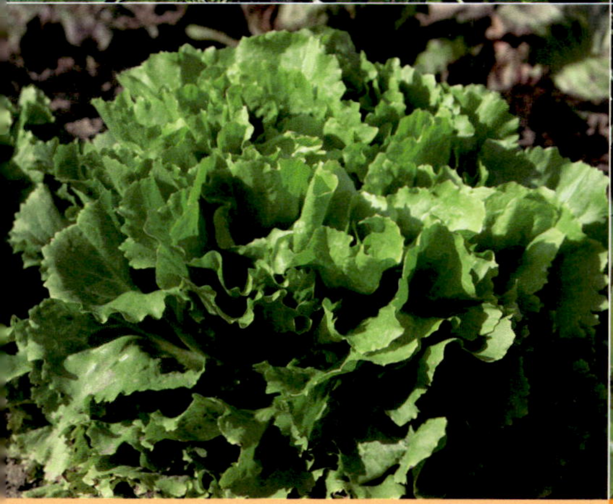

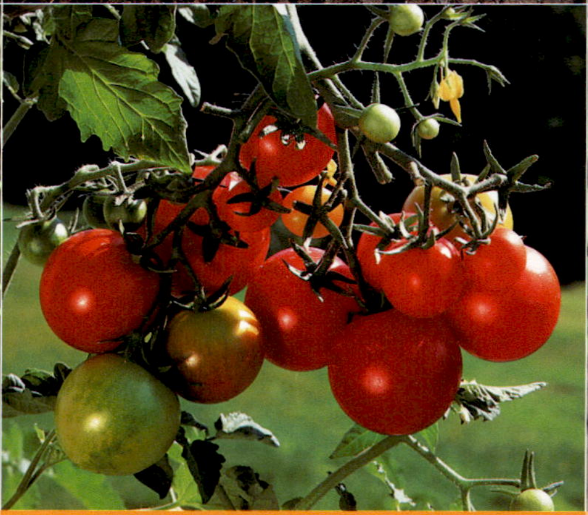

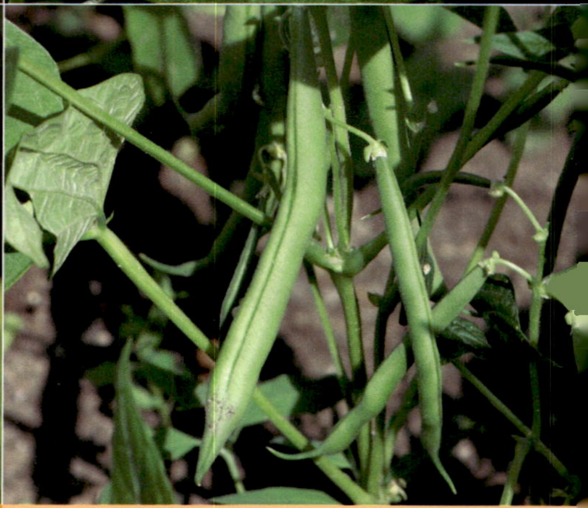

Kopf- und Pflücksalat
Lactuca sativa

Pflege: Aussaat in Saatkisten im Haus ab II/III, ab IV/V–VIII ins Freie pflanzen in fruchtbares, lehmig-humoses, durchlässiges Erdreich. Nicht zu tief setzen. Pflanzabstand 30 x 30 cm. Auch Direktaussaat ins Freiland ab IV/V. Sortenwahl nach Anbauzeitpunkt.
Ernte: Frühjahr bis Herbst, 4–6 Wochen nach Pflanzung.

Rote, grüne, krause und glatte Sorten

Tomate
Lycopersicon esculentum

Pflege: warmer Standort, geschützt vor Wind und Regen. Aussaat (III) im Haus, Pflanzung Mitte V in tiefgründiges, humoses, fruchtbares Erdreich oder Kübel (Abstand 60 x 50–60 cm). Regelmäßig gießen, Blätter trocken halten. Seitentriebe ausbrechen (Ausgeizen), an Rankstab aufleiten, alle 4 Wochen düngen.
Ernte: Sommer (VII) bis Herbst (X)

Runde Stabtomaten, Fleisch-, Eier und Kirschtomaten

Buschbohne
Phaseolus vulgaris var. *nanus*

Gestaltung: für Gemüsebeete oder Kübel. Dekorative Sorten mit gelben, grünen und violetten Hülsen.
Boden: ab Anfang V im Haus vorziehen, Ende V in fruchtbares, humoses Erdreich auspflanzen oder Aussaat ins Freiland von V–VI (Horst- oder Reihensaat).
Ernte: ab VII möglichst junge Bohnen, mehrmals durchpflücken.

Nur ausreichend gekocht essen

 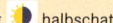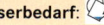

Mark-Erbse
Pisum sativum subsp. *sativum*

Pflege: sonniger Standort, sandig-humoses Erdreich. Reihenaussaat (V) ins Freiland (Abstand 15 x 5 cm). Gleichmäßig feucht halten. Rechtzeitig Rankhilfe mit Maschendraht oder Reisig geben. Für bessere Standfestigkeit bei etwa 10 cm Pflanzenhöhe etwas anhäufeln.

Ernte: VI, jung und grün.

tagneutrale Sorten für Anbau von IV–VII

Weitere Gemüsearten

Name	Ernte	Standort	Pflegetipps
Knollen-Sellerie *Apium graveolens* var. *rapaceum*	Knollen, VII–X	sonnig; durchlässige, nahrhafte Böden	ab III unter Glas aussäen, ab Mitte V ins Freie setzen, feucht halten
Rote Bete *Beta vulgaris* var. *conditiva*	Rüben, VII–X	sonnig; durchlässige, humose Böden	ab Mitte IV bis Anfang VII direkt ins Freiland säen
Weißkohl/Rotkohl *Brassica oleracea* var. *capitata*	Kohlköpfe, VI–XI (sorten- und aussaatabhängig)	sonnig; nahrhafte, durchlässige Böden	jährlich Platz wechseln; frühe Sorten und späte Lagersorten
Brokkoli *Brassica oleracea* var. *italica*	frühe Sorten ab VI, späte bis XI	sonnig; durchlässige nahrhafte Böden	Aussaat ab III unter Glas, Pflanzung oder Direktsaat ab Mitte V–VIII
Paprika *Capsicum annum*	erste grüne Paprika ab VII, rote und gelbe Sorten später	sonnig; wärmeliebend, geschützter Platz	Anbau im Freiland nur in warmen Lage, schön im Kübel
Endivie *Cichorium endivia*	ab VIII bis zum ersten leichten Frost (und kurz danach)	sonnig; durchlässige Böden, feucht halten	unverzichtbarer Spätsommer-Salat, selbstbleichende Sorten etwas dichter pflanzen (30 x 30 cm)
Kürbis *Cucurbita maxima*	erste Früchte ab VI	sonnig, halbschattig; nahrhafte, durchlässige Böden	hoher Nährstoff-, Wasser- und Platzbedarf

Radieschen
Raphanus sativus var. *sativus*

Allgemeines: rote, weißrote, runde und längliche Sorten.

Pflege: im Winter ins Frühbeet, im Frühjahr ab II ins Freiland aussäen in durchlässiges, sandig-lehmiges Erdreich. Aussaatabstand: 2 x 10–15 cm. Auf gleichmäßige Feuchte achten.

Ernte: 4–6 Wochen nach der Aussaat. Zu große Radieschen werden pelzig.

Nicht nach Kohl oder Kresse anbauen

Spinat
Spinacia oleracea

Pflege: Aussaat ab II/III in mehreren Sätzen bis VIII in fruchtbares, lehmig-humoses Erdreich. (Samenabstand: 5 x 20 cm). Im Hochsommer geeignete Sorten verwenden, sonst schossen die Pflanzen.

Ernte: 5–8 Wochen nach Aussaat, ab IV–X. Nach Blütenbildung nicht mehr essen.

Guter Gründünger (Vorkultur)

Feldsalat
Valerianella locusta

Pflege: Anbau in Beet, Topf oder Folientunnel. Direktaussaat VIII–III in fruchtbares, lehmig-humoses Erdreich (3 x 15–20 cm oder breitwürfig). Wenn es in den Wintermonaten zu kalt wird, die Feldsalat-Pflanzen mit Vlies oder Folie abdecken.

Ernte: Blattrosetten 2–6 Monate nach Aussaat direkt über Boden abschneiden.

Ausprobieren: Sorten für den Frühjahrsanbau

Nährstoffbedarf: Schwachzehrer Mittelzehrer Starkzehrer

Obstbäume und Beerensträucher – naschen erlaubt

Äpfel, Birnen, Kirschen und Pflaumen verwandeln den Garten im Frühjahr in ein Blütenmeer. Die Zeit, bis im Herbst die Früchte reifen, kann man sich versüßen. Im Sommer sorgen Johannisbeeren, Himbeeren und andere Beerensträucher dafür, dass es immer genug zu naschen gibt.

Sommerhimbeeren pflanzt man mit 50 cm Abstand in Einzelreihen.

Wie groß soll der Baum werden? Die Unterlage bestimmt den Wuchs

Für einen großen Obstbaum ist in vielen Gärten kein Platz, oft sind selbst Halbstämme noch zu umfangreich. Doch auf den Hausbaum brauchen Sie deshalb nicht zu verzichten. Durch das Veredeln bewährter und neuer Sorten auf eine schwach wachsende Wurzelunterlage bleiben Apfel-, Birn- und Pflaumenbäume deutlich kleiner und lassen sich als pyramiden-

Tipp

Obstbaum pflanzen in 5 Schritten

▶ Die Pflanzloch so groß ausheben, dass alle Wurzeln bequem Platz finden (bei Containerpflanzen doppelt so groß wie der Wurzelballen).

▶ Beschädigte Wurzeln einkürzen.

▶ Pflanzen senkrecht einsetzen, festhalten und feinkrümelige Erde anfüllen. Die verdickte Veredelungsstelle muss 10 bis 15 cm über dem Boden sitzen!

▶ Erde rund um den Stamm vorsichtig festtreten.

▶ Erde einschwemmen.

förmiger Buschbaum oder schlanker Spindelbusch erziehen. Noch ein Vorteil: Bäume, die weniger Holz bilden, tragen früher Früchte. Ein als Spindelbusch gezogener Apfel erreicht im dritten Jahr nach der Pflanzung den Vollertrag, ein stark wachsender Baum braucht mindestens sieben Jahre.

Zu den Neuheiten gehören auch die säulenförmig wachsenden Ballerina-Bäumchen. Sie eignen sich als Hecke ebenso gut wie für den Anbau im Topf auf der Terrasse. Das gilt auch für Beerensträucher. Sie beanspruchen von Natur aus wenig Fläche und meist bringt man auch in kleinen Gärten mehrere Sträucher mühelos unter.

Wer mit wem? So sichern Sie die Befruchtung

Bis auf wenige Ausnahmen sind Obstgehölze nicht ausreichend selbstfruchtbar, also brauchen Sie mindestens zwei verschiedene Sorten. Und die wenigen Sorten, die auch ohne Partner Früchte tragen, liefern mit der richtigen „Verwandtschaft" in der Nähe auch deutlich höhere Erträge. Meist hat man aber Glück und im Nachbargarten oder auf einer nahen Obstwiese steht ein passender Pollenspender. Bei Äpfeln und Birnen spielen noch andere Faktoren eine Rolle. Am besten lassen Sie sich in einer Obstbaumschule beraten oder werfen einen Blick in die einschlägigen Sortenlisten und Kataloge. Bei den unkomplizierten Beerensträuchern genügt es, wenn Sie Sorten zusammenpflanzen, die etwa zur selben Zeit blühen.

Was ist wichtig beim Kauf von Obstgehölze?
Gerader Stamm, kräftige Mitte, Seitentriebe

Obstbäume und Beerensträucher werden viele Jahre alt, schon deshalb lohnt sich eine gründliche Planung vor jeder Neupflanzung. Wie bei allen anderen Gartenpflanzen spielen die Standortbedingungen bei der Sortenwahl eine wichtige Rolle. Alte, regional bewährte Äpfel, Birnen oder Kirschen sind hier oft im Vorteil und verblüffen durch ihre hohe Widerstandskraft. Gerade für kleine Gärten gibt es inzwischen viele Neuzüchtungen, die gegen die wichtigsten Krankheiten weitgehend immun sind und bei denen Sie auf den Einsatz von Chemie ebenfalls verzichten können. Allerdings stellen diese Sorten fast immer höhere Ansprüche an den Boden und eignen sich nur für klimatisch günstigere Lagen.

Achten Sie bei jungen Bäumen auf einen geraden Stamm, einen kräftigen Mitteltrieb und mindestens drei oder vier harmonisch verteilte, möglichst flach vom Mitteltrieb abgehende Seitentriebe. Beerensträucher sollten fünf bis sieben aufrecht wachsende Triebe haben, bei Beerenstämmchen genügen drei bis fünf gleichmäßig rund um den Stamm verteilte, kräftige Zweige.

Wichtig: Bäume mit nackten Wurzeln oder Ballenpflanzen nach dem Kauf möglichst rasch pflanzen oder in feuchte Erde einschlagen. Pflanzen, die im Topf (Container) geliefert werden, bis zur Pflanzung vor Wind schützen und regelmäßig gießen!

Der beste Pflanztermin
Herbst oder Frühjahr

Obstbäume pflanzt man am besten nach dem Laubfall, also zwischen Oktober und Dezember. In höheren Lagen und bei schweren, nassen Böden ist eine Frühjahrspflanzung günstiger. Nicht nur Beerenobst, auch größere Obstgehölze werden auch außerhalb der traditionellen Pflanzzeit im Topf angeboten. Die Herbst- oder Frühjahrspflanzung bringt dennoch Vorteile: Die feuchte Erde schützt die empfindlichen Wurzeln vor dem Austrocknen, bis zum Austrieb sind die Pflanzen bereits eingewurzelt und können Wasser und Nährstoffe aus dem Boden besser aufnehmen.

Schwach wachsende Obstbäume passen auch in kleine Gärten und liefern viele Früchte.

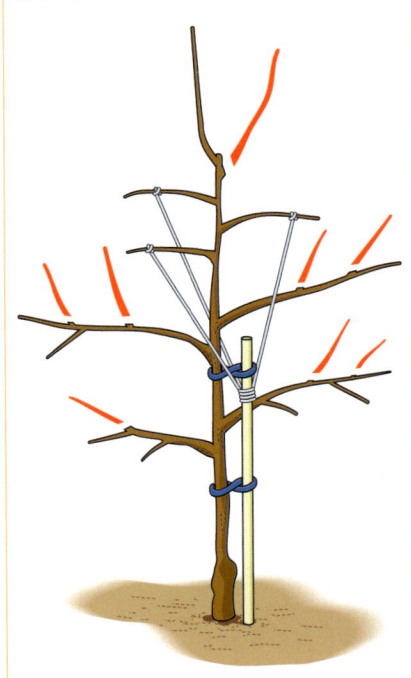

Entfernen Sie nach der Obstbaumpflanzung alle Konkurrenztriebe zum Mitteltrieb und die steil nach oben wachsenden Zweige entlang der Seitenäste. Alle zu steil stehenden zukünftigen Leitäste flach herunterbinden.

Haben Sie Beerenhunger? Sortenwahl

Auch bei den Beeren tut sich etwas. Neue, stachellose Brombeersorten wie 'Loch Ness' oder 'Navajo' schmecken genauso gut wie die wehrhaften und im Wachstum kaum zu bändigenden, alten Sorten. Selbst bei den Stachelbeeren ist der Name längst nicht mehr Programm: Dornenlose Neuzüchtungen lassen sich gefahrlos beernten und schmecken, dank dünner Schale und angenehmer Säure, köstlich. Wenn Sie Johannisbeeren am liebsten von der Hand in den Mund genießen, sollten Sie auch auf ein ausgewogenes Zucker-Säure-Verhältnis Wert legen und die Ernte durch Sorten mit früher, mittelfrüher und später Reifezeit staffeln.

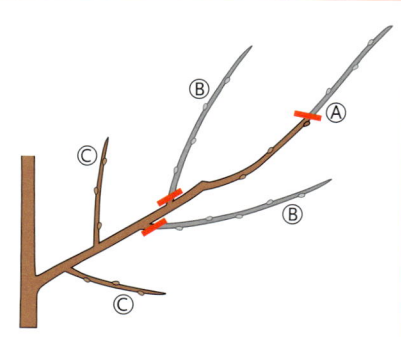

füllen. Erdbeeren sind pflegeleichter, sie gedeihen in jedem guten Gartenboden. Spätestens alle drei Jahre sollten Sie die Beeren aber neu pflanzen, und zwar in ein Beet, in dem die letzten vier Jahre keine Erdbeeren angebaut wurden. Zur Pflanzzeit im Juli können Sie getopfte Jungpflanzen zukaufen.

Eine Unterlage aus Stroh schützt die Erdbeeren vor Verschmutzung und dem Befall durch Pilzkrankheiten.

Der richtige Schnitt bei Beerensträuchern Alte Triebe entfernen, Seitentriebe einkürzen

Bei den Beerensträuchern ist der Schnitt denkbar einfach. Bei der Pflanzung lässt man nur fünf kräftige Triebe stehen. Ab dem vierten Standjahr, wenn die Pflanzen acht bis zehn Leittriebe entwickelt haben, entfernt man gleich nach der Ernte alle Triebe, die älter als vier oder fünf Jahre sind. Kürzen Sie zu dicht stehende oder sehr lange Seitentriebe etwas ein und häufeln Sie die Sträucher anschließend an, dann wachsen immer genügend junge, fruchtbare Triebe nach.

Beim jährlichen Auslichtungsschnitt Seitenäste um 1/3 einkürzen (A) und mögliche Konkurrenztriebe (B) abschneiden. Kleinere, junge Seitentriebe bleiben ungeschnitten (C).

Sommer- und Herbsthimbeeren Halbsträucher ganz zurückschneiden

Himbeeren gehören zu den Halbsträuchern, das heißt, die Ruten werden nur zwei Jahre alt. Man unterscheidet Jungruten (1. Jahr) von Tragruten (2. Jahr). Gleich nach der Ernte entfernt man die abgetragenen Ruten aus dem letzten Jahr und zieht pro laufen-

Kapuzinerkresse hat sich als Läuseschreck bewährt. Pflanzt man sie auf die Baumscheibe von Beerenstämmchen und jungen Obstbäumen, hält sie den Boden gesund und unkrautfrei.

Pflegeleichte Kultur-Heidelbeeren werden im Garten immer beliebter, verlangen allerdings einen sehr sauren Boden. Weil die meisten Böden diesem Anspruch nicht genügen, muss man die Beete tief ausheben und mit Rhododendronerde oder einem Gemisch aus Kompost, kompostiertem Rindenmulch und Holzhäcksel auf-

Beerensträucher: Jährlich alle vier bis fünf Jahre alten Triebe bodennah abschneiden. Alle zu dicht stehenden Seitentriebe entfernen, längere Triebe einkürzen.

Tipp Keine Angst vorm Obstbaumschnitt

Keine Scheu, wenn Sie das erste Mal mit der Schere in der Hand vor einem Obstbaum stehen. Schneiden Sie aber nicht einfach nach Gefühl. Leicht verständliche Schnittanleitungen finden Sie in Obstbaubüchern. Noch besser: Schauen Sie vorher mal einem Fachmann über die Schulter. Ein-Tages-Kurse, bei denen sie selbst Hand anlegen dürfen, bieten im Winter viele Gartenbauvereine an (Termine in der Tagespresse).

Schorf ist eine gefürchtete Pilzkrankheit. Befallene Äpfel eignen sich nicht zum Einlagern.

Schädlinge und Krankheiten erkennen

Krankheit	Schadbild	Vorbeugung
Echter Mehltau	an Apfel und Quitte, weißlich mehliger Belag auf Blättern, Blüten, Triebspitzen	mehltaufeste Sorten wählen, mäßig düngen
Schorf	wichtigste Krankheit an Apfel und Birne, dunkle Flecken auf Blättern und Früchten	nur widerstandsfähige Sorten pflanzen, Kronen stark auslichten
Blattläuse	an mehreren Obstarten, gekräuselte oder eingerollte Blätter, Honigtau auf allen Pflanzenteilen	wenig düngen, Nützlinge wie Marienkäfer und Florfliegen fördern
Wühlmäuse	an allen Obstarten, vor allem an jungen Bäumen und Bäumen auf schwach wachsenden Unterlagen; Wurzelschäden bis zum Totalfraß	Bäume in Drahtkörbe pflanzen
Spitzendürre (Monilia)	an Kern- und Steinobst, welke Blätter, Zweige sterben ab und die Früchte vertrocknen	regelmäßiger Schnitt, Spritzen mit Tee aus Meerrettichwurzel (während der Blüte)

dem Meter acht bis zwölf neue Ruten nach. Immer beliebter wird der Anbau spät tragender Herbsthimbeeren wie 'Blissy' oder 'Himbo Top'. Schneiden Sie bei diesen Sorten im Winter sämtliche Ruten dicht über dem Boden ab. Die neu austreibenden Ruten liefern im nächsten Jahr von Anfang August bis zum ersten Frost sehr große, aromatische Früchte. Noch ein Vorteil: Die Herbsthimbeeren werden von den Maden des Himbeerkäfers grundsätzlich verschont.

Baumschnitt für Könner
Die wichtigsten Regeln

Der Schnitt der Obstbäume erfordert etwas mehr Fachkenntnis und mit den wichtigsten Grundregeln sollten Sie sich vertraut machen. Dabei gilt: Je kräftiger der Wuchs, desto weniger Blüten und Früchte bildet ein Baum. Umgekehrt neigen schwachwüchsige Gehölze dazu, zu viele, oft nur kleine Früchte zu tragen und werden anfälliger für Schädlinge und Krankheiten. Die Kunst besteht also darin, das Wachstum der Triebe und die Fruchtbildung in geregelte Bahnen zu lenken. Schneiden Sie stark wachsende Triebe

nur mäßig zurück, um das Wachstum nicht noch mehr anzuregen. Ist der Zuwachs gering, können Sie die Zweige ruhig kräftig einkürzen. Achten Sie stets darauf, dass die Krone nicht zu dicht wird, damit alle Früchte genügend Sonne zum Reifen erhalten und die Blätter nach einem Regenguss möglichst rasch abtrocknen. Schneiden Sie junge Obstbäume besser im Sommer und verzichten Sie auf den bisher üblichen Winterschnitt. Im Sommer lässt sich das Wachstum leichter regulieren. Außerdem heilen die Schnittwunden bei Bäumen, die „im Saft stehen", besser ab.

Obst im Topf? Gießen, düngen, Winterschutz

Miniobstbäume für den Balkon oder die Terrasse kommen groß in Mode, und immer mehr Sorten drängen auf den Markt. Echte Zwergobstbäumchen behalten ihr Mini-Format auch ohne Schnitt. Es genügt, wenn Sie im Frühjahr alle abgestorbenen Zweige entfernen und nach der Ernte einzelne, zu stark wachsende Triebe einkürzen. Weil der Wurzelraum im Topf begrenzt ist, sollten Sie alle Obstbäume im Topf

bei Trockenheit zwei- bis dreimal pro Woche gießen. Zwischen April und August brauchen die Fruchtzwerge wöchentlich eine Düngergabe mit niedrig dosiertem, flüssigem Volldünger (ca. 5 ml auf 10 Liter Wasser). Rücken Sie die Bäumchen im Winter dicht an eine schützende Wand und umwickeln Sie die Töpfe mit Kokosmatten, damit die Erde auch bei länger anhaltenden Minustemperaturen nicht durchfriert.

Zeit zum Ernten: Reife Äpfel lösen sich durch einen sanften Dreh oder Knick mitsamt dem Stiel ganz leicht vom Ast.

Erdbeere
Fragaria x *ananassa*

Pflanzung: einmal tragende Sorten von Juli bis August in durchlässigen, humosen, nahrhaften Boden pflanzen (Abstand 40 x 30 cm). Herz der Pflanze muss knapp über dem Boden liegen. Beetwechsel alle 2–4 Jahre.

Pflege: Reifende Früchte mit Stroh oder Holzwolle unterlegen. Vor der Pflanzung, nach der Ernte Kompost geben.

Mehrmals tragende Sorten für Töpfe

     V/IX

Apfel
Malus domestica

Gestaltung: Einzelplatz, Hecke, auch Sorten für Kübel erhältlich.

Pflege: Pflanzung in durchlässige, tiefgründige, nahrhafte Böden – wurzelnackte Bäume im Herbst, Bäume im Topf ganzjährig (außer bei Frost). Erziehung und Unterlage bestimmen Höhe und Breite. Befruchtersorte nötig, die gleichzeitig blüht.

Fachgerechter Schnitt ist nötig

   2-10 1,5-8 VII/X

Süßkirsche
Prunus avium

Gestaltung: Einzelpflanzung, Vogelschutzgehölz, reiche Blüte.

Pflege: durchlässige, nahrhafte Böden, Staunässe vermeiden. Bei Trockenheit während de Fruchtbildung wässern. Die meisten Sorten brauchen eine Befruchtersorte in der Nähe. Fachgerechter Schnitt nach der Ernte oder im Winter erforderlich.

Selbstfruchtbar: 'Sweetheart', 'Lapins'

  3-8 3-6 VI/VII

   2-4 2-3 VI/VII

Sauerkirsche
Prunus cerasus

Gestaltung: Einzelpflanzung, Vogelschutzgehölz, auch Sorten für Kübel. Auf widerstandsfähige Sorten gegen Spitzendürre achten.

Pflege: durchlässige, nahrhafte Gartenböden. Sehr genügsam, trockenheitsverträglich. Fachgerechter Rückschnitt nach der Ernte erforderlich. Die meisten Sorten sind ausreichend selbstfruchtbar.

Anspruchsloser als Süßkirschen

   4-5 3-4 VII/IX

Pflaume, Zwetsche, Reneklode, Mirabelle
Prunus domestica

Gestaltung: freistehender Klein- oder Buschbaum, bedingt für Topfkultur.

Pflege: humose, durchlässige nährstoffreiche Böden. Windgeschützt und warm. Bei Trockenheit gießen. Fachgerechter Schnitt nötig: junge Bäume wenig, ältere regelmäßig im Sommer. Viele Sorten sind selbstfruchtbar.

Vogelschutzgehölz

     3-15 1,5-6 VIII/X

Birne
Pyrus communis

Gestaltung: freistehend, Kleinbaum bis Hochstamm, Größe abhängig von Unterlage. Vogelschutzgehölz.

Pflege: durchlässige, nährstoffreiche, tiefgründige Böden. Wärmeliebend, Spätfrostlagen meiden. Bei Trockenheit während der Fruchtbildung gießen. Selbstunfruchtbar: Befruchtersorte erforderlich.

Fachgerechter Schnitt erforderlich

Standort: sonnig halbschattig schattig **Wasserbedarf:** 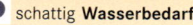 wenig mittel hoch **Höhe / Breite:**  in m **Erntezeit:** 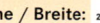 in Monaten

Rote und Weiße Johannisbeere
Ribes rubrum

Gestaltung: einzeln oder in Gruppen, als Hecke, auch als Hochstämmchen und im Topf.

Pflege: humose, nährstoffreiche Böden. Wind- und frostgeschützter Platz, da Blüte spätfrostgefährdet. Bei Trockenheit wässern. Nach der Ernte auslichten: Alle Basis-Triebe, die älter als 4 Jahre sind, wegnehmen, Seitentriebe einkürzen.

Befruchtersorte empfehlenswert

☀ ◑ 🖐 ↑ 1-1,5 ↔ 0,8-1,2 VI/VIII

Weitere Obstarten für den Hausgarten

Name	Frucht	Standort	Tipps
Kleinfrüchtige Kiwi *Actinidia arguta*	glattschalige, grüne und rote Früchte, X–XI	sonnig, halbschattig; nährstoffreiche, durchlässige Böden	Kletterpflanze; für Fruchtbildung weibliche und männliche Pflanzen zusammensetzen
Haselnuss *Corylus avellana*	braune Nüsse, ab IX	sonnig, halbschattig; kalkliebend, anpassungsfähig	4–8 m hoher einheimischer Großstrauch; Vogelnahrung. Für höhere Erträge 2 verschiedene Sorten pflanzen
Quitte *Cydonia oblonga*	apfel- oder birnenförmige Quitten, ab X	sonnig; nährstoffreiche, durchlässige Böden	2–5 m hoch und breit, Früchte nicht roh essen (Marmelade, etc.)
Schwarze Johannisbeere *Ribes nigrum*	schwarze Beeren in Trauben, VII	sonnig, halbschattig; humose, durchlässige Böden	0,8 bis 1,5 m hoch und breit; hoher Vit. C-Gehalt
Jostabeere *Ribes x nidigrolaria*	schwarzbraune Beeren, VI–VII	sonnig; nährstoffreiche, humose Böden	1–1,8 m hoch und breit; meist Strauch, z.T. als Hochstämmchen
Brombeere *Rubus fruticosus*	schwarze Brombeeren VII–X	sonnig, halbschattig; nährstoffreiche, humose Böden	Kletterpflanze, an Gerüst ziehen. Achtung: Kann wuchern! Stachellose Sorten mit aufrechtem Wuchs für kleine Gärten

☀ ◑ 🖐 ↑ 0,8-1 ↔ 0,8-1 VII

Stachelbeere
Ribes uva-crispa

Gestaltung: einzeln oder in Gruppen, als Strauch oder Hochstämmchen, im Topf. Vogelschutzgehölz.

Pflege: humose, nährstoffreiche, durchlässige Böden, wind- und frostgeschützte Plätze wählen (Blüte spätfrostgefährdet). Bei Trockenheit wässern. Boden mulchen. Schnitt wie bei Johannisbeeren.

Stachellose Sorte 'Pax'

☀ ◑ 🖐 🖐 ↑ 1-2 ↔ 0,2-0,6 VI/X

Himbeere
Rubus idaeus

Gestaltung: als Hecke am Spalier, Herbsthimbeeren auch in Gruppen.

Pflege: durchlässige, humose, schwach saure Böden. Mulchen, Kompost geben. Bei Sommerhimbeeren nach der Ernte abgetragene Ruten bodennah abschneiden, neue Triebe an Gerüst hochleiten, bei Herbsthimbeeren im November alle Ruten bodennah abschneiden.

Neupflanzung alle 8–10 Jahre

☀ 🖐 ↑ 1-3 ↔ 1-1,5 VII/VIII

Kultur-Heidelbeere
Vaccinium corymbosum

Gestaltung: einzeln oder in Gruppen, für Hecken, auch im Topf.

Pflege: sandig-humose, saure, wasserdurchlässige Erde (Moorbeetpflanze). Keine Staunässe, bei Trockenheit wässern. Windgeschützte Plätze. Sträucher jährlich auslichten, neue Jungtriebe nachziehen. Befruchtersorte empfehlenswert.

Beet mit Laub/Rindenmulch abdecken

Fruchtfarben:

Würzig & aromatisch – Kräutergärten stehen hoch im Kurs

Die aromatischen Blätter und Blüten verzaubern den Garten mit ihrem Duft, entfalten ihre wohltuende Wirkung in einer entspannenden Tasse Tee und sind aus der Feinschmeckerküche gar nicht mehr wegzudenken.

Wie viel Platz brauchen Kräuter? Ein Kübel oder wenige Quadratmeter genügen

Für ein kleines Kräuterbeet genügt bereits eine Fläche von 1 oder 2 m² und auch in Töpfen oder Kübeln machen Kräuter ziemlich viel her. Gerade die wärmeliebenden Arten, wie Basilikum, Frucht-Salbei und Zitronenstrauch, fühlen sich hier besonders wohl und gedeihen meist sogar besser als im Beet. Auch Rosmarin, Thymian und Oregano lassen sich problemlos in Töpfen ziehen. Sie wurzeln nur flach und wachsen ziemlich langsam. An der Südseite des Hauses sind sie am besten untergebracht und entwickeln dort genau so viel Würzkraft wie an den heißen, trockenen Berghängen in Italien oder Südfrankreich.

Da die meisten ausdauernden Kräuter aus dem Mittelmeerraum stammen, brauchen sie auch im Garten ein möglichst sonniges Beet mit durchlässiger, sandiger Erde. Heimische Arten, wie Liebstöckel oder Minze, kommen auch mit weniger Sonne zurecht. Wildkräuter, wie Bärlauch und Waldmeister, sind ideal als Bodendecker für den lichten Schatten unter laubabwerfenden Bäumen oder Sträuchern.

Kräuter wecken die Sammelleidenschaft. Wie praktisch, dass sie so wenig Platz brauchen. Und beinahe alle Arten und Sorten gedeihen im Topf genau so gut wie im Beet.

So tricksen Sie die Schnecken aus

Basilikum liefert nur im Topf eine sichere Ernte. Das liegt nicht nur an seinem hohen Wärmebedarf! Im Garten ist das Kraut ein willkommenes Fressen für die Schnecken und nur mit Mühe zu verteidigen. Stellen Sie den Topf am besten leicht erhöht, damit er wirklich sicher ist!

Thymian, Rosmarin und Zitronen-Melisse (von links nach rechts) gehören zur Grundausstattung in jedem Kräuterbeet.

Wann und wie kommen die Kräuter ins Beet?
Pflanzung im Frühjahr

Für ein einzelnes Beet oder die Kräutersammlung auf der Terrasse kauft man die Pflanzen am besten zu. Inzwischen bieten viele Kräutergärtnereien von den beliebtesten Duft- und Würzpflanzen unzählige attraktive Sorten mit unterschiedlichsten Düften, Farben und Aromen. Die größte Auswahl haben Sie im späten Frühjahr bis zum Frühsommer. Pflanzen Sie die Kräuter gleich nach dem Kauf ins Beet oder in größere Töpfe um. Eine 1 bis 2 cm dicke Schicht aus Sand oder Kies am Topfboden verhindert Staunässe. Füllen Sie die Töpfe anschließend mit Kräutererde oder einer Mischung aus Gartenerde, Kompost und Sand auf. Torfhaltige Balkonblumenerde ist für die kalkliebenden Kräuter viel zu sauer! Im Beet sorgt eine Handvoll gut ausgereifter Kompost, eventuell vermischt mit einem Esslöffel Algenkalk, rund um den Wurzelballen für einen guten Start. Pflanzen Sie die Kräuter nur so tief, wie sie im Topf gestanden haben. Und nicht vergessen: Rauen Sie den Topfballen mit einem Messer

vorher etwas auf, denn oft wachsen die Wurzeln der vorgezogenen Pflanzen im Kreis herum. Ohne diese Maßnahme behalten sie diese Gewohnheit bei und fassen an ihrem neuen Platz nur langsam Fuß.

Nicht auf Diät setzen
Richtig düngen und gießen

Kräuter gelten zwar als Hungerkünstler, doch das stimmt nicht in jedem Fall. Im Beet genügt eine Kompostgabe im Frühjahr, alle übrigen Nährstoffe mobilisieren die Pflanzen in ausreichender Menge aus den Bodenvorräten. Wenn Sie auch bei den Topfkräutern laufend ernten wollen, müssen Sie für Nachschub sorgen. Düngen Sie erstmals acht Wochen nach dem Einpflanzen und dann etwa alle vier Wochen mit einem niedrig dosierten, organischen Flüssigdünger.

Weil die Erde im Topf schneller austrocknet, müssen Thymian, Oregano und andere Südländer ebenso häufig gegossen werden wie alle anderen Balkonpflanzen. Aber verpassen Sie Rosmarin und Lavendel keinen Kälteschock! Gießen Sie nur mit abgestandenem, leicht erwärmtem Wasser.

Selbst aussäen Mehrmals im Frühjahr und Sommer

Ein- und zweijährige Kräuter, wie Rauke, Kerbel und Kresse, lassen sich im Frühjahr und Spätsommer ganz leicht aus Samen ziehen. Damit immer genügend junge, zarte Blätter für die Küche nachwachsen, säen Sie am besten mehrmals im Abstand von zwei bis drei Wochen in Schalen und Kästen oder direkt ins Beet (bis zur Keimung feucht halten!).

Kappen Sie bei den ausdauernden Kräutern bei der Ernte regelmäßig die Triebspitzen bis knapp in die verholzten Stängelteile, dann behalten die Sträucher ihren kompakten Wuchs.

Ganz einfach: Kräuter im Sommer über Stecklinge vermehren

2 Entfernen Sie alle Blätter im unteren Bereich der Stängel. Anschließend die Triebspitze einkürzen. Zwei bis drei Blätter stehen lassen, große Blätter halbieren. Triebenden etwas antrocknen lassen.

1 Kappen Sie für die Stecklingsvermehrung die Triebspitzen knapp unterhalb einer Blattachsel, möglichst in der Übergangszone zwischen noch grünen und leicht holzigen Stängelteilen.

Töpfe mit feuchter Erde füllen. Löcher hineindrücken, pro Topf zwei bis drei Stecklinge hineinstecken, andrücken. Stülpen Sie ein Glas oder durchsichtige Folie darüber, das schränkt die Verdunstung ein. **3**

Gut in Form Kräuter regelmäßig schneiden und ernten

Nur bei einem regelmäßigen Rückschnitt bleiben Kräuter kompakt. Rosmarin kürzt man nach der Blüte im Frühjahr um zwei Drittel ein. Bei jungen Salbei- und Thymianpflänzchen

Vermehrung durch Absenker: Einen Zweig in der Erde fixieren, nach der Wurzelbildung von der Mutterpflanze trennen und umpflanzen.

kappt man lediglich die weichen Triebspitzen bis in die leicht verholzten Teile, ältere Sträucher können um ein Drittel zurückgeschnitten werden. Aber behutsam, am besten in ein oder zwei Schritten. Vorsicht: Aus bereits völlig verholzten Zweigteilen treiben diese Sträucher nicht mehr aus. Meist lassen sich Ernte und Rückschnitt ganz einfach miteinander verbinden. Schneiden Sie bei starkwüchsigen Kräutern mit weichen Stängeln, wie Minze, Melisse und Estragon, die ganzen Triebe knapp über dem Wurzelstock ab. Durch das regelmäßige Auslichten treiben die Pflanzen an der Basis immer wieder neu aus. Jungpflanzen nur sparsam beernten! Von Dill, Gewürzfenchel, Koriander und Petersilie pflückt man ebenfalls die ganzen Stängel oder kneift nur die Triebspitzen ab.

So wird mehr aus Ihren Kräutern Stecklinge und Absenker

Wenn Sie einen traditionellen Kräutergarten oder eine Kräuterhecke als

Beetumrandung planen, lohnt sich die eigene Vermehrung bereits vorhandener Stauden und Sträucher über Stecklinge (siehe Kasten oben) oder Absenker (siehe Abbildung links).

Fangen Sie das Aroma ein Kräuter trocknen und konservieren

Der richtige Erntezeitpunkt ist wichtig, wenn es darum geht, die Aromen der Kräuter über einen längeren Zeitraum zu erhalten. Pflücken Sie Triebe, Blätter und Blüten zum Trocknen erst kurz vor der Blüte, möglichst vor der Mittagszeit an einem trockenen, sonnigen Tag. Geeignet sind alle mediterranen Arten, aber auch ein paar heimische Würzkräuter kommen dafür in Frage. Thymian, Lavendel, Rosmarin und Oregano fasst man in kleine Bündel und hängt sie im luftigen Schatten auf. Weil die weichen Blätter von Liebstöckel, Estragon und Basilikum beim Trocknen leicht verbräunen, streift man sie besser von den Stängeln und legt sie auf einen mit Gaze bespannten Rahmen. Noch einfacher: Legen

Kräuter schneiden macht allen Spaß, weil es dabei so schön duftet. Der beste Zeitpunkt ist kurz vor der Blüte.

Frische Kräuter im Winter

Basilikum, Kerbel, Rucola und Kresse wachsen im Winter auch am Küchenfenster und liefern dort mehrere Ernten. Glatte Petersilie und Schnittlauch eignen sich ebenfalls für die Winterernte: Wurzelballen im Herbst ausgraben, eintopfen und an einem geschützten Platz zwischenlagern. Von Dezember bis zum Frühjahr Töpfe nach und nach ins Haus holen und antreiben.

Sie die Blätter in Öl oder Essig ein oder bereiten Sie Pesto daraus.

Winterschutz nötig?
Je nach Art

Die meisten mehrjährigen Gartenkräuter brauchen keinen Winterschutz. Decken Sie aber empfindliche Arten, wie Französischen Estragon, Currykraut und buntblättrige Salbeisorten, mit etwas Fichtenreisig ab und mulchen Sie den Boden rund um die Sträucher mit einer dicken Schicht aus Laub oder Stroh. Mit dieser Methode kommen auch frisch gepflanzte und noch nicht völlig eingewurzelte Kräuter sicher über die kalte Jahreszeit.
Frostharte Salbeisorten und winterharter Rosmarin sind ebenfalls gefährdet. Wie alle immergrünen Gehölze leiden sie vor allem an sonnigen Wintertagen, weil sie über die Blätter weiterhin Feuchtigkeit verdunsten, aus dem gefrorenen Boden aber kein Wasser aufnehmen können. Schaffen

Sie Abhilfe: Mit Vlies schattieren und an frostfreien Tagen gießen. Lorbeerbäumchen, Zitronenstrauch und Duft-Geranien müssen unbedingt ins Haus, sobald die ersten Nacht-

fröste drohen. Stellen Sie die Töpfe an einen möglichst hellen, aber kühlen Ort und gießen Sie nur noch, wenn sich die Erde im Topf an der Oberfläche vollkommen trocken anfühlt.

Zum richtigen Zeitpunkt geerntete und schonend getrocknete Kräuter bewahren ihr Aroma und ihre Würzkraft.

Schnittlauch
Allium schoenoprasum

Gestaltung: Klassiker für Kräuter-
Gemüse- und Blumenbeete, auch in
Töpfen. Gruppenpflanze.
Pflege: durchlässige, sandig-lehmige,
fruchtbare Böden. Vor dem Winter ausgraben, eintopfen und auf der Fensterbank antreiben. Vermehrung durch Aussaat und Teilung im Frühjahr.
Ernte: frische Blätter ab IV.

Essbare Blüten (VI-VIII)

     20-30

Dill
Anethum graveolens

Gestaltung: Duft- und Würzkraut für
Kräuter- und Gemüsebeete, auch für
Töpfe. Gelbe Blüten (VII–VIII).
Pflege: durchlässige, sandig-humose,
nahrhafte Böden. Dill ist einjährig: IV–VI
in Sätzen aussäen, um Erntezeit zu verlängern.
Ernte: laufend junge Triebe ab
6 Wochen nach Aussaat

Nicht mitkochen

     50-90

Zitronen-Melisse
Melissa officinalis

Gestaltung: für Töpfe, Kräuter- und
Gemüsebeete, Bienenpflanze.
Pflege: durchlässige Gartenböden.
Warmer, geschützter Platz, in rauen
Lagen Winterschutz. Neigt zum Wuchern.
Vermehrung durch Teilung oder Aussaat
(Lichtkeimer). Rückschnitt im Früh-
sommer und Herbst.
Ernte: Blätter ab Frühjahr.

Mehrjähriges Tee- und Küchenkraut

    50-80

      30-80

Pfefferminze
Mentha x piperita

Gestaltung: für Töpfe, Gemüse- und
Kräutergärten. Hellrosa bis violette
Blüten (VII–IX) locken Insekten an.
Pflege: sandig-humose Gartenböden.
Kann wuchern, daher mit Wurzelsperre
oder in eingesenkte Töpfe pflanzen.
Mehrjährige Pflanze, Vermehrung durch
Stecklinge, Ausläufer, Teilung.
Ernte: junge Triebe ab Frühjahr.

Duft-, Heil- und Teekraut

   30-60

Basilikum
Ocimum basilicum

Gestaltung: Duft- und Würzpflanze für
Töpfe, Gemüse- und Kräuterbeete.
Pflege: frostempfindliche Pflanze, die
jedes Jahr im Frühjahr neu ausgesät
werden muss (Lichtkeimer); für durchlässige, nahrhafte Gartenböden, warme
und geschützte Plätze.
Ernte: frische Blätter ab Frühjahr.
Sorte: 'Rubin', rotblättrig.

Bei Frostbeginn im Zimmer pflegen

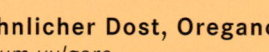 30-60

Gewöhnlicher Dost, Oregano
Origanum vulgare

Gestaltung: für Töpfe, Gemüse- und
Kräutergärten; violette Blüte (VII–IX).
Pflege: durchlässige, sandig-lehmige,
Böden. Nicht austrocknen lassen. Mehr-
jährig, Vermehrung durch Aussaat (Früh-
jahr), Ausläufer, Absenker, Stecklinge.
Rückschnitt kurz vor oder nach der
Blüte.
Ernte: Blätter und Blüten ab Frühjahr.

Viele aromatische Arten und Sorten

 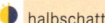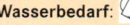

Petersilie
Petroselinum crispum

Gestaltung: für Gemüse-, Kräuter- und Bauerngartenbeete, in Töpfen.
Pflege: fruchtbare, durchlässige, nährstoffreiche Gartenerde. Aussaat jährlich neu (IV–VI). Radieschen-Samen als Markierung mitsäen. Beet gleichmäßig feucht halten. Nur alle 4 Jahre am selben Platz aussäen.
Ernte: frisches Kraut laufend ab Mai.

Glattblättrige und krause Sorten

Noch mehr Küchenkräuter

Name	Ernte	Pflege	Verwendung
Kerbel *Anthriscus cerefolium*	junge Triebe und Blätter, V	sonnig, halbschattig; Aussaat ab März, einjährig	für Suppen, Soßen und Salate
Schnitt-Sellerie *Apium graveolens* var. *secalinum*	ganze Stängel (wie Petersilie)	sonnig, halbschattig; auf genügend Wasser achten	für Salate, Eintopf und Bratkartoffeln
Estragon *Artemisia dracunculus*	frische Triebe und Spitzen, V/VI bis Spätherbst	sonnig; für Beete und Töpfe, zum Trocknen vor der Blüte ernten	Küchenkraut und Salatgewürz, in Essig und Öl einlegen
Borretsch *Borago officinalis*	Blätter und Blüten, V–X	sonnig, halbschattig; sät sich leicht aus	sparsam verwenden, für Salate
Gartenkresse *Lepidium sativum*	Keimlinge oder junge Blätter	sonnig, halbschattig; einjährig, immer wieder nachsäen, auch im Winter am Fenster	zu Salaten, auf Brot, Soßen, Kräuterbutter, Quark
Liebstöckel *Levisticum officinale*	frische Blätter ab V, Wurzeln im Herbst des 2. Jahres	sonnig, halbschattig; durch Blätterkontakt kann Lichtempfindlichkeit entstehen	Blätter als Suppengewürz (Maggikraut), Wurzel als Heilmittel
Ananas-Salbei *Salvia elegans*	frische Blätter und Blüten	sonnig; nicht frosthart, hell, bei 5–7 °C überwintern	Tee, Gewürz, für Süßspeisen

Rosmarin
Rosmarinus officinalis

Gestaltung: immergrüne, mehrjährige Tee- und Gewürzpflanze. Blüte rosa, blau, violett (V–VI), Bienenpflanze.
Pflege: sandig-kiesige, trockene bis mäßig trockene Erde mit niedrigem Nährstoffgehalt. In rauen Lagen im Topf ziehen, geschützt stellen. Im Herbst bis knapp ins alte Holz zurückschneiden. Hell, kühl, frostfrei überwintern.

Winterhart: 'Arp', 'Veitshöchheim'

Salbei
Salvia officinalis

Gestaltung: für Töpfe, Kräuter-Gemüse- und Blumenbeete.
Pflege: durchlässige, kalkhaltige, sandig-lehmige, nahrhafte Böden. Im Herbst oder Frühjahr bis ins alte Holz zurückschneiden. Winterschutz mit Reisig in rauen Lagen. Vermehrung über Stecklinge oder Absenker.
Ernte: junge Triebe vor Blüte (VI–VII).

Robuste Sorte 'Berggarten'

Echter Thymian
Thymus vulgaris

Gestaltung: mehrjährig, kriechend oder buschig, für Töpfe, bunte Beete in Kräuter-, Gemüse- und Steingärten.
Pflege: durchlässige, sandig-kiesige, nährstoffarme Erde. Im Frühjahr oder Herbst leicht zurückschneiden. Vermehrung durch Stecklinge, Teilung, Absenker, Aussaat (Frühjahr).
Ernte: junge Triebe vor Blüte (VII).

Beliebte Sorte: Zitronen-Thymian

Von Januar
bis Dezember –
wissen,
was zu tun ist

Nicht vergessen! Die wichtigsten Gartenarbeiten in jedem Monat

Januar

Allgemein

> Planung des neuen Gartenjahres – Kataloge, und Bücher wälzen.
> Pflanzpläne und Pflanzenlisten erstellen.

Ziergarten

> Eingelagerte Zwiebeln und Knollen auf Fäulnis und Schimmel kontrollieren, gegebenenfalls entfernen.
> Kontrolle, ob Winterschutz der Rosen noch intakt ist, vor allem wenn keine schützende Schneedecke über den Pflanzen liegt.
> Wenn nötig, von Zeit zu Zeit vorsichtig Schnee von Rosen und immergrünen Gehölzen schütteln.
> In trockenen Wintern bei frostfreiem Wetter Rhododendren und andere immergrüne Gehölze sowie Rosen im Kübel gießen.
> An frostfreien Tagen kräftige einjährige Triebe von Forsythie, Zier-Johannisbeere und anderen Straucharten zur Steckholzvermehrung abschneiden. Am besten gleich verarbeiten und stecken.
> Gegen Ende des Monats bei frostfreiem Wetter Sommerblüher wie Schmetterlingsflieder sowie sommerblühende Clematis-Arten und -Sorten zurückschneiden.
> Radikaler Verjüngungsschnitt überalterter Hecken und Sträucher.

> Kranke und morsche Bäume spätestens jetzt entfernen.
> Kübelpflanzen im Winterquartier auf Trockenheit, Schädlingsbefall oder Krankheiten hin überprüfen und bei Bedarf entsprechend handeln. Verwelktes entfernen.

Nutzgarten

> Fruchtfolge und Mischkultur planen, am besten anhand von Notizen aus dem letzten Jahr.
> Obst und Wintergemüse im Lager kontrollieren, die Temperatur sollte +4°C nicht überschreiten, regelmäßig lüften.
> An frostfreien Tagen Obstbäume und Beerensträucher schneiden.
> Fanggürtel für Obstbaumschädlinge entfernen und vernichten.

Februar

Ziergarten

> Winterschutz weiterhin auf den Stauden belassen, da noch mit strengen Frösten zu rechnen ist.
> Aussaatpläne für Sommerblumen-Beet erstellen.
> Wenn nötig, von Zeit zu Zeit vorsichtig Schnee von Rosen und immergrünen Gehölzen schütteln.
> Kontrolle, ob Winterschutz der Rosen noch intakt ist. Rosen im Kübel bei frostfreiem Wetter gießen.

> Vertrocknetes Laub von Gräsern und Farnen abschneiden und kompostieren.
> Rückschnitt von sommerblühenden Gehölzen und Hecken.
> Ende des Monats Schattiernetze von frostempfindlichen Immergrünen entfernen.
> Erfrorene Triebe aus frostempfindlichen Sträuchern wie Kirschlorbeer und Bauern-Hortensie herausschneiden.
> Mehltaugefährdete Pflanzen von jetzt an im Abstand von 14 Tagen mehrmals mit umweltfreundlichen Pflanzenstärkungsmitteln behandeln.
> Korrekturschnitte an Gehölzen jetzt vornehmen. Achtung: Stark blutende Bäume wie Birke oder Walnuss besser im Spätsommer schneiden.
> An frostfreien Tagen das Winterquartier von Kübelpflanzen hin und wieder gut durchlüften. Sobald die ersten Pflanzen austreiben, möglichst hell stellen und regelmäßig gießen. Weiterhin Verwelktes entfernen und mäßig gießen.

Nutzgarten

> Saatgutkataloge sichten und Saatgut bestellen.
> Gemüseschutznetze und Vliese bereitlegen.
> Für Ohrwürmer Blumentöpfe mit Holzwolle füllen, umgekehrt in die Obstbäume hängen.

> Gegen Ende des Monats Winterschnitt allmählich beenden.
> Kräuter im Haus auf Schädlinge (Schildläuse, Wollläuse) kontrollieren.

März

Ziergarten

> Bei Stauden trockene Pflanzenteile entfernen, Staudengräser zurückschneiden. Boden mit Kultivator lockern und erste Düngegabe in Form von Kompost oder einem organischen Volldünger ausbringen.
> Teilung und Neupflanzung von Stauden und Ziergräsern.
> Sommerblühende Zwiebelblumen, wie Alpenveilchen, Lilien, Milchstern und Montbretien, pflanzen.
> Sommerblumen und einjährige Kletterpflanzen in Schalen aussäen und auf der Fensterbank, im Wintergarten oder Gewächshaus vorziehen.
> Winterschutz von den Rosen entfernen.
> Ende des Monats (Forsythienblüte) ist Zeit für den Frühjahrsschnitt bei Rosen.
> Alle Gehölze mit reifem Kompost und/oder Dünger versorgen, Mulchschichten erneuern oder ergänzen
> Pflanzzeit für Bäume, Sträucher, Hecken, Kletterpflanzen und Farne.
> Rasenfläche von trockenen Ästen und anderem Unrat befreien und zum ersten Mal mähen. Auf stark vermoosten Flächen anschließend umweltverträglichen, eisenhaltigen Moosvernichter ausbringen.
> Automatische Rasen- oder Beetbewässerung installieren.
> Optimaler Zeitpunkt zum Kauf immergrüner Topfgehölze. Bei älteren Pflanzen vor dem Austrieb Verjüngungsschnitt vornehmen. Das Winterquartier regelmäßig lüften und verstärkt auf Schädlingsbefall achten. Bei Wasserbedarf gießen.

Nutzgarten

> Am Monatsanfang Gemüsebeete vorbereiten, Boden lockern, Kompost einarbeiten.
> In milden Lagen erste Aussaaten ins Freiland (unter Vlies) oder ins Frühbeet von Erbsen, Kresse, Spinat, Radieschen, Möhren, Schnittsalat.
> Steckzwiebeln und Knoblauchzehen auspflanzen.
> Im Haus: Tomaten, Porree und Sellerie vorziehen, optimale Keimtemperatur 20 bis 22 °C.
> Kopfsalat und Kohlrabi ins Frühbeet pflanzen.
> Schnittlauch im Garten teilen und verpflanzen oder durch Aussaat vermehren.
> Ab Ende März Lavendel, Salbei und Thymian auspflanzen.
> Johannisbeersträucher auf Befall durch Gallmilben kontrollieren: Alle auffällig dicken, runden Knospen ausbrechen.
> Auf Obstbaumscheiben und zwischen den Erdbeeren Kompost ausbringen.
> Sommerhimbeeren und Brombeeren an ein Drahtgerüst pflanzen, Beet mit Kompost und Rindenmulch abdecken.

April

Ziergarten

> Anlage neuer Staudenbeete. Rechtzeitiges Entfernen von Unkraut verhindert Probleme durch Versamen und Ausläuferbildung.
> Immer noch Pflanzzeit für sommerblühende Zwiebelblumen.
> Optimaler Zeitraum für die Freilandaussaat von Sommerblumen. Wichtig: Erde nicht austrocknen lassen.
> Anfang April Rosen mit einer ausgewogenen Düngung versorgen.
> An frostfreien Tagen neu gekaufte wurzelnackte Rosen und im letzten

Sommer über Stecklinge vermehrte Rosen auspflanzen (siehe auch Oktober); ebenso können Gehölze, Farne und Gräser mit Wurzel- oder Topfballen jetzt noch gepflanzt werden.
> Rasenfläche nach dem dritten, besonders kurzen Abmähen vertikutieren und mit Langzeitdünger versorgen. Bei schweren, undurchlässigen Böden eine dünne Schicht Bausand auftragen.
> Kahle Stellen im Rasen etwas aufrauen und nachsäen. Die Samen anwalzen oder mit dem Fuß vorsichtig antreten, mit einer dünnen Schicht Pflanzerde abdecken, angießen und feucht halten.
> Bei milder Witterung robuste Kübelpflanzen aus dem Winterquartier holen und geschützt im Freien aufstellen: zuvor Verwelktes entfernen, Erdoberfläche lockern und falls notwendig in einen etwas größeren Topf in frische Erde umtopfen.

Nutzgarten

> Auf Beeten, die erst im Frühsommer mit Fruchtgemüse bepflanzt werden, eine schnell wachsende Gründüngung (Senf, Buchweizen) einsäen.
> Mangold und Rote Bete aussäen, bevorzugt in Mischkultur mit Kopfsalat, Buschbohnen oder Möhren.
> Petersilie, Dill, Schnittlauch, Kerbel, Borretsch und einjähriges Bohnenkraut säen oder auspflanzen.
> Gekaufte Topfkräuter aus dem Gewächshaus vor dem Auspflanzen mehrere Tage an einem geschützten Ort abhärten.
> Ausdauernde Kräuter im Beet mit Kompost düngen.
> Im Haus: Ab Monatsende Gurken, Zucchini und Kürbisse vorziehen.
> Basilikum in Töpfen vorziehen (Keimtemperatur mindestens 18 °C).
> An sonnigen Tagen Frühbeet und Folientunnel ausgiebig lüften.

> Bei Spätfrostgefahr Beerensträucher und Erdbeeren mit Vlies schützen.
> Johannisbeeren mulchen, während der Blüte bei Trockenheit gießen.

Mai

Ziergarten

> Boden lockern und Unkraut frühzeitig entfernen.
> Prachtstauden, wie Rittersporn, Margariten und Pfingstrosen, abstützen (Bambusstäbe, Laubholzäste oder spezielle Stützsysteme aus Metall und Kunststoff).
> Verblühte Blütenstände von Zwiebelblumen wie Tulpen und Narzissen abschneiden. Laub so lange stehen lassen, bis es von selbst gelb wird und eintrocknet.
> Ab 15. Mai können alle frostempfindlichen Zwiebeln und Knollen ausgepflanzt werden. Also Dahlien, Gladiolen, *Canna* und Knollen-Begonien jetzt in die Erde bringen.
> Wildtriebe bei Rosen entfernen: Austriebsstelle unterhalb der Erde freilegen und Trieb möglichst dicht an der Wurzel abschneiden.
> Bäume und Sträucher mit Wurzelballen spätestens jetzt pflanzen.
> Bei trockenem Wetter die frisch gepflanzten Bäume und Sträucher wässern.
> Frühlingsblüher wie Forsythien und Zier-Johannisbeeren mit der Schere auslichten, sobald die Blüten verwelkt sind.
> Gehölzsämlinge aus Hecken entfernen.
> Einjährige Kletterpflanzen aussäen, vorgezogene Jungpflanzen ins Beet setzen.
> Triebe frisch gepflanzter Kletterpflanzen durch die Rankhilfe leiten.
> Rasen zweimal pro Woche mähen und bei Bedarf lüften.
> Mitte Mai können alle Kübelpflanzen wieder nach draußen, aber nicht gleich in die pralle Sonne, zur Eingewöhnung zunächst ein paar Tage unter den schützenden Dachvorsprung stellen. Langzeit- oder andere Dünger ausbringen. Bei älteren Pflanzen die Erdoberfläche vorsichtig lockern, entfernen und durch neue, gut gedüngte Erde ersetzen.

Nutzgarten

> Gründüngung schneiden.
> Beete für die Fruchtgemüse vorbereiten, ab Mitte des Monats Fruchtgemüse und Brokkoli ins Freiland pflanzen.
> Gemüsebeete mit angetrocknetem Rasenschnitt und gehäckseltem Grünschnitt mulchen.
> Sommergemüse aussäen (Salate, Kohl, Sommerrettiche, Buschbohnen), ab Mitte des Monats auch Zucchini, Einlegegurken und Zuckermais.
> Tomaten, Paprika und Salatgurken auspflanzen. Beete dünn mit Rasenschnitt oder Brennnesselblättern mulchen.
> An heißen Tagen vor allem Radieschen, Rettiche und Frühkohlrabi reichlich wässern.
> Bei Kräutern Folgesaaten von Kresse und Kerbel aussäen, ab Mitte Mai auch Majoran, Gewürz-Fenchel und Bohnenkraut.
> Letzter Pflanztermin für Melisse, Salbei und Thymian!
> Ab Mitte des Monats Rosmarin, Basilikum, Zitronenstrauch und andere frostempfindliche Kräuter an einen sonnigen, windgeschützten Platz im Freien stellen.
> Ab Ende des Monats Kirschfruchtfliegenfallen (Gelbtafeln) aufhängen.
> Bei Sommerhimbeeren nachwachsende Jungruten ausdünnen: Acht bis zehn Ruten pro laufendem Meter stehen lassen.
> Erdbeerpflanzen mit Holzwolle oder Stroh unterlegen.

> Johannisbeeren bei Trockenheit wässern, Unkraut entfernen, aber dabei nur flach hacken.
> An jungen Obstbäumen zu steil stehende Triebe herunterbinden.

Juni

Ziergarten

> Unkraut bekämpfen.
> Trockenheitsempfindliche Pflanzen bei anhaltender Trockenheit gießen.
> Verblühte Stiele bei Stauden laufend entfernen.
> Beste Zeit für die zweite Düngegabe bei Stauden.
> Einige Stauden (z. B. Rittersporn, Stauden-Salbei, Feinstrahlastern, Katzenminze) nach der Blüte bodennah zurückschneiden.
> Frühjahrsblühende Zwiebelblumen haben jetzt Sommerpause: Nicht gießen oder düngen!
> Bei Sommerblumen weiterhin Verblühtes regelmäßig entfernen und bei Bedarf gießen. Einige Blütenstände zur Saatgutgewinnung an den Pflanzen belassen.
> Zweijährige Sommerblumen jetzt direkt ins Freiland aussäen.
> Im Frühjahr frisch gepflanzte Rosen bei längerer Trockenheit wässern (nicht über die Blätter gießen!).
> Besonders öfterblühende Rosensorten benötigen eine zweite Düngergabe. Vor allem in trockenen Perioden nach dem Düngen mäßig wässern. Verblühtes ausputzen.
> Beste Zeit, um Beet-, Kleinstrauch- oder Kletterrosen über Stecklinge zu vermehren: Ausgereifte, nicht zu verholzte Triebe, deren Knospen schon Farbe zeigen, aber noch nicht voll aufgeblüht sind.
> Gehölze mit Topfballen jetzt noch pflanzen.
> Nährstoffbedürftige Pflanzen wie Rhododendren noch einmal mit Dünger versorgen.

> Verwelkte Blütenstände aus Rhododendren ausbrechen.
> Rasenflächen bis zu zweimal wöchentlich mähen, noch einmal düngen, bei Bedarf wässern und lüften.
> Stark wachsende Hecken zum zweiten Mal schneiden.
> Buchsbaumkugeln in Form bringen.
> Buchsbaum und andere Sträucher jetzt durch Stecklinge vermehren.
> Kübelpflanzen regelmäßig gießen, am besten am frühen Vormittag und bei Bedarf abends nach Sonnenuntergang noch einmal.

Nutzgarten

> Nach starken Regenfällen den Boden lockern, Mulchdecke erneuern.
> Küchen- und Heilkräuter zum Trocknen und Konservieren ernten.
> Endivie und andere Salate für den Herbstanbau in ein Anzuchtbeet säen und vereinzeln.
> Früh gepflanzte Kohlarten in der Hauptwachstumsphase häufig gießen, vor der Kopfbildung nochmals düngen.
> Folgesaaten bei Buschbohnen, Rettichen und Radieschen.
> Tomaten laufend ausgeizen, am Rankstab aufleiten und mit Tomatendünger düngen.
> Erdbeeren und Himbeeren ernten und regelmäßig gießen.
> Vorzeitig abgefallene Früchte aufsammeln und entsorgen (nicht kompostieren!).
> Sommerschnitt bei Äpfeln, Kirschen und Birnen: Konkurrenztriebe entfernen, Kronen auslichten, Blätter und Triebe auf Krankheitsbefall kontrollieren.
> Bei Pflaumen und Zwetschen alle dünnen, hängenden Triebe herausschneiden.
> Bei Brombeeren alle in den Blattachseln gewachsenen Seitentriebe auf zwei bis drei Blätter einkürzen.

Juli

Ziergarten

> Trockenheitsempfindliche Pflanzen bei Bedarf wässern.
> Unkraut beseitigen.
> Stauden abstützen, Verblühtes entfernen. Falls die zweite Düngung noch nicht erfolgt ist, sollte das Anfang Juli nachgeholt werden.
> Teilung und Neupflanzung von Bart-Iris.
> Dahlien Anfang Juli noch einmal mit Dünger versorgen. Verblühtes laufend entfernen.
> Weiterhin Aussaat von zweijährigen Sommerblumen möglich.
> Von Zeit zu Zeit verwelkte Rosenblüten entfernen, sofern keine Hagebutten erwünscht sind.
> Rosen über Stecklinge vermehren (siehe auch Juni).
> Rhododendren nach braunen Blütenknospen absuchen und diese entfernen (sie enthalten Gelege der Rhododendron-Zikade).
> Veredelte Bäume und Sträucher auf Wildtriebe kontrollieren und diese entfernen (am besten durch Abreißen).
> Rasen noch mindestens einmal wöchentlich mähen, bei Bedarf wässern und lüften.
> Erkrankte oder vergilbte Blätter bei Kübelpflanzen entfernen; regelmäßig düngen und gießen. Kletterpflanzen an Rankhilfe leiten und festbinden. Stecklinge zur Vermehrung schneiden.

Nutzgarten

> Bei Tomaten weiterhin die Seitentriebe ausbrechen, zur Vorbeugung gegen Braunfäule Algenkalk stäuben oder biologisches Pilzvorbeugungsmittel spritzen, Boden gleichmäßig feucht halten.
> Chinakohl, Knollen-Fenchel, Endivie und Winterlauch pflanzen.

> Letzter Aussaattermin für Buschbohnen (schnell wachsende Sorten)
> Brokkoli rechtzeitig ernten, dabei die Mittelknospe 15 cm unterhalb der Blumen abschneiden, dann wachsen aus den Blattachseln neue Knospen nach. Nach der ersten Ernte mit Gemüsedünger nachdüngen und regelmäßig wässern.
> Erbsen und Bohnen mehrmals überpflücken.
> Gurken möglichst früh ernten, lässt man sie zu lange an den Pflanzen, wachsen weniger Früchte nach.
> Für die Herbsternte Kopfsalat, Pflücksalat, Endivie, Herbst- und Winterrettiche und Möhren aussäen (bis Anfang Juli).
> An sonnigen Tagen Kräuter zum Trocken ernten.
> Bei Erdbeeren alle Ausläufer, die nicht zur Vermehrung gebraucht werden, abschneiden. Bei geplanter Neupflanzung das Beet vorbereiten.
> Süß- und Sauerkirschen nach der Ernte auslichten.
> Bei Sommerhimbeeren alle abgeernteten Ruten nach der Ernte bodennah abschneiden.
> Bei Stachelbeeren und Johannisbeeren die ältesten Triebe ganz herausschneiden, dafür neue Bodentriebe nachziehen.

August

Ziergarten

> Unkraut bekämpfen.
> Günstiger Zeitpunkt zur Aussaat von Akelei (in Saatschalen oder Töpfen).
> Teilung und Neupflanzung von Pfingstrosen.
> Herbstblüher wie Herbstzeitlose und Herbst-Krokusse pflanzen.
> Erntezeit für Trockenblumen: Strohblumen, Jungfer im Grünen und Judassilberling schneiden und an einem schattigen, luftigen Ort kopfüber zum Trocknen aufhängen.

> Erntebeginn für das Saatgut von Sommerblumen.
> Rosen spätestens jetzt über Stecklinge vermehren (siehe auch Juni).
> Blutende Bäume wie Walnuss und Birke bei Bedarf schneiden.
> Stark wachsende Hecken nach einem Schnitt im Frühjahr oder Sommer noch einmal schneiden.
> Immergrüne Gehölze und Rasen mit kaliumreichem Dünger (Patentkali bzw. Herbstdünger) versorgen, um die Frosthärte zu steigern.
> Rasen mähen und bei Trockenheit wässern, stark vermooste Flächen jetzt noch einmal vertikutieren.
> Ende des Monats Düngung bei Kübelpflanzen einstellen. Verwelktes entfernen; staksige Triebe von Margeritenstämmchen oder Bougainvilleen nach der Blüte etwas einkürzen. An sehr heißen Tagen zweimal täglich gießen.

Nutzgarten

> Abgeerntete Beete lockern, für Nachkulturen etwas Kompost einarbeiten oder Gründüngung einsäen.
> Feldsalat, Spinat und Pflücksalat für die Herbsternte aussäen.
> Bis Monatsmitte Winterzwiebeln und Frühlingszwiebeln aussäen.
> Kohl düngen oder mit leicht verrottetem Rohkompost mulchen.
> Tomaten mit Tomatendünger nachdüngen, weiterhin laufend die Seitentriebe ausgeizen.
> Kürbisse und Zucchini mit Flüssigdünger nachdüngen.
> Erdbeeren pflanzen, Beet bis zum Anwachsen feucht und unkrautfrei halten; abgeerntete Erdbeeren düngen.
> Sommerschnitt bei Äpfeln: Krone auslichten, Konkurrenztriebe entfernen.
> Sauerkirschen kräftig zurückschneiden, alle schwachen Triebe an der Basis entfernen.

> Frühe Apfel- und Birnensorten überpflücken.
> Lavendel, Salbei und Thymian zurückschneiden, Zweige bündeln und trocknen.

September

Ziergarten

> Unkraut bekämpfen.
> Pflanzzeit für frühjahrsblühende Zwiebelblumen, Stauden, Bäume und Sträucher, Kletterpflanzen, Gräser und Farne.
> Immergrüne Gehölze mit Erdballen umpflanzen.
> Frühjahrs- und sommerblühende Stauden jetzt teilen.
> Samenernte bei Sommerblumen: Die Samenstände werden bei trockenem Wetter abgepflückt und noch einige Tage nachgetrocknet. Trocken, dunkel und kühl lagern.
> Zeit für eine letzte Düngergabe bei Rosen: kalibetont, kein Stickstoff!
> Standort vorbereiten, falls für den Herbst Neupflanzung von Rosen geplant ist: Unkraut beseitigen, Boden tiefgründig lockern, eventuell etwas abgelagerten Kompost zur Bodenverbesserung einarbeiten.
> Rasenflächen neu anlegen, vorhandene Flächen mähen.
> Kübelpflanzen nicht mehr düngen; verwelkte und vergilbte Pflanzenteile entfernen; je nach Bedarf nur noch alle zwei, drei Tage kräftig gießen.

Nutzgarten

> Feldsalat und Spinat für die Überwinterung aussäen.
> Abgeerntete Beete lockern und überwinternde oder abfrierende Gründüngung ausbringen (Roggen, Senf, Phacelia).
> Kohl und Sellerie mit niedrig dosiertem Flüssigdünger versorgen.

> Reifende Kürbisse mit Stroh oder Brettern unterlegen und so vor Schmutz und Nässe schützen.
> Zwiebeln ernten und auf dem Beet oder an einem luftigen Ort nachtrocknen lassen.
> Zwetschen, Pflaumen, Birnen und Herbstäpfel ernten, dabei wurmige oder kranke Früchte entfernen.
> Fallobst regelmäßig aufsammeln.

Oktober

Ziergarten

> Stauden teilen.
> Weiterhin Pflanzzeit für Stauden, frühjahrsblühende Zwiebelblumen und alle Gartengehölze.
> Frostempfindliche Zwiebeln und Knollen (Dahlien, Gladiolen, *Canna* Knollen-Begonien) in der zweiten Oktoberhälfte aus der Erde holen und eingeschlagen in Sand oder Torf frostfrei überwintern.
> Beste Zeit für Rosen-Pflanzung. Pflanzung wurzelnackter Rosen: Wurzeln leicht einkürzen, Triebe auf etwa 20 cm zurückschneiden, Pflanzen 12 bis 24 Stunden wässern. Veredlungsstelle muss mindestens zwei Finger breit unterhalb der Erdoberfläche liegen. Auf ausreichende Bewässerung achten.
> Nach dem Laubfall sommergrüne Gehölze bei Bedarf umpflanzen.
> Herbstlaub zusammenrechen und kompostieren oder unter Gehölzen als Mulch ausbringen.
> Nach pH-Wert-Messung bei Bedarf Kalk in den Beeten und auf der Rasenfläche ausbringen.
> Rasen mähen.
> Kübelpflanzen vor Herbststürmen schützen (durch Zusammenrücken der Gefäße). Empfindliche Pflanzen je nach Temperaturen ab Mitte des Monats einräumen; robustere so lange wie möglich draußen lassen, das macht sie widerstandsfähiger.

Nutzgarten

> Rote Bete, Sellerie, Herbstkohlrabi, Endivie und Zuckerhut vor dem ersten Frost ernten und in feuchtem Sand einlagern.
> Überwinternde Gemüse mit Laub mulchen, Vlies als Frostschutz bereitlegen.
> Zum Einlagern vorgesehene Möhren ernten, robuste Sorten in milden Lagen draußen überwintern, Beet dick mit Laub mulchen, mit Vlies abdecken.
> Spinat und Feldsalat mit Reisig vor Frost schützen.
> Tomaten abernten und abräumen. Mit Braunfäule befallene Pflanzen nicht kompostieren! Unreife, aber bereits gelbgrüne Früchte im Haus nachreifen lassen.
> Lagerfähige Apfelsorten möglichst lange am Baum ausreifen lassen, aber vor den ersten Nachtfrösten ernten.
> Obstgehölze pflanzen (Beeren- sträucher bereits ab Monatsanfang), bei Obstbäumen vorgeschriebene Grenzabstände berücksichtigen.
> Baumscheiben mit einer dünnen Mulchschicht abdecken, unter Bäumen nicht umgraben oder tief hacken!
> Gegen Frostspanner Leimringe um Obstbaumstämme und Baumpfähle anlegen.

November

Ziergarten

> Nährstoffbedürftige Pflanzen jetzt noch mit Hornspänen versorgen, damit die Nährstoffe im Frühjahr verfügbar sind.
> Alle Sommerblumen kurz über dem Boden abschneiden und auf den Kompost geben. Die Wurzeln ver- bleiben in der Erde und werden im nächsten Frühjahr untergegraben.

> Winterschutz: Abdeckung mit Tannen- oder Fichtenreisig für nicht völlig winterharte Stauden und wintergrüne Zwiebelblumen (z.B. Madonnen-Lilie) ausbringen.
> Rosen mit Erde anhäufeln und mit Zweigen von Fichte oder Tanne abdecken. Junge, noch biegsame Stämme von Hochstammrosen umlegen, gesamte Krone leicht mit Erde bedecken. Über die Kronen älterer Stämme Jutesack stülpen oder mit Tannenreisig einwickeln. Topf-Rosen an geschützten, aber belichteten Ort bringen, mit Kokosfasermatten oder Noppenfolie einwickeln. Von Zeit zu Zeit die Feuchtigkeit der Kübel kontrollieren.
> Blattschöpfe von Pampasgräsern zusammenbinden und mit einer Stroh- oder Schilfmatte umgeben.
> Ungepflegte Sträucher oder Hecken mit einem radikalen Verjüngungs- schnitt in Form bringen. Schnittgut häckseln und kompostieren oder als Mulchmaterial verwenden.
> Rasen zum letzten Mal mähen, anschließend nur noch das Herbst- laub beseitigen. Rasenmäher reinigen und einwintern.

Nutzgarten

> Schwere, lehmige Böden umgraben, dabei Eigelege von Schnecken absammeln und vernichten.
> Leichtere Böden tief lockern, mit einer dicken Mulchschicht aus Laub, Stroh, gehäckselten Gartenabfällen und Kompost abdecken.
> Bei Brombeeren alle abgeernteten Ruten am Boden abschneiden, jun- ge Ruten aufbinden.
> Petersilie und Schnittlauchballen ausgraben und zum Treiben im Winter eintopfen.
> Rucola und Kresse im Haus in Schalen mit Kräutererde aussäen (möglichst heller Platz am Fenster).
> Alle Kübelpflanzen, die den Winter über draußen bleiben, auf Holz-

leisten oder Füße stellen. Buchs und andere Gehölze bei mildem Wetter gelegentlich gießen. Winterquartier an milden Tagen lüften.

Dezember

Allgemein

> Zeit für Bücher, Zeitschriften, Kata- loge und die Planung des nächsten Gartenjahres.
> Gartengeräte reinigen und einfetten, Schnittwerkzeuge desinfizieren.

Ziergarten

> Stämme junger Bäume an sonnigen Standorten mit Schilfmanschetten schützen, um Frostrisse zu ver- hindern. Empfindliche immergrüne Gehölze und Kletterpflanzen mit Schattiernetzen vor Schäden durch die Wintersonne schützen.
> Schneebruchgefährdete Sträucher (z.B. größere Baum-Päonien) locker mit einem Bindfaden zusammen- binden.
> Empfindliche wintergrüne Gräser und Farne an sonnigen Standorten mit Herbstlaub, Tannen- oder Fichtenreisig abdecken.
> Rasen bei Frost nicht betreten.
> Bei Schädlingsbefall im Winterquar- tier der Kübelpflanzen einschreiten; hin und wieder gießen und lüften; vorsorglich Gelbtafeln aufhängen.

Nutzgarten

> Feldsalat mit Vlies abdecken, Porree mit einer Laubschicht mulchen.
> An milden Tagen Lagerräume von Obst und Gemüse tagsüber lüften.
> Erdbeeren mit Kompost und gehäck- seltem Stroh mulchen.
> Obstbäume durch Kalken der Rinden oder Umwickeln des Stamms mit Jutesäcken vor Frostschäden schützen.

Literatur und Adressen

Literatur-Tipps von KOSMOS

> **Adams, K.:** Buchs und andere Formschnittgehölze
> **Adams, K.:** Blumengarten
> **Beck, A.:** Steingärten und Trockenmauern
> **Bohne, B.:** Kräuter
> **Boomgaarden, H.:** Giftpflanzen in Haus und Garten
> **Braun-Bernhart, U.:** Balkon & Terrasse
> **Braun-Bernhart, U.:** Kräuter & Gewürze
> **Breier, C.:** Einfach Gärten gestalten
> **Carow, T.:** Fleischfressende Pflanzen
> **Hensel, W.:** 120 populäre Gartenirrtümer
> **Himmelhuber, P.:** Pflanzenschnitt
> **Leumer, H.:** Mit Großvater Leumer im Garten
> **Mayer, J.:** Obst und Gemüse
> **Ratsch, T.:** Sichtschutz im Garten
> **Schmid, U.:** Vögel im Garten
> **Stahl, H./Rüger, H.:** Bonsai aus heimischen Gehölzen selbst gezogen
> **Throll, A. (Hrsg.):** Was blüht im Garten?
> **Throll, A. (Hrsg.):** Rosen
> **Wolff, J. (Hrsg.):** Grüne Oasen
> **Zinkernagel, G.:** Kleine Gartenparadiese

Adressen

Pflanzenliebhaber-Gesellschaften

Arbeitsgemeinschaft Deutscher Pflanzenliebhaber-Gesellschaften
Godesberger Allee 142–148
53175 Bonn
Tel.: (02 28) 8 10 02 13
Fax: (02 28) 8 10 02 48

Europäische Bambus-Gesellschaft
c/o Edeltraud Weber
John-Wesley-Str. 4
63584 Gründau (Rothenbergen)
Tel.: (01 72) 6 64 42 90
E-Mail: info@bambus-deutschland.de
www.bambus-deutschland.de

Deutsche Citruspflanzengesellschaft
c/o Peter Klock
Stutsmoor 42
22607 Hamburg
Tel.: (040) 8 99 16 98

Internationale Clematis-Gesellschaft
c/o Walter Hörsch
Hagenwiesenstr. 3
73066 Uhlingen
Tel.: (0 71 61) 41 96

Deutsche Dahlien-, Fuchsien- und Gladiolen-Gesellschaft e.V.
c/o Bettina Verbeek
Maasstr. 153
47608 Geldern-Walbeck
Tel.: (0 28 31) 99 36 21
Fax: (0 28 31) 99 43 96
E-Mail: info@ddfgg.de
www.ddfgg.de

Deutsche Dendrologische Gesellschaft e.V.
Dr. Mirko Liesebach
Wilh.-Pieck-Str. 2A
15377 Waldsieversdorf
E-Mail: ddg_web@web.de
www.ddg-web.de

Deutsche Efeu-Gesellschaft Geschäftsstelle
Hauptstr. 48
24890 Stolk
Tel.: (0 46 23) 15 02
www.efeugarten.de

Deutsche Fuchsien-Gesellschaft e.V.
Geschäftsstelle
Renate Ripke
Linnenkämper Str. 10
37627 Stadtoldendorf
Tel.: (0 55 32) 36 15
Fax: (0 55 32) 50 43 56
E-Mail: R_Ripke@t-online.de
www.deutsche-fuchsien-ges.de

Gesellschaft der Heidefreunde e.V.
Berner Heerweg 431
22159 Hamburg

Europäische Lilien-Gesellschaft e.V.
c/o Holger Kühne
Chemnitzer Str. 26 A
04703 Leisnig
Tel.: (03 43 21) 1 46 02
E-Mail: hollynett@plant21.de
www.liliengesellschaft.org

Pomologen-Verein e.V. Bundesgeschäftsstelle
c/o Joachim Brauss
Deutschherrenstr. 94
53177 Bonn
Tel.: (02 28) 3 36 11 93
Fax: (02 28) 18 07 34 25
E-Mail: info@pomologen-verein.de
www.pomologen-verein.de

Deutsche Rhododendron-Gesellschaft e. V.
c/o Julia Westhoff
Marcusallee 60
28359 Bremen
Tel.: (04 21) 3 61 30 25
Fax: (04 21) 3 61 36 10
E-Mail: Julia.Westhoff@stadtgruen.bremen.de
www.bremen.de/info/stadtgruen/DRG

Gesellschaft Deutscher Rosenfreunde e.V.
Waldseestr. 14
76530 Baden-Baden
Tel.: (0 72 21) 3 13 02
Fax: (0 72 21) 3 83 37
E-Mail: info@rosenfreunde.de
www.rosenfreunde.de

Gesellschaft der Staudenfreunde e.V.
Geschäftsstelle
Frau Evi Roth
Neubergstraße 11
77955 Ettenheim
Tel.: (0 78 22) 86 18 34
Fax: (0 78 22) 86 18 33
www.gds-staudenfreunde.de

Gesellschaft der Wassergarten-Freunde
Theo Germann
Am Rübsamenwühl 22
67346 Speyer
Tel.: (0 62 32) 6 30 40
E-Mail: gaertnerei-germann@t-online.de
www.wassergarten.de

Deutsche Orchideen-Gesellschaft e.V.
Flößweg 11
33758 Schloß Holte-Stukenbrock
Tel.: (0 52 07) 92 06 07
Fax: (0 52 07) 92 06 08
E-Mail: DOG-Zentrale@orchidee.de
www.orchidee.de

Deutsche Kamelien-
Gesellschaft e.V.
Geschäftsstelle
Arndtstr. 1A
52064 Aachen
Tel.: (02 41) 9 79 06 07
Fax: (02 41) 53 30 86 00
www.kamelien-online.de

Österreich
Österreichische Rosen-
freunde in der Österrei-
chischen Gartenbau-
Gesellschaft
Siebeckstr. 14, Top 1.4
A-1220 Wien
Tel.: + 43 (0) 0 15 12 84 16
Fax: + 43 (0) 0 15 12 84 17
E-Mail: oegg@garten.or.at
www.garten.or.at

Schweiz
Gesellschaft Schweizerischer
Rosenfreunde
Prof. Dr. Theodor Zwygart
Schlossbergstr. 23
CH-8820 Wädenswil
Tel.: + 41 (0) 44 7 80 05 15
E-Mail: info@rosenfreunde.ch
www.rosenfreunde.ch

Vereine und Verbände
(www.gartenbauvereine.de)

Naturschutzbund Deutsch-
land e.V. (NABU)
Charitéstr. 3
10108 Berlin
Tel.: (0 30) 28 49 84 - 0
Fax: (0 30) 28 49 84 - 20 00
E-Mail: NABU@NABU.de
www.nabu.de

Deutsche Gartenbau-
Gesellschaft 1822 e.V.
Haus der Land- und Ernährungs-
wirtschaft in Berlin
Claire-Waldoff-Str. 7
10117 Berlin
Tel.: (0 30) 28 09 34 25
Fax: (0 30) 28 09 34 26
E-Mail: info@dgg1822.de
www.dgg1822.de

Bund für Umwelt und Natur-
schutz Deutschland e.V.
(BUND)
Bundesgeschäftsstelle
Am Köllnischen Park 1
10179 Berlin
Tel.: (0 30) 27 58 64 - 0
E-Mail: bund@bund.net
www.bund.net

Bundesverband Deutscher
Gartenfreunde e.V.
Platanenallee 37
14050 Berlin
Tel.: (0 30) 30 20 71 40
Fax: (0 30) 30 20 71 39
E-Mail: bdg@kleingarten-
bund.de
www.kleingarten-bund.de

Landesverband Nieder-
sächsischer
Gartenbauvereine e. V.
Bückeburger Str. 11
31655 Stadthagen
Tel.: (0 57 21) 44 94
Fax: (0 57 21) 44 94
E-Mail: Landesverband-nds-
gbv@gmx.de

Landesverband Hessen für
Obstbau, Garten- und Land-
schaftspflege e.V.
Geschäftsstelle
Friedenstr. 26
35578 Wetzlar
Tel.: (0 64 41) 6 69 15 66
Fax: (0 64 41) 92 10 64
E-Mail: landesverband@
gartenbauvereine-hessen.de
www.gartenbauvereine.de

Landesverband der
Gartenbauvereine NRW e.V.
Postfach 14 44
Kreislehrgarten
Wemhoferstiege 33
48544 Steinfurt
Tel.: (0 25 51) 83 33 89
Fax: (0 25 51) 83 33 95
E-Mail: lgbv.nrw@t-online.de

Zentralverband Gartenbau
Deutschland e.V. (ZVG)
Godesberger Allee 142–148
53175 Bonn
Tel.: (02 28) 8 10 02 - 0
Fax: (02 88) 8 10 02 - 48
E-Mail: info@g-net.de
www.g-net.de

Verband der Gartenbauver-
eine Saarland / Rheinland-
Pfalz e.V.
Kulturzentrum Bettinger
Mühle
Hüttersdorfer Str. 29
66839 Schmelz
Tel.: (0 68 87) 9 03 29 99
Fax: (0 68 87) 9 03 29 98
E-Mail: sl-rlp@
gartenbauvereine.de
www.gartenbauvereine.de/
saarland_rheinland-pfalz/

Landesverband für Obstbau,
Garten und Landschaft
Baden-Württemberg e.V.
(LOGL)
Klopstockstr. 6
70193 Stuttgart
Tel.: (07 11) 63 29 01
Fax: (07 11) 63 82 99
E-Mail: info@logl-bw.de
www.logl-bw.de

Bayer. Landesverband für
Gartenbau und Landespflege
e.V.
Herzog-Heinrich-Str. 21
80336 München
Tel.: (0 89) 54 43 05 – 0
Fax: (0 89) 5 32 88 41
E-Mail: info@gartenbau-
vereine.org
www.gartenbauvereine.org

Bundesobstbauverband
Österreichs (BOV)
Schauflergasse 6
A-1014 Wien
Tel.: + 43 (0)1 5 34 41 - 85 52
Fax: + 43 (0)1 5 34 41 - 85 49
E-Mail: vermarktung@lk-oe.at
www.bundesobstbauverband.at

Bundesverband der
Österreichischen Gärtner
Haidestrasse 22
A-1110 Wien
Tel.: + 43 17 69 26 60
Fax: + 43 17 68 89 90
E-Mail: office@gartenbau.or.at
www.gartenbau.or.at

Informationsstellen
und Fortbildungs-
stätten
(www.gartenakademien.de)

Sächsische Landesanstalt für
Landwirtschaft
Gartenakademie
Söbrigener Str. 3 A
01326 Dresden-Pillnitz
Tel.: (03 51) 8 53 04 - 0
Fax: (03 51) 26 12 - 4 89
www.landwirtschaft.sachsen.de

Permakultur Akademie
Geschäftsstelle Berlin
Kreutziger Str. 19
10247 Berlin
Tel.: (030) 89 20 84 88
E-Mail: info@permakultur-
akademie.net
www.permakultur-akademie.de

Bildungsstätte des deutschen
Gartenbaues e. V.
Gießener Str. 47
35305 Grünberg
Tel.: (0 64 01) 91 01 - 0
Fax: (0 64 01) 91 01 - 91
E-Mail:
info@bildungsstaettegartenbau.
de
www.bildungsstaette-
gartenbau.de

Gartenbauzentrum
Straelen/Köln-Auweiler der
Landwirtschaftskammer NRW
Hans-Tenhaeff-Str. 40–42
47638 Straelen
Tel.: (0 28 34) 7 04 - 0
E-Mail: Straelen@lwk.nrw.de
www.lvg-straelen-lwkr.de

LLH - Hessische Garten-
akademie
Zentrale
Brentanostraße 9
65366 Geisenheim
Tel.: (0 67 22) 5 02 - 8 61
Fax: (0 67 22) 5 02 - 8 60
E-mail:
hessische.gartenakademie.gs@ll
h.hessen.de
www.llh-hessen.de

Gartenakademie Rheinland-
Pfalz im Dienstleistungs-
zentrum Ländlicher Raum
Rheinpfalz
Breitenweg 71
67435 Neustadt
Tel.: (0 63 21) 6 71 - 2 62
Fax: (06 71) 9 28 96 - 3 42
E-Mail: gartenakademie@
dlr.rlp.de
www.gartenakadeie.rlp.de

Saarländische Gartenaka-
demie Landwirtschafts-
kammer für das Saarland
Frau Karen Falch
Dillinger Str. 67
66822 Lebach
Tel.: (0 68 81) 9 28 - 1 09
Fax: (0 68 81) 9 28 - 1 00
E-Mail: karen.falch@
lwk-Saarland.de
www.lwk-saarland.de

Forschungsanstalt für
Gartenbau Weihenstephan
Am Staudengarten 8
85350 Freising
Tel.: (0 81 61) 71 - 51 10
Fax: (0 81 61) 71 - 51 06
E-Mail: fgw@
fh-weihenstephan.de
www.fh-weihenstephan.de

Bayerische Gartenakademie
Bayerische Landesanstalt für
Weinbau und Gartenbau
An der Steige 15
97209 Veitshöchheim
Tel.: (09 31) 98 01 - 156
E-Mail: poststelle@
lwg.bayern.de
www.lwg.bayern.de

Staatliche Boden-untersuchungs-institute

(www.vdlufa.de)

LUFA Rostock der LMS
Graf-Lippe-Str. 1
18059 Rostock
Tel.: (03 81) 2 03 07 - 0
Fax: (03 81) 2 03 07 - 90
E-Mail: info@lms-lufa.de
www.lms-lufa.de

LUFA Nord-West
Jägerstr. 23 - 27
26121 Oldenburg
Tel.: (04 41) 80 18 21
Fax: (04 41) 80 18 99
E-Mail: lufa@lufa-nord-west.de
www.lufa-nord-west.de

Institut für Boden und Umwelt LUFA Nord-West
Standort Hameln
Finkenborner Weg 1 A
31787 Hameln
Tel.: (0 51 51) 98 71 - 0
Fax: (0 51 51) 98 71 - 11
E-Mail: ifb@lufa-nord-west.de
www.lufa-nord-west.de

Landesbetrieb Hessisches
Landeslabor (LHL)
Abt. Landwirtschaft und Umwelt
- Hauptsitz -
Schubertstraße 60
Haus 13
35392 Gießen
Tel: (06 41) 48 00 – 5 55
Fax: (06 41) 48 00 – 59 00
www.lhl.hessen.de

LUFA NRW
Landwirtschaftskammer Nord-rhein-Westfalen
Nevinghoff 40
48147 Münster
Tel.: (02 51) 23 76 - 0
Fax: (02 51) 23 76 - 5 21
E-Mail: info@lwk.nrw.de
www.lwk-nrw.de/lufa

*LUFA = Landwirtschaftliche Unter-suchungs- und Forschungsanstalt

LUFA Speyer
Obere Langgasse 40
67346 Speyer
Tel.: (0 62 32) 1 36 - 0
Fax: (0 62 32) 1 36 - 1 10
E-Mail : poststelle@
lufa-speyer.de
www.lufa-speyer.de

Technische Universität München
Zentralinstitut für Ernährungs-und Lebensmittelforschung
(ZIEL)
Bioanalytik
Weihenstephaner Berg 1
85350 Freising - Weihenstephan
Tel.: (0 81 61) 71 - 0
Fax: (0 81 61) 71 - 50 29
E-Mail: info.ziel@wzw.tum.de
www.wzw.tum.de/ziel/

Österreich
Höhere Bundeslehr- und For-schungsanstalt für Gartenbau Schönbrunn (HBLFA)
Grünbergstr. 24
A-1130 Wien / Schönbrunn
Tel.: + 43 (0) 18 13 59 50 - 0
Fax: + 43 (0) 18 13 59 50 - 99
E-Mail: office@gartenbau.at
www.hblagart.bmlf.gv.at

Österreichische Agentur für Gesundheit und Ernährungs-sicherheit GmbH (AGES)
Bundesanstalt für Agrarbiologie
Spargelfeldstrasse 191
A 1220 Wien
Tel.: + 43 (0) 5 05 55 - 0
Fax: + 43 (0) 5 05 55 - 2 20 19
www.ages.at

Chemisch-technische Umweltschutz Anstalt (CTUA)
- Labor Rotholz - Boden
A-6200 Rotholz 46
Tel.: + 43 (0) 52 44 651 51 - 10
Fax + 43 (0) 52 44 651 51 - 15
E-Mail: Ctua@tirol.gv.at
www.tirol.gv.at/themen/
Umwelt/ctua/uwa-Labor-rh/

Landwirtschaftliches Versuchszentrum Steiermark
FA 10B – Referat Boden- und
Pflanzenanalytik
Ragnitzstr. 193
A-8047 Graz
Tel.: + 43 (0) 31 68 77 - 66 35
Fax: + 43 (0) 31 68 77 - 66 38
www.verwaltung.steiermark.at

Private Bodenunter-suchungsinstitute

Eurofins Institut Prof. Dr. Jäger GmbH
Ernst-Simon-Str. 2–4
72072 Tübingen
Tel.: (0 70 71) 70 07-0
Fax: (0 70 71) 70 07 77
E-Mail: info.tuebingen@
eurofins-umwelt.de
www.eurofins.de

Agrolab - Gruppe
Dr.-Pauling-Str. 1
84079 Bruckberg
Tel.: (0 87 65) 9 39 96 - 0
Fax: (0 87 65) 9 39 96 - 56
E-Mail: zentrale@agrolab.de
www.agrolab.de

Schweiz
UFAG Laboratorien AG
Kornfeldstr. 4
CH-6210 Sursee
Tel.: + 41 (0) 4 19 26 83 30
Fax: + 41 (0) 4 19 26 83 40
E-Mail: info@ufag-
laboratorien.ch
www.ufag-laboratorien.ch

Agrofor Consulting (vorm. Labor Dr. Balzer)
Hauptstraße 27 A
35435 Wettenberg
Tel.: (06 41) 98 03 56
Fax: (06 41) 98 03 57
E-Mail: agrofor@t-online.de
www.agrofor.de

Bäume und Sträucher

Schob Baumschule
Lößnitzer Str. 82
08141 Reinsdorf b. Zwickau
Tel.: (03 75) 29 54 84
Fax: (03 75) 29 34 57
E-Mail: info@schob.de
www.schob.de

H. Lorberg Baumschulerzeug-nisse GmbH & Co.KG
Zachower Str. 4
14669 Ketzin OT Tremmem
Tel.: (03 32 33) 84 - 0
Fax: (03 32 33) 84 - 1 00
E-Mail: lorberg@lorberg.com
www.lorberg.com

Pflanzenhandel Lorenz von Ehren GmbH & Co. KG
Maldfeldstraße 4
21077 Hamburg
Tel.: (0 40)7 61 08 - 0
Fax: (0 40)7 61 08 - 1 00
E-Mail: lve@lve.de
www.lve.de

Baumschule H. Hachmann
Brunnenstr. 68
25355 Barmstedt
Tel: (0 41 23) 20 - 55, - 56
Fax: (0 41 23) 66 26
E-Mail: info@hachmann.de
www.hachmann.de
www.japan-ahorn.de

Pflanzmich.de Baumschulen
Burstah 13
25474 Ellerbek
Tel.: (0 41 01) 37 80 - 0
Fax: (0 41 01) 37 80 - 20
Bestell-Hotline: 0 18 05/
12 02 00 (14 Cent / Min. aus
dem dt. Festnetz)
E-Mail: service@pflanzmich.de
www.pflanzmich.de

Kordes Jungpflanzen Handels GmbH
Mühlenweg 8
25485 Bilsen
Tel.: (0 41 06) 40 11
Fax: (0 41 06) 40 13
E-Mail: info@koju.de
www.koju.de

Hermann Cordes Baumschulen
Pinneberger Straße 247 A
25488 Holm/ Holstein
Tel.: (0 41 03) 9 39 80
Fax: (0 41 03) 53 40
E-Mail: info@cordes-apfel.de
www.cordes-apfel.de

Baumschule Eggert
Baumschulenweg 2
25594 Vaale
Tel.: (0 48 27) 93 26 27
Fax: (0 48 27) 93 26 28
E-Mail: verkauf@eggert-
baumschulen.de
www.eggert-baumschulen.de

Baumschule Böhlje
Oldenburger Str. 9
26655 Westerstede
Tel.: (0 44 88) 99 86 - 0
E-Mail: info@boehlje.de
www.boehlje.de

Bioland Baumschule & Obst-garten
Dr. Ute Hoffmann
Uepser Heide 1
27330 Asendorf
Tel.: (0 42 53) 80 06 22
Fax: (0 42 53) 80 06 20
E-Mail: ute.hoffmann@
hoffmann-obstbaumschule.de

Baumschule Rinn
Heuchelheimer Str. 129
35398 Gießen
Tel.: (06 41) 6 28 50
www.rinnbaumschule.de

Baumschule Bruno Wenk
Dickenrück
36199 Rotenburg a. d. Fulda
Tel.: (0 66 23) 22 14
Fax: (0 66 23) 58 04
E-Mail: info@baumschule-
wenk.de
www.baumschule-wenk.de

Artländer Pflanzenhof
Frank Müller
Im Zwischenmersch /
Baumschulenweg
49610 Quakenbrück
Tel.: (0 54 31) 24 58
Fax: (0 54 31) 90 43 53
E-Mail: info@pflanzenhof-
online.de
www.pflanzenhof-online.de

Ahornblatt GmbH
Postfach 1125
55001 Mainz
Tel.: (0 61 31) 7 23 54
Fax: (0 61 31) 36 49 67
E-Mail: Nachricht@Ahornblatt-
Garten.de
www.ahornblatt-garten.de

Baumschule Weil
Konrad-Adenauer-Str. 11
55218 Ingelheim
Tel.: (0 61 32) 4 30 60

BambusCentrum Deutschland
Baumschule Eberts GbR
Wolfgang und Friedrich Eberts
Saarstrasse 3–5
76532 Baden-Baden
Tel.: (0 72 21) 50 74 - 0
Fax: (0 72 21) 50 74 - 80
E-Mail: info@bambus.de
www.bambus.de

**Ganter OHG Qualitäts-
baumschule**
Baumweg 2
79369 Wyhl
Tel.: (0 76 42) 10 61
Fax: (0 76 42) 26 85
E-Mail: info@ganter-baden.de
www.ganter-baden.de

Baumgartner Baumschule
Hauptstr. 2
84378 Nöham bei Pfarrkirchen
Tel.: (0 87 26) 2 05
Fax: (0 87 26) 13 90
E-Mail: baumgartner@
baumgartner-baumschulen.de
www.baumgartner-
baumschulen.de

Roman Döppler
Weinbergstr. 32a
97261 Güntersleben
Tel./Fax: (0 93 65) 27 25
doeppler@gmx.de

Häberli Fruchtpflanzen AG
CH 9315 Neukirch-Egnach
Tel.: + 41 (0) 7 14 74 70 70
Fax: + 41 (0) 7 14 74 70 80
E-Mail: info@haeberli-beeren.ch
www.haeberli-beeren.ch

Rhododendren

INKARHO GmbH
Brannenweg 5 A
26160 Bad Zwischenahn
Tel.: (0 44 03) 91 69 45
Fax: (0 44 03) 91 69 48
E-Mail: inkarho@t-online.de
www.inkarho.de

Rosen

BKN Strobel
über Rosarot Pflanzenversand
Gerd Hartung
Besenbek 4 B
25335 Raa-Besenbek
Tel.: (0 41 21) 42 38 84
E-Mail: shop@
rosenversand24.de
www.rosenversand24.de

**W. Kordes' Söhne Rosen-
schulen GmbH & Co.KG**
Rosenstraße 54
25365 Klein Offenseth-
Sparrieshoop
Tel.: (0 41 21) 4 87 00
Fax: (0 41 21) 8 47 45
E-Mail: info@kordes-rosen.com
www.kordes-rosen.com

**Rosen Tantau Vertrieb GmbH
& Co.KG**
Tornescher Weg 13
25436 Uetersen
Tel.: (0 41 22) 70 84
Fax: (0 41 22) 70 87
E-Mail: verkauf@rosen-
tantau.com
www.rosen-tantau.com

Noack Rosen
Baum- und Rosenschulen
Inh. Reinhard Noack
Im Fenne 54
33334 Gütersloh
Tel.: (0 52 41) 2 01 87
Fax: (0 52 41) 1 40 85
E-Mail: info@noack-rosen.de
www.noack-rosen.de

Rosenhof Schultheis
Bad Nauheimer Str. 3–7
61231 Bad Nauheim-Steinfurth
Tel.: (0 60 32) 9 25 28 0
Fax: (0 60 32) 9 25 28 23
E-Mail: infos@rosenhof-
schultheis.de
www.rosenhof-schultheis.de

Rosen-Union eG.
Steinfurther Hauptstr. 27
61231 Bad Nauheim-Steinfurth
Tel.: (0 60 32) 9 65 30
Fax: (0 60 32) 96 53 19
E-Mail: info@rosen-union.de
www.rosen-union.de
Bioland-Rosenschule Ruf
Zum Sauerbrunnen 35
61231 Bad Nauheim
Tel.: (0 60 32) 8 18 93
Fax: (0 60 32) 8 23 75
www.rosenschule-ruf.de

**Großbritannien
David Austin Roses Ltd**
Bowling Green Lane
Albrighton
GB-Wolverhampton WV7 3 HB
Tel.: + 44 (0) 19 02 37 63 34
Fax: + 44 (0) 19 02 37 51 77
Kundenservice:
00800 77 77 67 37
E-Mail: deutsch@
davidaustinroses.com
plant-centre@
davidaustinroses.com
www.davidaustinroses.com

Clematis

**Clematis-Kulturen
F. M. Westphal**
Peiner Hof 7
25497 Prisdorf
Tel.: (0 41 01) 7 41 04
Fax: (0 41 01) 78 11 13
E-Mail: kontakt@clematis-
westphal.de
www.clematis-westphal.de

Stauden

**Kräuter- und
Staudengärtnerei Mann**
Schönbacherstr. 25
02708 Lawalde
Tel.: (0 35 85) 40 37 38
Fax: (0 35 85) 41 65 59
E-Mail: info@pflanzenreich.com
www.staudenmann.de
www.pflanzenreich.com

Alpine Staudengärtnerei
Siegfried Geißler
OT Gorschmitz Nr. 14
04703 Leisnig / Sachsen
Tel.:/Fax: (03 43 21) 1 46 23
E-Mail: info@alpiner-garten.de
www.alpinergarten.de

Staudengärtnerei Alpine
Raritäten Jürgen Peters
Auf dem Flidd 20
25436 Uetersen
Tel.: (0 41 22) 33 12
Fax: (0 41 22) 4 86 39
E-Mail: alpine.peters@
t-online.de
www.alpine-peters.de

**Staudengärtnerei Ernst
Pagels**
Deichstraße 4
26789 Leer
Tel.: (04 91) 32 18
Fax: (04 91) 6 25 16
E-Mail: pagels-leer@t-online.de

Staudengärtner Klose
Rosenstr. 10
34253 Lohfelden / Kassel
Tel.: (05 61) 51 55 55
Fax: (05 61) 51 51 20
E-Mail: info@staudengaertner-
klose.de
www.staudengaertner-klose.de

Arends Maubach
Stauden & Gartenkultur
Monschaustr. 76
42369 Wuppertal-Ronsdorf
Tel.: (02 02) 46 46 10
Fax: (02 02) 46 49 57
E-Mail: stauden@arends-
maubach.de
www.arends-maubach.de

Staudenkulturen Stade
Beckenstrang 24
46325 Borken
Tel.: (0 28 61) 26 04
Fax: (0 28 61) 6 51 36
E-Mail: info@stauden-stade.de
www.stauden-stade.de

Kayser & Seibert
Wilhelm-Leuschner-Str. 85
64380 Rossdorf
Tel.: (0 61 54) 90 68
Fax: (0 61 54) 8 20 69
E-Mail: info@
kayserundseibert.de
www.kayserundseibert.de

Staudengärtnerei Gräfin von Zeppelin
Weinstr. 2
79295 Sulzburg-Laufen
Tel.: (0 76 34) 6 97 16
Fax: (0 76 34) 65 99
E-Mail: info@graefin-v-zeppelin.de
www.graefin-von-zeppelin.com

Hof Berg-Garten
Stauden und Sämereien für naturnahe Gärten
Lindenweg 17
79737 Großherrischwand
Tel.: (0 77 64) 239
Fax: (0 77 64) 215
www.hof-berggarten.de

Staudengärtnerei Gaissmayer
Dieter Gaissmayer
Jungviehweide 3
89257 Illertissen
Tel.: (0 73 03) 72 58
Fax: (0 73 03) 4 21 81
E-Mail: info@staudengaissmayer.de
www.staudengaissmayer.de

Zwiebelblumen

Albrecht Hoch
Blumenzwiebeln und Botanische Raritäten
Potsdamer Str. 40
Abt. LL
14163 Berlin
Tel. (030) 8 02 62 51
Fax: (030) 8 02 62 22
www.albrechthoch.de

Albert Treppens & Co Samen GmbH
Berliner Str. 84–88
14169 Berlin-Zehlendorf
Tel.: (0 30) 8 11 33 36
Fax: (0 30) 8 11 43 04
E-Mail: info@treppens.de
www.treppens.de

Küpper
Blumenzwiebeln & Saaten GmbH
Postfach 1468
37254 Eschwege
Tel.: (0 56 51) 80 05 - 0
Fax: (0 56 51) 80 05 - 55
E-Mail: gerlinde.kuepper@kuepper-bulbs.de
www.kuepper-bulbs.de

Zwiebelgarten Reinhold Krämer
Waldstetter Gasse 4
73525 Schwäbisch Gmünd
Tel.: (0 71 71) 92 87 12
Fax: (0 71 71) 92 87 14
E-Mail: kuechengarten.kraemer@t-online.de
www.zwiebelgarten.de

Blumenzwiebelversand Bernd Schober
Stätzlinger Str. 94 A
86165 Augsburg
Tel.: (08 21) 72 98 95 00
Fax: (08 21) 72 98 95 01
E-Mail: bschober@der-blumenzwiebelversand.de
www.der-blumenzwiebelversand.de

Kräuter und Duftpflanzen

Kräuter- und Staudengärtnerei Mann
Schönbacherstr. 25
02708 Lawalde
Tel.: (0 35 85) 40 37 38
Fax: (0 35 85) 41 65 59
E-Mail: info@pflanzenreich.com
www.staudenmann.de
www.pflanzenreich.com

Die Kräuterei (Bioland)
Silvia Heinrich
Alexanderstr. 29
26121 Oldenburg
Tel./Fax: (04 41) 88 23 68
E-Mail: kraeuterei@t-online.de
www.kraeuterei.de

Rühlemann's Kräuter & Duftpflanzen
Auf dem Berg 2
27367 Horstedt
Tel.: (0 42 88) 92 85 58
Fax: (0 42 88) 92 85 59
E-Mail: info@ruehlemanns.de
www.ruehlemanns.de

Duft- und Wandelgärtnerei Schoebel
(Kräuter, Duftblatt-Pelargonien, Wildalpenveilchen, Farne)
29468 Bergen
Tel.: (0 58 45) 237
www.gaertnerei-schoebel.de

Kräuterey Lützel
Im Stillen Winkel 5
57271 Hilchenbach-Lützel
Tel.: (0 27 33) 38 46
Fax: (0 27 33) 1 26 79
E-Mail: info@kraeuterey.de
www.kraeuterey.de

Otzberg Kräuter
Burghart Koch-Seubert
Erich Ollenhauer-Str. 87 B
65187 Wiesbaden
Tel.: (06 11) 8 12 05 45
Fax: (06 11) 8 46 05 58
www.otzberg-kraeuter.de

Tausendschön
Hauptstraße 9
74541 Vellberg-Großaltdorf
Tel.: (0 79 07) 89 79

Syringa
Duftpflanzen und Kräuter
Dipl. Biol. Bernd Dittrich
Bachstraße 7
78247 Hilzingen-Binningen
Tel.: (0 77 39) 14 52
Fax: (0 77 39) 6 77
E-Mail: info@syringa-samen.de
www.syringa-samen.de

Blumenschule
Rainer Engler
Augsburger Str. 62
86956 Schongau
Tel.: (0 88 61) 73 73
Fax: (0 88 61) 12 72
E-Mail: info@blumenschule.de
www.blumenschule.de

Kräuter im Brunnenhof
Kornstraße 61
88370 Ebenweiler
Tel.: (0 75 84) 32 33
E-Mail: brunnenhof-kraeuter-und-mehr@t-online.de
www.brunnenhof-kraeuter-und-mehr.de

Raritätengärtnerei Treml
Eckerstr. 32
93471 Arnbruck
Tel.: (0 99 45) 90 51 00
Fax: 0 99 45 / 90 51 01
E-Mail: treml@pflanzentreml.de
www.pflanzentreml.de

Kübelpflanzen

Versandgärtnerei Gottfried Koitzsch
Arheilger Straße 16
64390 Erzhausen
Tel.: (0 61 50) 61 47
Fax: (0 61 50) 8 23 29

Gärtnerei Baum
Strohgäustr. 51
71229 Leonberg
Tel.: (0 71 52) 2 45 57
Fax: (0 71 52) 2 89 65
E-Mail: info@baum-leonberg.de
www.baum-leonberg.de
www.gartengestaltung@baum-leonberg.de

Flora Mediterranea
Königsgütler 5
84072 Au / Hallertau
Tel.: (0 87 52) 12 38
Fax: (0 87 52) 99 30
E-Mail: info@floramediterranea.de
www.floramediterranea.de

Flora Toskana
Schillerstr. 25
89278 Nersingen OT Strass
Tel.: (0 73 08) 9 28 33 87
Fax: (0 73 08) 9 28 33 89
E-Mail: info@flora-toskana.de
www.flora-toskana.com

Saatgut

Vertriebsgesellschaft Quedlinburger Saatgut mbH
Dieselstr. 1
06449 Aschersleben
Tel.: (0 34 73) 84 06 66
Fax: (0 34 73) 84 06 67
E-Mail: info@quedlinburger-saatgut.de
www.quedlinburger-saatgut.de

ISP - International Seeds Processing GmbH
Erwin-Baur-Str. 23
06484 Quedlinburg GERMANY
Tel.: (0 39 46) 78 09 - 0
Fax: (0 39 46) 78 09 - 17
E-Mail: isp-quedlinburg@t-online.de
www.isp-quedlinburg.de

Carl Sperling & Co. GmbH
Hamburger Straße 35
21339 Lüneburg
Tel.: (0 41 31) 30 17 - 0
Fax: (0 41 31) 30 17 - 45
www.sperli.de

Kiepenkerlsamen über Gustav Schlüter GmbH
Bahnhofstr. 5
25335 Bokholt-Hanredder
Tel.: (0 41 23) 20 21
Fax: (0 41 23) 70 88
E-Mail: versand@garten-schlueter.de
www.pflanzenversand-schlueter.de
www.garten-schlueter.de
www.rosen-schlueter.de

Sperli-Samen über Samentraum Gassmann GmbH
Alte Pfarrhof
27321 Wulmstorf
Tel.: (0 42 33) 98 25 98 0
Fax: (0 42 33) 98 25 98 10
E-Mail: info@samentraum.de
www.samentraum.de

Thysanotus-Versand
Uwe Siebers
Postfach 11 03
28876 Oyten
Tel.: (0 42 07) 57 08
Fax: (0 42 07) 57 22
E-Mail: UweSiebers@t-online.de
www.thysanotus-versand.de

Jelitto Staudensamen GmbH
Am Toggraben 3
29690 Schwarmstedt
oder
Postfach 1264
29685 Schwarmstedt
Tel.: (0 50 71) 98 29 - 0
Fax: (0 50 71) 98 29 - 27
E-Mail: info@jelitto.com
www.jelitto.com

Thompson & Morgan
Postfach 10 69
36243 Niederaula
Tel.: 08 00 / 1 83 07 88*
Tel.: +44 (0) 14 73 / 69 53 20
Fax: +44 (0) 14 73 / 68 01 99
E-Mail: tmde@thompson-
morgan.com
www.thompson-morgan.de
*Gebührenfrei vom Festnetz
innerhalb Deutschlands.
Die eventuellen Kosten vom
Handy und Ausland
richten sich nach den Gebühren
des Telefonbetreibers.

Gärtner Pötschke
Beuthener Straße 4
41561 Kaarst
Tel.: (0 18 05) 86 11 00*
Fax: (0 18 05) 86 13 00
E-Mail: info@poetschke.de
www.poetschke.de
*14 ct./Min. via dtms/max. 42
ct./Min. aus dem dt. Mobilfunk-
netz

Syngenta Seeds GmbH
Gemüse & Blumen
Alte Reeser Straße
47533 Kleve
oder
Postfach 2180
47519 Kleve
Tel.: (0 28 21) 9 94 - 0
Fax: (0 28 21) 9 17 78
www.syngenta-seeds.de

**Bio-Saatgut Gaby Kraut-
krämer**
Eulengasse 2
55288 Armsheim/Rhh.
Tel.: (0 67 34) 91 55 80
Fax: (0 67 34) 91 55 88
E-Mail: info@Bio-Saatgut.de
www.bio-saatgut.de

**Kiepenkerl / Nebelung GmbH
& Co.**
Bruno Nebelung
Pflanzenzüchtung
Kunden-Service
Im Weidboden 12
57629 Norken
Tel.: (0 26 61) 9 40 52 - 84
Fax: (0 26 61) 9 40 52 - 85
E-Mail: info@kiepenkerl.de
www.kiepenkerl.de

Baldur-Garten GmbH
Elbinger Straße 12
64625 Bensheim
Kundenservice
Tel.: (0 18 05) 10 35 - 55*
oder
Bestellannahme
Tel.: (0 18 05) 10 35 – 11*
Fax: (0 18 05) 10 35 99*
E-Mail: info@baldur-garten.de
www.baldur-garten.de
* Bundesweit für 14
Cent pro Minute aus dem
Festnetz der T-Com,
andere Preise aus den
Mobilfunknetzen möglich.

Hild Samen GmbH
Kirchenweinbergstr. 115
71672 Marbach a. N.
Tel.: (0 71 44) 84 73 - 11
Fax.: (0 71 44) 84 73 - 99
E-Mail: hild@nunhems.com
www.hildsamen.de

Hof Berg-Garten GbR
B. Lau/R. Schönfeld
Lindenweg 17
79737 Herrischried
Tel.: (0 77 64) 2 39
Fax: (0 77 64) 2 15
E-Mail: info@hof-berggarten.de
www.hof-berggarten.de

W. Nixdorf
Gemüsegarten Versandhandel
Aschhauserstr. 77
97922 Lauda
Tel.: (0 93 43) 34 65
Fax.: (0 93 43) 6 57 47
E-Mail: nixdorf@garten-wn.de
www.garten-wn.de

N.L.Chrestensen
Erfurter Samen- und Pflanzen-
zucht GmbH
Witterdaer Weg 6
99092 Erfurt
Postfach 800854
99034 Erfurt
Tel.: (03 61) 22 45 - 0
Fax: (03 61) 22 45 - 1 12
E-Mail: info@chrestensen.com
www.gartenversandhaus.de
www.chrestensen.de

biosem
Adrian & Susanne Jutzet-Jossi
Le Burkli 83
CH-2019 Chambrelien NE
Tel.: + 41 (0) 32 8 55 14 86
Fax: + 41 (0) 32 8 55 10 58
www.biosem.ch

Accessoires und Gartenmöbel

car-Selbstbaumöbel
T. Küstermann e. K.
Gutenbergstr. 9 A
24558 Henstedt-Ulzburg
Tel.: (0 41 93) 7 55 50
Fax: (0 41 93) 75 5515
E-Mail: office@car-moebel.de
www.car-moebel.de

Pötschke Ambiente GmbH
Beuthener Str. 4
41564 Kaarst
Tel.: (0 18 05) 91 15 08*
Fax: (0 18 05) 91 15 20*
E-Mail: ambiente@poetschke.de
www.poetschke-ambiente.de
*14 Cent pro Minute via dtms
max. 42 ct/Min aus dem Mobil-
funknetz

Eschbach Accente Overseas
Ltd. Hong Kong
Reiserstr. 6
53773 Hennef-Sieg
Tel.: (0 22 42) 9 01 79 - 0
E-Mail: paul.eschbach@
eschbach-accente-over-
seas.com
www.eschbach-accente.de

Country Garden
ESH-Rhenania GmbH
Im Weidboden 12
57629 Norken
Tel.: (0 26 61) 9 40 52 - 43
Fax: (0 26 61) 9 40 52 - 52
E-Mail: info@country-
garden.com
www.country-garden.com

Fischer Möbel GmbH
Dieselstr. 6
73278 Schlierbach
Tel.: (0 70 21) 72 76 - 0
Fax: (0 70 21) 72 76 - 40
E-Mail: info@fischer-moebel.de
www.fischer-moebel.de

**MWH Metallwerk Helmstadt
GmbH**
Flinsbacher Str. 1
74921 Helmstadt
Kundenservice
Tel.: (0 72 63) 91 40 - 120
Fax: (0 72 63) 91 40 - 59
E-Mail: info@mwh.to
www.mwh-gartenmoebel.de

Rausch Classics GmbH
An der Tagweide 14
76139 Karlsruhe
Tel.: (07 21) 9 61 69 - 0
Fax: (07 21) 9 61 69 - 69
E-Mail: verkauf@rausch-
classics.de
www.rausch-classics.de

**Weishäupl Möbelwerkstätten
GmbH**
Neumühlweg 9
83071 Stephanskirchen
Tel.: (0 80 36) 90 68 - 0
Fax: (0 80 36) 12 56
E-Mail: kontakt@weishaeupl.de
www.weishaeupl.de

Stiftung Liebenau
Liebenauer Landleben
Siggenweilerstr. 10
88074 Meckenbeuren
Tel.: (0 75 42) 10 - 11 95
Fax: (0 75 42) 10 - 11 96
E-Mail: Wolfgang-
Bausch@liebenauer-land-
leben.de
www.liebenauer-landleben.de

**DENK Keramische Werk-
stätten e.K.**
Neershofer Str. 123–125
96450 Coburg
Tel.: (0 95 63) 20 28
Fax: (0 95 63) 20 20
E-Mail: info@denk-keramik.de
www.denk-keramik.de

**Italien
Unopiù S.p.A.**
S.S. Ortana Km 14,500
I-01038 Soriano nel Cimino -
Italien
Tel.: (0 18 05) 0 99 880 (14
Cent/Min. aus dem dt. Fest-
netz)
Tel.: + 39 (0) 7 61 75 92 78
Fax: (0 18 05)09 98 81 (14
Cent/Min. aus dem dt. Fest-
netz)
E-Mail: info@unopiu.de
www.unopiu.de

Register

Impressum

Mit 343 Farbfotos von:
Birkenmeier Stein + Design, Freiburg: 23 o;
BKN-Strobel: 77 oMi; **Helga Buchter-Weis-
brodt**, Rödersheim-Gronau: 124 oli, ure;
COMPO GmbH & Co. KG, Münster: 102 ore;
DENDRON Akademie/ Archiv, Leipzig: 87
oMi, 89 uli, 113; **Otmar Diez**, Sulzthal: 113;
Dyrup/Bondex: 29 u; **Flora Press**,
Hamburg: 27 u, 40, 54; **Fotolia.com
/Shirley Hirst**: 22 ore **Gardena AG**, Ulm:
46; **Garpa Garten & Park Einrichtungen
GmbH**, Escheburg bei Hamburg: 26 re;
Garden Picture Library/ Marc Bolton, UK-
London: 32 re; **Gartenschatz GmbH**, Stuttgart: 7, 47 ure, 60 (alle sechs), 61 oMi, 61
ore, 61 uli, 61 uMi, 61 ure, 62 (alle sechs), 63
(alle vier), 66 (alle sechs), 67 oli, 67 uli, 67
ure, 70 (alle sechs), 71 (alle vier), 72 ore, 75
o, 75 ore, 76, 85 (Kasten alle fünf), 86 ore,
86 uli, 86 uMi, 86 ure, 87 oli, 87 ore, 87 uli,
87 uMi, 87 ure, 88 oMi, 88 ore, 88 uli, 88
uMi, 88 ure, 89 uMi, 89 ure, 94 oli, 94 ore,
94 uli, 94 uMi, 95 (alle sechs), 97 oli, 97 oMi,
97 uMi, 97 ore, 99 oli, 99 oMi, 99 uli, 99 uMi,
99 ure, 106 (alle sechs), 107 (alle sechs),
108 (alle sechs), 109 (alle sechs),
117 oli, 117 oMi, 117 ore, 118 ore, 118 uli,
118 ure, 119 oli, 119 uli, 124 ore, 124 uli,
125 oli, 125 uli, 125 uMi, 130 oli, 130 oMi,
130 ore, 130 uli, 130 ure, 131 oli, 131 uli,
131 uMi, 131 ure; **Antje-Katrin Hansen**,
Hamburg: 12, 26 li, 34 li, 125 ure, 127 o;
Bildagentur ipo/Polaschek, Linsengericht:
118 oMi; **Living Art**, Hamburg: 13; **Mein
schöner Garten/Butz**, Offenburg: 23 u, 25 u,
32 li, 33, 42 uli, 43 (beide), 44 (beide), 45 o,
47 o, 49 o, 50 (beide), 51, 53 uli, 58 li, 64
(beide), 65 uMi, 65 ure, 79 (alle fünf),
81 (beide), 82 (beide), 85 ure, 90 (beide),
91 u, 100 (alle vier), 103 uli, 104 uli, 104 uMi,
104 ure, 105, 114 ure, 115 ore, 115 u, 116 o,
120 uli, 123 ure; **Mein schöner Garten/
Göhner**, Offenburg: 21 o; 27 o; **Mein schöner
Garten/Ichters**, Offenburg: 17 u, 30 u, 36 li,
49 u; **Mein schöner Garten/Rehm**, Offenburg: 10 ore; **Mein schöner Garten/Schrö-
der**, Offenburg: 17 o; **Christoph Müller**,
Baden-Baden: 84 Mili; **Noack Rosen**, Gütersloh: 77 oli, 77 ure; **Manfred Pforr**, Langen-
preising: 97 uli; **Thomas Proll**, Barmstedt:
73 (beide), 74 (beide), 75 li, 75 u; **Wolfgang
Redeleit**, Bienenbüttel: 8, 45 re, 47 uMi, 52
(Kasten uli), 52 (Kasten ore), 57 (alle vier), 58
re, 83, 84 oli, 91 (Kasten uli), 92, 96 ore, 101
o, 118 oli, 127 u, 132; **Reinhard-
Tierfoto/Hans Reinhard**, Heiligkreuzstein-
ach-Eiterbach: 14 ore, 16 re, 18 o, 19 o, 22 li,
34 re, 42 ore, 52 (Kasten ure), 59, 61 oli, 65
uli, 67 uMi, 69, 72 uli, 86 oli, 88 oli, 91
(Kasten oli), 91 (Kasten ure), 93, 97 ure, 99

ore, 112, 114 oli, 116 u, 117 uli, 117 uMi, 118
uMi, 121, 126, 129 u; **Reinhard-
Tierfoto/Nils Reinhard**, Heiligkreuzstein-
ach-Eiterbach: 29 o, 30 re, 91 (Kasten ore);
Rosen Tantau: 77 ore; **Manfred Ruckszio**,
Taunusstein: 38, 94 ure; **Christel Rupp**,
Offenburg: 119 ure, 122 o, 124 oMi 124 uMi,
130 uMi; **Folkert Siemens**, F-Straßburg: 10
uli, 14 uli, 24, 52 (Kasten oli), 78; **Friedrich
Strauß**, Au:
16 li, 35, 37, 48, 86 oMi, 89 oli, 98 (beide),
101 u, 102 uli, 103 ore, 104 oli, 110, 122 Mi;
GartenBildAgentur Strauß, Au: 117 ure;
GartenBildAgentur Strauß/Didillon, Au:
4 Mi, 5 u, 9, 15, 56, 133; **GartenBildAgentur
Strauß/GPL**, Au: 29 re, 53 Mili; **GartenBild-
Agentur Strauß/Noun**, Au: 18 u, 21 u, 84 u,
115 oli, 128 (alle drei); **Syngenta Seeds
GmbH**, Kleve: 119 uMi; **Alice Thinschmidt,
Daniel Böswirth**, A-Wien: 5 Mi, 20 u, 28 li,
111; **Annette Timmermann**, Stolpe: 2/3,
4 u, 5 o, 11, 19 u, 22 re, 25 o, 31, 39 u, 41,
53 oli, 55, 65 o, 96 ore; **W. Kordes Söhne**:
77 uli, 77 uMi; **Clematis-Westphal**, Prisdorf:
94 oMi; **XENIEL-Dia/Hecker**, Stuttgart: 129
o; **XENIEL-Dia/Mögle**, Stuttgart: 123 o;
Gisela Zinkernagel, Freising: 20 o,
36 re, 39 o.

Mit 45 Farbillustrationen von:
Marianne Golte-Bechtle, Stuttgart: 13 (beide); **Fabian Hofmann**, München: 68 (Kasten
ure, 113 (Kasten o), 113 (Kasten uli), 113
(Kasten Mire); **Reinhild Hofmann**, München:
64; **Folko Kullmann**, Stuttgart: 15 (alle drei);
Wolfgang Lang, Grafenau: 45, 73 (alle fünf),
76 (alle vier), 122 o, 75; **Horst Lünser**,
Berlin: 68 (Kasten o, Mili, Mire, uli), 82 (alle
drei), 98, 113 (Kasten Mili, ure); **Claudia
Schick**, Neumarkt: 51, 80 (alle drei), 90, 92
(alle vier), 93 (beide), 121, 122 u.

Mit 343 Farbfotos und 45 Farbillustrationen.

Umschlaggestaltung von Populärgrafik, Stutt-
gart unter Verwendung von 5 Farbfotos.
Umschlagvorderseite: Fotolia.com/auremar.
Umschlagrückseite: Alle Fotos von
Fotolia.com (1. v. links: auremar, 2. v. links:
ArtKol, 3. v. links: ALPACA, 4. v. links: Otmar
Smit).

> Alle Angaben in diesem Buch sind sorg-
> fältig geprüft und geben den neuesten
> Wissensstand bei der Veröffentlichung
> wieder. Da sich das Wissen aber
> laufend in rascher Folge weiterent-
> wickelt und vergrößert, muss jeder
> Anwender prüfen, ob die Angaben nicht
> durch neuere Erkenntnisse überholt
> sind. Dazu muss er zum Beispiel Bei-
> packzettel zu Dünge-, Pflanzenschutz-
> bzw. Pflanzenpflegemitteln lesen und
> genau befolgen sowie Gebrauchsan-
> weisungen und Gesetze beachten.

Unser gesamtes lieferbares Programm
und viele weitere Informationen zu unseren
Büchern, Spielen, Experimentierkästen,
DVDs, Autoren und Aktivitäten finden Sie
unter **www.kosmos.de**

Mix
Produktgruppe aus vorbildlich bewirtschafteten
Wäldern und Recyclingholz oder -fasern
www.fsc.org   Zert.-Nr. SGS-COC-004980
© 1996 Forest Stewardship Council

Zweite, überarbeitete Auflage
© 2010 Franckh-Kosmos Verlags-GmbH &
Co. KG, Stuttgart
Alle Rechte vorbehalten
ISBN 978-3-440-12438-3
Redaktion: Carolin Küßner, Lars Weigelt
Grundlayout: Atelier Reichert, Stuttgart
Gestaltung: Gisela Dürr, Carolin Küßner,
Atelier Reichert
Produktion: Ralf Paucke, Teresa Scheuch
Printed in Slovakia / Imprimé en Slovaquie

KOSMOS.
Gartenrat aus erster Hand.

Alles, was man wissen muss

Ob Rasen, Obst und Gemüse, Gartenteiche oder Rosen – das Kosmos Garten Praxisbuch beantwortet alle Fragen zu den Themen Gartengestaltung und Gartenpraxis. Mit über 400 schönen und empfehlenswerten Pflanzen im Porträt. Extra: Über 50 Klima-Tipps, die zeigen, wie Sie den Garten vor Hitze und Trockenheit, Regenschauer und Sturm schützen können, ohne sich in Ihrem Gartenparadies einzuschränken.

Das Kosmos Garten Praxisbuch
256 S., 800 Abb., €/D 19,95
ISBN 978-3-440-11262-5

Peter Himmelhuber
Ziergehölze schneiden

96 S., 152 Abb., €/D 7,95
ISBN 978-3-440-11759-0

Bernhard Voß
Zitruspflanzen

96 Seiten, 114 Abb., €/D 7,95
ISBN 978-3-440-11925-9

Richter/Proll
Rosen

96 Seiten, 219 Abb., €/D 7,95
ISBN 978-3-440-11436-0

Preisänderung vorbehalten

www.kosmos.de/garten

KOSMOS.
Ihr Weg zum Gartenparadies.

Robert Sulzberger
Was mache ich wann im Garten?
144 S., ca. 350 Abb., €/D 9,95
ISBN 978-3-440-12319-5

Tobias Mayerhofer
Was pflanze ich wo im Garten?
144 S., ca. 360 Abb., €/D 12,95
ISBN 978-3-440-11871-9

Auf das Timing kommt es an

Mit diesem Garten-Jahrbuch wird die Planung zum Kinderspiel, und Sie wissen immer genau, was wann im Garten zu tun ist. Alle Arbeiten, die im Zier- und Nutzgarten wichtig sind, werden ausführlich erklärt, und der Arbeitskalender sorgt für den raschen Überblick. Jeden Monat werden außerdem die schönsten Pflanzen für verschiedene Gartenbereiche vorgestellt.

Die richtige Pflanzenwahl

Sie haben einen Balkon und möchten gerne eigenes Gemüse und Obst ernten? Sie haben einen großen Garten und möchten einen Baum pflanzen? Oder leben Sie in einem rauen Klima und wünschen sich Pflanzen, die sicher den Winter überstehen? Welche Voraussetzungen zum Gärtnern Sie auch immer vorfinden, hier finden Sie die passenden Pflanzen für jeden Standort.

Preisänderung vorbehalten

www.kosmos.de/garten